C.III Titelblatt

Die neueren
Straf- und Besserungs-Systeme.

Erinnerungen aus einer Reise durch bemerkenswerthe Gefängnisse in Algier, Spanien, Portugal, England, Frankreich und Holland.

Von

Julius Rudolph von M — — Dr.

Mit 4 radirten Zeichnungen.

Berlin.
Verlag von Veit u. Comp.
1843.

Vorwort.

Preuße von Geburt und Gesinnung, liebe ich mein Vaterland über Alles, ohne denjenigen Egoismus meiner Landsleute zu theilen, der sie im Auslande im Allgemeinen wenig beliebt macht, weil sie aus engherziger Beurtheilung oder Ueberschätzung ihrer bisherigen äußeren Umgebungen und Gewohnheiten, und der daraus entspringenden Einseitigkeit sich selten auf den Standpunkt einer unbefangenen Beurtheilung der nationellen Eigenthümlichkeit anderer Völker und Länder zu stellen vermögen — und Alles, was nicht gerade in derselben Form und Einrichtung wie in der Heimath ihnen entgegentritt, im Vergleich zu derselben bekritteln, bespötteln und verwerfen.

Theile ich, wie gesagt, diese Aeußerung des Egoismus nicht, so habe ich doch auf meinen Reisen im Auslande das Glück recht dankbar und in seinem ganzen Umfange erkannt — ein Preuße zu sein, in einem Lande zu leben, dessen Klima gesund, unter einem Volke zu wohnen, das Kopf und Herz hat, und dessen moralischer Werth anerkannt ist, unter einer Regierung, deren Integrität, Milde und Gerechtigkeit feststehen, und deren Streben gleichzeitig auf die Förderung der materiellen und intellectuellen Kräfte des Volkes gerichtet ist, und unter einem Könige, dessen Geist und Kenntnisse, Hochherzigkeit und Pietät mit Recht die Augen Europas auf sich gezogen haben.

Auch uns fehlt es, wie überhaupt auf Erden Nichts vollkommen sein kann, weder an einzelnen Mängeln und Gebrechen noch an Wünschen; aber die Ersteren aufzusuchen und aufzudecken habe ich weder eine Veranlassung noch ein Recht, und die Zukunft wird auch uns in den Fortschritten der Zeit nicht zurückhalten.

So wie wir durch die geistige und politische Entwikkelung der Gegenwart darauf angewiesen sind, auch dasjenige, was uns in unserm amtlichen Wirkungskreise nicht gerade unmittelbar berührt, mit Aufmerksamkeit zu beobachten, und ein Jeder nach Kräften dazu beizutragen das Gute und Edle zu fördern, so muß uns das Ausland aus demselben Grunde mit seinen Zuständen und Institutionen interessiren; an Allem kann man lernen, am Tüchtigen wie am Mangelhaften, entweder wie man das Eine nachzuahmen, oder das Andere zu meiden hat.

Darum lese, höre und reise man, mit offnem Aug' und Ohr, gesundem Sinn und Unbefangenheit, prüfe und vergleiche an Ort und Stelle und bilde sich daraus das eigne Urtheil.

Das Interesse für Armenpflege, Gefängnißkunde und für die Straf- und Besserungsprinzipien hat mich neben meinen eigentlichen Berufsarbeiten seit längerer Zeit beschäftigt.

Die bewährtesten Besserungssysteme anderer Länder hat man auch in Preußen mit mehr oder weniger Erfolg, mit bedeutenden Kosten eingeführt. Der Vorwurf also, daß Preußen in dieser Beziehung nicht mit Amerika und den übrigen civilisirten Ländern Europas fortgeschritten, wäre ungerecht, aber der Mangel an Consequenz in der Anwendung der einmal als zweckmäßig anerkannten, in einigen Provinzen zur Ausführung gebrachten Prinzipien, der Wechsel der Besserungssysteme, die ungleichartige Wirkung derselben in Betreff der darin enthaltenen verschiedenen Grade von Strenge, die Unbilligkeit wegen derselben Vergehen in verschiedenartig organisirten Besserungsanstalten verschiedenartig bestraft zu werden, so wie endlich die traurige Erfahrung, daß trotz aller Besserungshäuser die Zahl der Verbrechen und Verbrecher alljährlich bedeutend zunimmt, mußten meine Aufmerksamkeit besonders in Anspruch nehmen.

Als Geschäftsmann habe ich den Gegenstand von der rein praktischen Seite aufgefaßt; ich bin bei der Beurtheilung des gegenwärtigen Zustandes, von der Wirkung auf die Ursache zurückgegangen, auf die Quellen der Verarmung, auf die eigentliche Veranlassung der Ueberhandnahme der Verbrechen und Verbrecher; ich habe über den Zweck der Strafe, und die Mittel zur Erreichung desselben nachgedacht, um mir ein Urtheil über die Behandlung dieses wichtigen Zweiges der Administration zu verschaffen. Ich hatte im Verein mit Menschenfreunden versuchsweise eine Beschäftigungsanstalt für Arbeitslose gegründet, und die wohlthätigen Folgen derselben auf die Nothleidenden und auf die Verminderung der Bettelei und Diebstähle erfahren, und habe mich endlich aufgemacht um die Strafanstalten im Westen Europas, und zwar nicht allein in denjenigen Ländern kennen zu lernen, deren hoher Grad von Civilisation das Bedürfniß nach vorzüglichen Sicherheitsanstalten um so fühlbarer erscheinen läßt, sondern auch in solchen, welche in den Fortschritten der Entwickelung zurückgeblieben, oder durch die Schwäche der Regierung oder durch innere Unruhen darin aufgehalten waren, um daraus ersehen zu können, in wie weit sich eine systematisch geordnete Gefängnißverwaltung als eine Nothwendigkeit herausstelle, und welche Folgen der Mangel einer solchen nach sich gezogen habe.

Zeit und Mittel sind einem Beamten in der Regel beschränkt zugemessen. So auch mir.

Was ich gesehen und wie es mir erschienen, habe ich geschildert, einfach und vorurtheilsfrei. Ueber Inhalt und Form richte man nicht zu strenge, und berücksichtige, daß mir nach der Rückkehr in ein vielbewegtes Geschäftsleben keine Zeit blieb um die mitgetheilten Abschnitte aus meinem flüchtigen Tagebuche sorgfältig überzuarbeiten. Citate und Zahlen werden den Leser nicht belästigen. Die Ersteren sind aus der Mode; wozu auch immer wiederholen, was Andere über denselben Gegenstand schon früher gedacht und gesagt haben? — und Zahlen sind in der Regel zu ungenau und unzuverlässig, und haben nur einen Werth, wenn sie vergleichend gegenüber gestellt werden können. Die strengwissenschaftliche Form der Bearbeitung des Gegenstandes habe ich um deshalb nicht gewählt, weil ich hoffte durch ein leichteres und bequemeres Gewand eine lebhaftere Theilnahme für die Sache zu gewinnen, aus der ich zu ihrem Besten den größeren Nutzen erwarte.

Mag man mich immerhin nach unbefangener Prüfung eines Besseren belehren und überzeugen, und meine Vorschläge als unpraktisch verwerfen, wenn man nur statt derselben etwas Zweckmäßigeres an die Stelle zu setzen gewilligt ist; ich werde, so weit ich es von meinem Standpunkte aus vermag, auch dann dafür zu wirken suchen, denn es ist mir wahrhaftig nur um die Sache selbst, nicht aber darum zu thun, ob ich Recht habe oder behalte.

Ueber den Zustand der Irrenhäuser in den von mir bereisten Ländern, und über die Colonisation in Algier, behalte ich mir vor später einige Notizen zu veröffentlichen.

Posen im November 1842.

J. v. M.

Inhalt.

I.

Ueber den Zweck der Strafe und die Mittel zur Erreichung desselben.

Das politische Prinzip der Strafe bestimmt dieselbe zur Aufrechthaltung der Gesetze, indem sie das Mittel zur Abschreckung von Rechtsverletzungen bildet. Das moralische Prinzip betrachtet sie als Besserungs- und Sicherungsmittel, und beruht darauf, daß die Strafe in dem Verbrecher selbst diejenigen gesetzwidrigen Motive unterdrücken soll, von welchen er zu seiner That verleitet wurde.

Ich will hier nicht über die Theorie des Strafrechts sprechen, sondern von der Nothwendigkeit den unmittelbaren Zweck der Strafe in der Bestrafung des Verbrechers zu erblicken, in der Verpflichtung ihn unschädlich zu machen, ihm für das begangene Unrecht, für die Verletzung fremder Personen oder fremden Eigenthums, einen ihm unangenehmen Zustand der Entbehrungen als Wiedervergeltung zuzufügen, um nicht allein ihn für die Zukunft vor Wiederholungen, sondern auch Andere, die noch kein Verbot übertreten haben, von Verbrechen abzuschrecken.

So wie der Zweck des Staates in der Sanktion des Rechtsgesetzes besteht, um die äußere Freiheit der Menschen gegenseitig durch die Constituirung einer Gewalt in Uebereinstimmung zu bringen, so kann auch die bürgerliche Freiheit des Einzelnen, die innere Ruhe des Staates, oder die äußere Sicherheit desselben, nur durch den Schutz gegen fremde Willkühr, durch Abschreckung und Wiedervergeltung aufrecht erhalten werden.

Soll nun der Staat auch für die übrigen subjektiven und objektiven Zwecke des Menschen, für seine Erziehung, Religion und Sittlichkeit in so weit wirken, als er diese Zwecke, ohne die ihm durch das Rechtsgesetz vorgeschriebenen Grenzen zu überschreiten, mittelbar zu befördern vermag, so liegt ihm diese Sorge wohl vor allen hinsichts der zahlreichen Klassen von Verbrechern ob, um neben der Bestrafung für Rechtsverletzungen, dieselben um ihrer selbst willen zu bessern, und als nützliche Mitglieder der bürgerlichen Gesellschaft wieder einzuverleiben.

Hat also der Staat nicht allein das Recht sondern auch die Pflicht, den Verbrecher zu bestrafen, und ihn durch Einsperrung unschädlich zu machen, so liegt ihm auch die Verpflichtung ob, während der Dauer der Gefangenschaft nicht allein dafür zu sorgen, daß der Verbrecher durch ungesundes Lokal, Entziehung der erforderlichen Bewegung und ausreichender Kost körperlich nicht gefährdet und beschädigt werde, sondern auch dafür, daß im Gefängnisse der Verbrecher durch den Umgang mit Bösewichtern nicht noch mehr verführt und verdorben, und unmoralischer entlassen werde, als er das Gefängniß betreten hatte.

Da nun die Verbrecher vor allen Andern einer sittlichen und religiösen Vervollkommnung bedürftig sind, und durch die Einwirkung auf einen solchen Zustand nicht allein für sie selbst, sondern auch für die Sicherheit, Ruhe und Förderung des moralischen Wohles der bürgerlichen Gesellschaft überhaupt gesorgt wird, so kann man nur erstaunen, daß hierüber früher so unklare Ansichten bestanden, und daß bis zu Ende des vergangenen Jahrhunderts der Zustand der Gefangenen und der Gefängnisse im höchsten Grade unverantwortlich und beklagenswerth geblieben war. Howard gebührt das Verdienst, der Erste gewesen zu sein, der mit unsäglichen Mühen und Opfern die Strafanstalten Englands und die des Continents bereiste und prüfte, und auf die Nothwendigkeit aufmerksam machte, die Einrichtung der Gefängnisse und die Behandlung der Gefangenen zu reformiren. Von Europa ging die Idee der Verbesserung der Gefängnißzucht aus, aber Amerika hat diese Idee in einer Art und Weise verwirklicht, welche erst den Werth derselben zu beurtheilen gestattet.

Um durch die Bestrafung die Besserung des Verbrechers, also mittelbar die Verminderung der Zahl der Verbrecher, herbeizuführen, befolgte man verschiedene Systeme.

Howard zuerst hielt die Sonderung der Sträflinge nach Klassen, deren Beschäftigung und Trennung in Einzelnzellen zur Nachtzeit unumgänglich nöthig.

Da das Gesetz bis dahin den Gefangenen nicht zur Arbeit während seiner Haft verurtheilt hatte, so wurde die Nothwendigkeit der Beschäftigung der Detinirten auf Howards Antrag durch eine Parlamentsakte unter Georg III. im Jahre Eintausend siebenhundert neun und siebenzig als gesetzlich ausgesprochen.

Von Eintausend siebenhundert und neunzig ab entstanden in mehreren der Nordamerikanischen Freistaaten neue Gefängnisse, deren überaus kostspielige Bauten, angemessene innere Einrichtungen und Hausordnungen ein Zeugniß lieferten, daß die Ideen, welche der Reform des Gefängnißwesens die Bahn gebrochen, nämlich die der Menschenrechte und der Staatszwecke, nirgends mit größerer Energie gewirkt hatten und hervorgetreten waren als in Nordamerika, wo die rasche Entwickelung der Kräfte des Volkes schnell das Bedürfniß nach Sicherheitsanstalten hervorrief, und die Mittel zur Errichtung derselben gewährte, und daß die zur Ausführung dieser Pläne erforderlichen ernsten Studien und ungeheuren Summen die Ansicht von der Wichtigkeit dieses Zweiges der Verwaltung bekundeten. In den Nordamerikanischen Gefängnissen hatten sich durch verschiedene Einrichtungen zwei Systeme als Mittel zur Besserung geltend gemacht, die von dort aus nach Europa übertragen, und mit wechselndem Erfolge zur Anwendung gebracht wurden.

Das Auburnsche, welches in den Gefängnissen zu Auburn und Singsing beobachtet wurde, und durch Trennung der Gefangenen bei Nacht, so wie durch Schweigsamkeit während des gemeinschaftlichen Arbeitens in kleineren oder größeren Arbeitssälen jene Zwecke zu erreichen hoffte, — und das Pennsylvanische, welches zuerst in Philadelphia und Pittsburg zur Ausführung kam, und die vollständige Isolirung des Gefangenen bei Tag und bei Nacht als eine unerläßliche Bedingung erachtete.

Beide Systeme suchte man später in der Schweiz in Genf in der Klassifikation der Verbrecher zu vereinen, und die Strenge der Pennsylvanischen Einrichtung bei denjenigen Gefangenen zu mildern, die sich durch ihre Führung einen Anspruch auf Berücksichtigung erworben hatten.

In allen neu organisirten Strafanstalten wurde durch Elementar- und Religionsunterricht wie durch Beschäftigung auf die Besserung des Sträflings und auf seine Gewöhnung zur Arbeit, um dadurch später seine Subsistenz sichern zu können, hingewirkt.

Die Fortschritte Amerikas in der Gefängnißzucht hatten in Europa nicht allein Anklang sondern auch Nachahmung gefunden. Fast in allen Ländern entstanden Strafanstalten, nach dem Auburnschen oder Pennsylvanischen Systeme eingerichtet, unter dem Namen Pönitenziarien oder Besserungshäuser, je nachdem in dem Ausdruck mehr das anzuwendende Mittel oder der zu erreichende Zweck angedeutet werden sollte, und England, Preußen und Frankreich entsandten Kommissarien in die Vereinsstaaten, um durch eigne Anschauung an Ort und Stelle zu prüfen, welche Strafmittel am wirksamsten wären, und welche Nebenzwecke und auf welche Art dieselben dabei am zuverlässigsten erreicht werden könnten. Kurz, die Wichtigkeit und das Interesse für den Gegenstand stieg durch die Theilnahme, welche verschiedene Regierungen, Könige und Prinzen ihm persönlich widmeten mehr und mehr, so, daß die Gefängnißkunde zur Wissenschaft erhoben, und den Bestrebungen in der Theorie und praktischen Verwirklichung ein reiches Feld für ihre Fortschritte angewiesen wurde.

Es konnte nicht ausbleiben, daß die Verfechter der verschiedenen Systeme unter einander in Konflikt geriethen, und daß die Vertheidigung des eignen einen Angriff auf das andere System bildete.

Gegen das Auburnsche erinnerte man, daß dasselbe die Nothwendigkeit, die Kommunikation unter den Sträflingen zu verhindern, anerkannt, aber sich in der Wahl des Mittels hierzu vergriffen habe; da das letztere nur in der Beobachtung und Bestrafung der Gefangenen liege. Was die Beobachtung anbetrifft, so reichen allerdings die Augen eines Wächters nicht aus, um die durch Worte, Zeichen und Blicke geführte Unterhaltung von zehn bis zwanzig Gefangenen, welche sich in demselben Zimmer vereinigt finden, genau zu kontrolliren, und eine jede Mittheilung unter denselben unmöglich zu machen; im Gegentheil werden die Sträflinge stets Mittel ersinnen, um das Bedürfniß einer Kommunikation unter sich befriedigen zu können. Die Strafe muß aber, wenn sie wirksam sein soll, der Uebertretung des Verbotes unmittelbar folgen, und dann ist die Anwendung derselben in den meisten Fällen dem Willen des Wächters überlassen, der durch größere Nachsicht oder Strenge, durch Zorn und Leidenschaft der Willkühr und Partheilichkeit ein weites Feld eröffnet. Erfolgt die Strafe erst später, auf Anweisung des Direktors, so wird sie weniger wirksam sein und entweder den Sträfling ungehört und in häufigen Fällen je nach der Leidenschaftlichkeit oder Erbitterung des Anklägers ungerecht treffen, oder wenn ein Untersuchungsverfahren über die Veranlassung zur Rüge eingeleitet werden sollte, der Uebelstand eintreten, daß der Sträfling, von der Zweckmäßigkeit beharrlichen Läugnens von der gerichtlichen Untersuchung her überzeugt, entweder anscheinend ungerecht verurtheilt oder freigesprochen, der Wächter aber eben dadurch kompromittirt werden wird.

Ueberhaupt aber ist das Bedürfniß nach Mittheilung gewiß dringender, als die Furcht vor einer Disziplinarstrafe, besonders bei Menschen, welche aus Furcht vor gerichtlicher empfindlicher Verurtheilung zur Beraubung persönlicher Freiheit keinen Anstand genommen hatten, Verbrechen zu begehen.

Eine besondere Schwierigkeit im Auburnschen Systeme liegt allerdings auch in der Eintheilung oder Klassifikation der in einem und demselben Zimmer arbeitenden Sträflinge, da die Gleichartigkeit des Verbrechens, oder die Gefährlichkeit, oder das Alter des Verbrechers keinen richtigen Maaßstab hierzu abgeben können, und es bei der Auswahl lediglich auf die Individualität der Sträflinge ankommen dürfte, deren Beurtheilung die genaueste Menschenkenntniß voraussetzt. Gegen das Pennsylvanische System, welches durch völlige Einsamkeit die innere Aufregung des Verbrechers leichter beruhigen, ihn für die Lehren der Religion, für Reue und gute Vorsätze empfänglicher machen wird, welches ihn ungestört arbeiten, leichter beobachten läßt, und sicherer verwahren kann, den Sträfling auch, weil er von den Mitgefangenen nicht gekannt ist, mit größerem Zutrauen zu sich selbst erfüllt, da er dadurch in keine unerlaubte Verbindungen mit Mitgenossen, welche sich nach der Entlassung zu seinem Nachtheile leicht wieder anknüpfen, treten kann — gegen dies System hat man eingewandt, daß dasselbe den Verbrecher zu strenge bestraft; daß es auf kürzere Detentionszeit eben so wenig anwendbar sei, als es sich bei Einsperrung auf Lebenszeit rechtfertigen lasse; daß die Nothwendigkeit vollständiger Isolirung voraussetze, daß alle Sträflinge gleich schlecht, und alle gleich geneigt wären, das ihnen bei gestatteter gemeinschaftlicher Arbeit auferlegte Schweigen durch heimliche verbotene Kommunikation zu übertreten, und zu Komplotten und moralischer gegenseitiger Verschlechterung zu benutzen — und daß diese Voraussetzung irrig sei.

Ferner, daß die Arbeit der einzeln arbeitenden Sträflinge weniger ergiebig, daß die Sterblichkeit der isolirten Gefangenen beträchtlicher, und die Kosten der Gefängnisse mit Einzelnzellen bedeutend höher wären.

Gegen das Klassifikationssystem führte man die oben bereits erwähnte Schwierigkeit, ja die Unmöglichkeit an, bei der Vertheilung durchgehends ein bestimmtes Prinzip konsequent befolgen zu können.

Genug, man ereiferte sich gegenseitig über die Theorie der Gefängnißverwaltung und ließ sich auf Prinzipienstreitigkeiten ein, während man die vorhandenen und die neu erbauten Gefängnisse bald nach dem Auburnschen bald nach dem Pennsylvanischen Plane einrichtete, und um die Erfolge Beider kennen zu lernen, in verschiedenen Provinzen eines und desselben Staates beide Systeme zur Ausführung brachte.

Für die wissenschaftliche und theoretische Behandlung der Sache ist viel geschehen, auch in so fern in der Ausführung des als angemessen Befundenen nichts unterlassen, als man keine Studien, Mühe, Arbeit und Kosten gescheut hat, um durch Kommissare im Auslande Erfahrungen sammeln zu lassen, und diese bei der Leitung der Bauten und Einrichtungen zu benutzen.

Während also in dieser Hinsicht lobenswerthe Fortschritte in dem besagten wichtigen Zweige der Administration gethan sind, hat man meiner Ansicht nach das endliche Ziel des eingeschlagenen Weges, oder den praktischen Zweck der Strafe noch nicht scharf genug erfaßt, um auf ihn hauptsächlich loszusteuern.

Der unmittelbare Zweck der Strafe, ist wie gesagt, die Bestrafung des Verbrechers, der mittelbare seine Besserung, um ihn nicht allein für die Dauer der Strafzeit, sondern hauptsächlich nach der Beendigung derselben für die Sicherheit der bürgerlichen Gesellschaft unschädlich, und aus dem gefährlichen ein nützliches Mitglied derselben zu machen.

Das Resultat, welches das Gesetz und die Verwaltung hierdurch erstreben müssen, ist die daraus zu erzielende Verminderung der Verbrechen und der Verbrecher.

In dieser Beziehung entbehren wir jedoch bis jetzt, trotz der gewissenhaftesten Anwendung jener gerühmten Systeme, der genügenden Erfolge.

So weit mir Zahlennotizen hierüber zugänglich gewesen, habe ich mich überzeugt, daß in Nordamerika, ungeachtet der vortrefflichen Gefängnißeinrichtungen, die Zahl der Rückfälligen und die der Verbrecher alljährlich auf erschreckende Weise zunimmt.

In England, wo man, neben der Befolgung der verschiedenartigen Mustereinrichtungen, durch die seit dem Jahre Eintausend siebenhundert achtzehn eingeführten Exportationen nach Nordamerika und seit Eintausend siebenhundert sechs und achtzig nach Australien, alljährlich Tausende von Verbrechern aus dem Mutterlande entfernt, wächst dessenungeachtet die Zahl der jährlich verübten Verbrechen und bestraften Verbrecher in furchtbarer Progression.

Auch in Preußen, wo man mit rühmlichem Eifer vorwärts geschritten, weisen die zusammengestellten Erfahrungen unerfreuliche Resultate nach.

Muß man sich nun auch von vorn herein nicht über die Wirkung der zunehmenden Civilisation, mit Bezug auf die Handlungen der Menschen täuschen, und von ihr und der wachsenden Population eine Verminderung der Verbrechen erwarten wollen, sondern sich vorläufig damit begnügen, daß die Verbrechen gegen Personen abgenommen, und nur Verbrechen gegen das Eigenthum sich vermehrt haben, so bleibt dies dessenungeachtet eine Erscheinung, die uns mit Berücksichtigung Alles dessen, was in neuerer Zeit für Besserungssysteme geschehen ist, unangenehm überraschen muß.

Um der Wirkung einer Sache vorbeugen zu können, muß man die Ursachen derselben kennen zu lernen suchen.

Diese liegen im wirklichen Leben, in der Natur der Menschen und der Verhältnisse, und das ist die wichtige Aufgabe, die sich Männer von Fach, das heißt Praktiker, zu stellen haben, die Ursachen der Ueberhandnahme der Verbrechen und der Verbrecher zu erforschen, um dann durch praktische Vorschläge die Lücken zu ergänzen, welche die Theorie bisher nicht auszufüllen im Stande war.

In meiner amtlichen Stellung werden mir alljährlich eine Menge von Sträflingen zugesandt, die aus verschiedenen Korrektionshäusern nach abgebüßter Strafe entlassen wurden und meistentheils mit Zeugnissen über ihre gute Führung, welche zur Hoffnung ihrer Besserung berechtigen, versehen, in ihre bürgerlichen Verhältnisse zurückkehren. Die meisten dieser Individuen erscheinen bei ihrem Eintreffen, ihrer Haltung, Demuth und ihren Vorsätzen nach, wirklich durchdrungen von Reue über die Vergangenheit und gewilligt Gutes zu thun und Unrecht zu meiden. Seit einer Reihe von Jahren gehöre ich einem Strafgefangenen-Besserungsvereine an, dessen Mitglieder sich willig und thätig der Sorge für die Unterbringung, Beaufsichtigung und Unterstützung dieser entlassenen Sträflinge unterziehen, aber leider muß ich zugestehen, daß unter Hundert jener Individuen mindestens bei fünf und neunzig diese Sorge keine Folge gehabt, daß in der Regel nach wenigen Monaten die Hälfte derselben bereits wieder rückfällig geworden und Polizei-

Kontraventionen und Kriminalvergehen von Jahr zu Jahr zunehmen.

Gehe ich auf die Ursache dieser Erscheinung zurück, so erblicke ich sie in zwei Momenten:

1) in der mangelhaften Armenpflege, welche die ihr zu Gebot stehenden Mittel nicht hauptsächlich darauf verwendet, um Arbeitslose und Hülfsbedürftige nach Verhältniß ihrer Kräfte zu beschäftigen, und daran zu gewöhnen, daß die verabreichte Unterstützung nur eine Entschädigung für geleistete Arbeit sei, und daß es jederzeit eigner Anstrengung bedürfe, um Unterhalt zu erwerben, und daß in diesem Falle dem Hülfsbedürftigen auch dasjenige, was er in seinem vielleicht kraftlosen Zustande nicht vollständig erwerben kann, um selbst und mit den Seinigen zu existiren, als Zuschuß aus Armenfonds gesichert werde;

2) in dem unvollendeten Zustande der Besserung des Verbrechers in dem Korrektionshause, und in seinem Uebergange aus der Strafanstalt in das bürgerliche Leben.

Die wenigsten Verbrecher haben aus dem Bestreben Verbrecher zu werden die Gesetze überschritten, sondern Arbeitslosigkeit, Müßiggang, Noth und Versuchung oder Verführung waren in der Regel die Beweggründe. Eben so kann man nach den gemachten Erfahrungen nicht annehmen, daß die Mehrzahl der rückfälligen Verbrecher aus der Lust am Unrecht, oder weil sie sich während der Haft in der Geschicklichkeit, Verbrechen zu begehen vervollkommt hätten, ihren Vorsätzen nicht treu geblieben, also an ihnen die Strafe unwirksam gewesen wäre, sondern weil der entlassene Sträfling aus der bürgerlichen Gesellschaft durch seine Verurtheilung und Bestrafung herausgetreten oder gestoßen war, und durch seine Entlassung zwar der bürgerlichen Gesellschaft wieder zugeführt, aber von ihr in den meisten Fällen nicht aufgenommen, sondern gemieden und geflohen, und endlich, um nicht zu verhungern gezwungen wird, die früheren Genossen seiner Vergehen aufzusuchen, oder die Bekanntschaften seiner vormaligen Mitgefangenen wieder anzuknüpfen, sich ihnen in die Arme zu werfen, und durch neue Verbrechen sich Unterhalt, Aufnahme und Beistand seiner Mitverbrecher zu sichern.

Daß der entlassene Verbrecher gemieden und gefürchtet wird, ist erklärlich, ja sogar nothwendig, weil sonst bald weder die Korrektions-Anstalt noch die gesetzwidrige Handlung, die ihn dort hineingeführt hatte, gefürchtet werden würde.

Erkennt der Arzt erst den Sitz und den Grund eines Uebels, so wird er sich auch bestreben das Mittel zur Heilung desselben aufzufinden, und da ihm wohl bekannt, daß es kein alleiniges Universalmittel giebt, was gleich probat für alle Naturen wirkt, so wird er unter den verschiedenen vorhandenen Medikamenten das der Individualität entsprechendste zu erproben sich bemühen.

So auch im vorliegenden Falle.

Soll ich also ein Mittel in Vorschlag bringen, um der Vermehrung der Verbrecher und Verbrechen zu begegnen, so will ich zuvörderst meine Ansicht über die Strafe und die Mittel zur Besserung des Verbrechers hiermit aussprechen.

Mag die Idee der Wiedervergeltung und Abschreckung den christlichen Gesinnungen, der Theorie nach, auch nicht völlig entsprechen, so muß doch wie schon oben gesagt die Strafe für begangenes Unrecht ihrem Prinzipe nach, etwas abschreckendes in sich tragen, denn die Strafe soll nicht allein auf den Verbrecher wirken, sondern überhaupt einen allgemeinen moralischen Eindruck hervorbringen. Der Verbrecher kann sich also darüber nicht beschweren, daß der Zustand der Gefangenschaft ihm unbequem, lästig und schmerzhaft ist" in so weit für das körperliche und geistige Wohl und Bedürfniß gesorgt und die Behandlung auf die gesetzlichen Grenzen beschränkt wird.

Was die Art der Einrichtung der Strafanstalt, oder das zu bevorzugende System anbetrifft, so bin ich von vorn herein der Ansicht, daß jedes System der Verwaltung in seinen Resultaten wechselnd und wandelbar, und größtentheils von der Persönlichkeit der leitenden Beamten abhängig ist, und daß verschiedene Anstalten, in denen verschiedenartige Systeme befolgt werden, bei gleicher Bevölkerung, der Leitung derselben tüchtigen Männer anvertraut, auch die nämlichen

Resultate liefern werden; man muß aber auf der andern Seite auch wieder vernünftiger Weise die Garantie für die Aufrechthaltung des Systems in dem Systeme selbst und in der Einrichtung der ganzen Strafanstalt suchen, und sich deshalb für ein bestimmtes System entscheiden.

Meiner Meinung nach hat das pennsylvanische System entschiedene Vorzüge vor dem Auburnschen; nicht weil man nachzuweisen im Stande wäre, daß es erfreulichere Resultate geliefert hätte, als jenes, (denn darüber fehlen uns zuverlässige Nachrichten); oder weil unsre Autoritäten in diesem Fache, Männer wie Julius und Toqueville, obgleich sie früher dem Auburnschen Systeme sich zugeneigt, später dem philadelphischen Isolirungssysteme den Vorzug gegeben, nachdem sie beide Systeme in den Hauptgefängnissen selbst geprüft hatten; oder weil die Vorwürfe, daß das Isolirungssystem zum Selbstmord und Wahnsinn führe, ungegründet, daß die Kosten zu beträchtlich wären, nicht absolut richtig erscheinen (wiewohl das Gefängniß zu Philadelphia allerdings Sechsmal hunderttausend Dollars gekostet hatte, jede Einzelnzelle also durchschnittlich Eintausend vierhundert und vierzig Thaler) —: sondern weil ich der Ueberzeugung bin, daß der Verbrecher, wenn er die Strafe als solche empfinden, und dadurch zur Besserung geführt werden soll, vorerst zum Bewußtsein des verübten Unrechts, von der Erkenntniß zur Reue und von der Reue zum Vorsatz der Besserung übergehen muß, und daß diese Zustände, unfehlbar und schneller in der Einsamkeit, bei Beschäftigung neben Unterricht und geistlichem Zuspruch herbeigeführt werden müssen, als in der schweigenden Gemeinschaft mit Leidensgefährten, wo das Bedürfniß nach Mittheilung zu unausgesetzter Uebertretung des Verbots reizt, und diese unablässigen Versuche, mögen sie nun gelingen, und die nachtheilige Kommunikation angeknüpft, oder mögen sie entdeckt, und bestraft werden, jedenfalls das Bewußtsein der Reue und den Vorsatz der Besserung nicht aufkommen lassen, da die Gefangenen durch ihr Bestreben, in einem doppelten Unrecht, in der Uebertretung des Verbots und der beabsichtigten Täuschung der Wärter, beharren.

Ich gebe hiernach der Isolirung bei Tag und Nacht den Vorzug, und bin der Meinung, daß den Gefangenen freie Bewegung, Beschäftigung, Elementar- und Religionsunterricht gewährt, und die gefangenen Frauen durch Frauen beaufsichtigt werden müssen.

Die Arbeit ist nothwendig, um den Sträfling daran zu gewöhnen, und ihm die Mittel zum dereinstigen Erwerb zu sichern. Das fiskalische Interesse, möglichst viel durch die Arbeit der Gefangenen zur Verminderung der Unterhaltungskosten zu gewinnen, ist eben so dem Hauptzweck untergeordnet, als die Beschäftigung des Sträflings mit mechanischen Verrichtungen, die keinen andern Zweck, als eben nur die

Beschäftigung des Gefangenen hat, oder die Ueberweisung zu einer Fabrikation, die ihm dereinst keine oder nur unsichere Aussicht zur Selbsterhaltung gewährt, entschieden unrecht.

Elementarunterricht ist nothwendig, nicht weil die Unwissenheit eine Ursache zu Verbrechen wäre, sondern weil sie gemeinschaftlich mit der vernachlässigten Erziehung, eine gleichzeitige Wirkung der Armuth ist, und die Mittel zum ehrlichen Erwerb verringert.

Der Religionsunterricht der Gefangenen bildet das einzige Mittel, den Verbrecher zur Selbsterkenntniß und zur Reue zu führen, aus welcher der Vorsatz zur Besserung entspringen muß; die Religion allein kann den Verzweifelnden trösten, den Zerrissenen beruhigen, den Verstockten erweichen, und den Demüthigen erheben. Sie pflanzt die Keime zum Guten in das Herz des Verbrechers und versöhnt ihn mit Gott und der Welt. Die im Modelprison in London getroffene Einrichtung, wonach die Gefangenen beim Gottesdienst den Prediger sämmtlich sehen, halte ich für eine wesentliche Verbesserung gegen das frühere Verfahren, wo der Geistliche auf dem Korridor stand, und von den Bewohnern desselben nur durch die Thür vernommen, aber nicht erblickt wurde. — Mitgliedern frommer Vereine würde ich den Zutritt nicht, am allerwenigsten aber frommen Frauen, den Zutritt zu männlichen Gefangenen gestatten; es hat die Erfahrung den Mißbrauch hinreichend gezeigt, den die Gefangenen davon gemacht, indem sie durch scheinbare Reue und Demuth zu täuschen und bestimmte Zwecke zu erreichen suchten.

Wenn ich hiernach die pennsylvanische Einrichtung der Besserungshäuser für die dem Zweck am meisten entsprechende erachte, so geschieht es in der Voraussetzung, daß darin die nachstehenden drei Momente einer entsprechenden Berücksichtigung gewürdigt werden, nämlich

1) die Dauer der Anwendung der einsamen Haft, mit Berücksichtigung der empfindlichen Wirkung derselben auf den Verbrecher,

2) die Ausdehnung der Anstalt hinsichts der Anzahl der Detinirten, und des Verhältnisses der Aufsichtsbeamten zu denselben, und

3) die Vorbereitung zur Entlassung, die Art derselben so wie der Rücktritt in die bürgerliche Gesellschaft.

Die vollständige Einsamkeit des Verbrechers bereitet ihn, wie ich schon erwähnt, sicherer und rascher zur Selbsterkenntniß und zur Besserung vor, dagegen legt sie ihm Entbehrungen auf, die dem Menschen überhaupt, aber vorzugsweise derjenigen Klasse äußerst schwer zu ertragen und quälend sein werden, welche in den niederen Sphären der Welt gelebt, an Arbeit im Freien und Bewegung gewöhnt, und auf den ungestörten Verkehr mit Menschen angewiesen war, und ihrer Richtung und Bildung nach weder gewohnt noch geeignet ist, sich durch Nachdenken und spekulative Forschungen einen Ersatz für die Entbehrung der Mittheilungen von außen her zu verschaffen.

Kann nun auch der Verbrecher sich nicht beklagen, wenn die ihm zuerkannte Beraubung der Freiheit ihrer Anwendung nach ihm Entbehrungen auferlegt, weil er ja eben in der Strafe die Vergeltnng für begangenes Unrecht erkennen soll, so muß doch in der Sache selbst das Prinzip der Gleichmäßigkeit dem Gesetz gegenüber aufrecht erhalten werden.

Da die Wirkung der Strafe nach dem pennsylvanischen Systeme jedenfalls um Vieles empfindlicher uud schmerzhafter ist, so soll man diesen Zustand bei der Ausdehnung der Strafe auch in billiger Weise zur Anrechnung bringen.

Es bleibt schon ein Uebelstand, wenn bei verschiedenartigen Gesetzen, welche in einem und demselben Staate zur Anwendung kommen, oder durch verschiedenartige Deutung derselben Gesetze durch verschiedene Gerichte, zwei Individuen wegen gleichen Vergehens, dessen sie sich in verschiednen Theilen desselben Landes schuldig machten, nicht zu gleicher Strafe verurtheilt werden; noch schlimmer ist die Sache, wenn zwei, wegen desselben Vergehens zu derselben Strafzeit verurtheilte Verbrecher zweien Korrektionshäusern überwiesen werden, in deren Einem das pennsylvanische System durchgeführt wird, während im Andern die

Auburnsche Einrichtung oder irgend eine, dem Sträfling noch erträglichere Disziplin herrscht.

Diese Ungleichartigkeit, und Inkonsequenz kann zu Partheilichkeiten, oder zur Willkühr führen, und die Willkühr verbietet das Gesetz und das Recht seinem innersten Wesen nach.

Die einsame Haft soll aber, meiner Ansicht nach, nur bei dem zu einem Jahre Verurtheilten unausgesetzt, bei dem auf längere oder Lebenszeit Kondemnirten dagegen, nicht durchaus auf die ganze Detentionszeit des Sträflings, sondern nach Verhältniß seiner Fortschritte auf dem Wege der Besserung ausgedehnt, und resp. abgekürzt, und ihm das gemeinsame schweigende Arbeiten, und später auch die Unterhaltung mit einzelnen Mitgefangenen als Belohnung in Aussicht gestellt und gewährt, und nach Umständen wieder entzogen werden.

Diese Modifikation scheint nur um deshalb nothwendig, weil die Verurtheilung zum Korrektionshause die verschiedenartigsten Persönlichkeiten trifft, und auf verschiedenartige Vergehen zuerkannt wird, und beispielsweise der verstockte mehrfach bestrafte Bösewicht eine andere Behandlung zur Besserung in Anspruch nimmt, als der Beamte, welcher sich aus Noth verleiten ließ, die ihm anvertraute Kasse anzugreifen, und bevor er das Entnommene erstatten konnte, des Defektes überführt wurde.

Hinsichts des Umfanges und der Größe der Korrektionsanstalten soll ein billiges Maaß gehalten werden, das im Verhältniß steht zu den Kosten der Einrichtung und Beaufsichtigung und die Möglichkeit gewährt, die allgemeine Uebersicht, ohne Benachtheiligung des individuellen Zustandes jedes einzelnen Gefangenen, mit aller Zuverlässigkeit zu erhalten, und die Kontrolle über das Beaufsichtigungspersonale bis in die kleinsten Details in der Hand behalten zu können.

In dem Pönitenziarium zu Genf beträgt die Anzahl der Gefangenen durchschnittlich Sechzig, deren Beaufsichtigung durch zwei vorzüglich tüchtige, mit voller Hingebung ihrem Beruf lebende Direktoren, durch fünfzehn besoldete Beamte und Aufseher, und außerdem durch einen Verein von mehr als Sechzig ehrenwerthen Bürgern der Stadt geleitet wird. Dabei kommt die zweckmäßige bauliche Einrichtung des Gefängnisses dem beobachteten Systeme sehr zu statten, und dennoch sind die gewonnenen Resultate unbefriedigend, denn die Zahl der Rückfälle beträgt mehr als fünf und zwanzig Prozent. Die, in Berücksichtigung der geringen Zahl der Gefangenen sehr beträchtlichen Beaufsichtigungskosten der Anstalt, würden in größeren Besserungshäusern in demselben Verhältnisse gar nicht aufgebracht, überhaupt eine solche Einrichtung gar nicht durchgeführt werden können.

Daß die zu ausgedehnten Besserungshäuser ihren Zweck nicht vollständig erreichen, liegt in der Schwierigkeit der speziellen Kontrolle und in den Rücksichten auf die Gesundheit der Sträflinge, deren zu zahlreiches Beisammensein ansteckende Augenkrankheiten, Fieber und andere Leiden erzeugt. Aus diesem Grunde wird auch die etatsmäßige Anzahl von Gefangenen in Colbathfield in London, welche Eintausend dreihundert beträgt, nie aufgenommen, und es befinden sich gleichzeitig immer nur Eintausend Sträflinge beiderlei Geschlechts in abgesonderten Theilen des Gebäudes vereinigt, während durchschnittlich doch über Zehntausend Gefangene alljährlich durch die Anstalt passiren. Auch in Milbank in London, wo Eintausend dreihundert Verbrecher in Einzelnzellen detinirt werden sollten, mußte der Krankheiten wegen die Anstalt auf einige Zeit ganz geräumt, und später erst nach und nach wieder besetzt werden. Es befanden sich zur Zeit Achthundert Sträflinge darin, welche Zahl als Maximum festgehalten werden soll.

Was nun den dritten, und zwar den Hauptpunkt anbetrifft, so verfährt man in den nach den verschiedenen Systemen eingerichteten Strafanstalten, hinsichts der Vorbereitung des Sträflings zu seiner Entlassung, und hinsichts der Art derselben übereinstimmend. Nachdem nämlich der Detinirte während der ganzen Zeit der Detention in demselben Gefängnißraume geblieben, in derselben Art und Weise unterrichtet, beschäftigt und behandelt ward, öffnet man am letzten Tage der ihm durch Urtel und Recht zuerkannten Freiheitsstrafe die Pforte seiner Zelle, und entläßt ihn, wenn er sich aus seinem Ueberverdienst etwas erübrigt hat, mit diesem Sparpfennig, wo nicht — ohne denselben, aber mit frommen Wünschen, und in der Hoffnung, daß Arbeit, Unterricht und gute Lehren auf ihn wohlthätig gewirkt haben mögen.

Hat der Sträfling sich während der Detention gut oder schlecht aufgeführt, das ist gleichgültig; die Strafzeit endet mit demselben Tage, es sei denn, daß das Erkenntniß ausdrücklich auf Detention bis zum Nachweis des ehrlichen Erwerbes lautete, in welchem Falle die Entlassung ein gleichmäßig fleißiges und folgsames Betragen voraussetzt.

Der Entlassene tritt in die Welt hinaus, geblendet von dem hellen Tageslicht, betroffen von der frischen Luft, gehoben von dem Gefühl der Freiheit, entweder voll Lebens- und Uebermuth, die Ungebundenheit nach langer Entbehrung zu genießen, oder voll Schaam und Reue über die Vergangenheit, ohne Freund und ohne Selbstvertrauen. Beide drängen sich an die Menschen, jener keck und stürmisch, dieser zagend und muthlos. Beide fühlen sich alsbald zurückgestoßen, verachtet und geflohen; auf Beide wirkt es zuletzt gleich, auf den Leidenschaftlichen als Trotz und Rache, auf den Demüthigen als Entmuthigung und Verzweiflung. Beide finden sich endlich wieder zusammen, das Unglück und die Nothwendigkeit läßt alle Rücksichten schwinden; einmal dem Untergange geweiht, ist kein Abgrund zu tief oder zu breit, um ihn zu furchten; hinuber oder hinab; kein schutzender Arm hält sie auf; hinter ihnen trennt sie die Kraft von der Welt, zu der keine Brücke hinüber führt. Die Theilnahme der Schicksalsgefährten bleibt das einzige Gefühl, das sie an das Leben, aber auch leider an neue Verbrechen fesselt, denen sie von Neuem verfallen sind.

Das es so ist, kann uns nicht wundern. Der entlassene Verbrecher muß gefürchtet werden, weil sonst die Rechtssicherheit ihre wesentlichste Garantie verlieren würde.

Man hat diesen beklagenswerthen Zustand auch wohl erkannt, und ihm entgegen zu treten gesucht durch Vereine, welche sich in allen Ländern gebildet haben, um mit Milde und Unterstützung der entlassenen Sträflinge sich anzunehmen, für ihre Unterbringung und Beschäftigung zu sorgen, sie dadurch vor Rückfällen zu bewahren, die bürgerliche Gesellschaft vor ihnen zu sichern, und sie selbst in die allgemeine Ordnung des Lebens hinein zu gewöhnen.

Die Erfolge der Bemühungen dieser Vereine sind, so weit meine Ermittelungen reichen, überall hinter den Erwartungen, zu welchen die hingebenden Bemühungen der Vereinsglieder, die bedeutenden Kosten und angewandten Mittel berechtigen, zurück geblieben. Ich will gar nicht von solchen Vereinen reden, deren Bestrebungen in dieser Beziehung eine unrichtige Bahn verfolgten, indem sie entweder zu wenig, oder zu viel thaten; zu wenig — in dem Glauben, daß es nothwendig sei, den gebesserten Verbrecher sich im Anfang selbst zu überlassen, ihm blos die nöthigen Subsistenzmittel auf so lange zu zahlen, bis er sich dieselben nach freier Wahl gesichert haben würde; zu viel — indem man den Entlassenen durch zu dringende Empfehlungen und zu nachsichtige Behandlung, nicht allein dem freien Arbeiter gegenüber, der sich bis dahin stets tadellos geführt hatte, und ohne seine Schuld beschäftigungslos ist — zu sehr bevorzugte und verwöhnte, sondern ihn dadurch auch auf einen unrichtigen Standpunkt stellte, und ihn zu dem Glauben führte, daß es eigner Anstrengungen gar nicht bedürfe, da in Ermangelung derselben, der Verein doch für ihn sorgen müsse.

Allein selbst diejenigen Vereine, deren Mitglieder durch ihre Stellung, durch Liebe zur Sache, Erfahrungen und Nachdenken vorzugsweise zu erfreulichen Erfolgen berechtigt waren, weisen dennoch in ihren neuesten Zusammenstellungen durchaus Unbefriedigendes nach, besonders weil die Abneigung gegen entlassene Sträflinge so entschieden ausgeprägt und allgemein verbreitet ist, daß man bis zu den gewöhnlichen Tagearbeitern hinab, jede Gemeinschaft der Arbeit mit ihnen für unehrlich hält, und sie weder darin aufnimmt noch duldet. So nachtheilig und traurig dies auch auf den wirklich Gebesserten wirken mag, so muß man andererseits doch auch das Gefühl der

Ehrenhaftigkeit und das Bewußtsein des guten Gewissens, welches im gemeinen Mann so fest begründet ist, um eine Gemeinschaft mit vormaligen Verbrechern für unwürdig und unstatthaft zu halten, lobend anerkennen.

Sollen günstigere Resultate herbeigeführt werden, so müssen andere Mittel aufgesucht und angewandt werden, und solche in Vorschlag zu bringen und zu prüfen, sei hier die Aufgabe.

Man strebt in den Besserungshäusern danach, den Sträfling zu bessern; man hält das Ziel für erreicht, sobald man ihn reuig, bußfertig, demüthig, fleißig nnd voll guter Vorsätze befindet, und man hat gewissermaaßen Recht, denn ein Mehreres kann weder die Anstalt verlangen, noch der Sträfling gewähren. Aber in der Reue und den guten Vorsätzen die Bedingungen zur Besserung erfüllt zu sehen, ist eine Täuschung, die uns ihre Folgen täglich vor die Augen führt.

Lukas und Aubanel in Paris und in Genf sind gewiß Autoritäten für die in der Behandlung und Beurtheilung der Gefangenen, ihrer Seelenleiden und Heilung gesammelten Erfahrungen, und beide haben mich versichert, daß dem Direktor, oder dem Arzt, oder dem Geistlichen der Anstalt niemals die innere Ueberzeugung beiwohnen könne, ob der Sträfling wirklich gebessert sei, oder ob er in dieser Hinsicht nur sich und die Aufsichtsbeamten absichtlich oder unbewußt täusche.

Dies ist natürlich; denn zur Vollendung des Begriffs der Besserung, zur wirklichen, praktisch bethätigten Besserung, reicht nicht der Vorsatz aus, sich bessern zu wollen, sondern es ist dazu die Kraft, diesen Vorsatz zu verwirklichen, das heißt der Versuchung zum Bösen widerstehen, sie siegreich bekämpfen zu können, unumgänglich nothwendig.

Um nun zu ermitteln, ob der Sträfling diese Kraft wirklich besitzt, muß er die Gelegenheit gehabt haben, sich und seine Festigkeit zu prüfen.

Zu dieser Prüfung ist aber weder das gemeinsame schweigende Arbeiten des Auburnschen Systems, noch die Einzelnzelle des pennsylvanischen geeignet, denn der Sträfling befindet sich in beiden in einem unfreien Zustande, und ihn in einem solchen zu versuchen, wäre eben so unerlaubt und unrecht, als es zu einem genügenden Beweise nicht führen würde, da der schlaueste und in der Verstellung geübteste Sträfling, die Prüfung am Leichtesten erkennen, und sich am Meisten zusammennehmen würde, um der Versuchung zu widerstehen.

Es gehört zu solcher Probe der Zustand einer gewissen Freiheit. Ein solcher Zustand ist jedoch mit der bestehenden Einrichtung jener Anstalten nicht vereinbar.

Da er aber zur Vollendung der Besserung nothwendig ist, so kommt es darauf an, ihn auf andere Weise herbeizuführen, was um so dringender zu wünschen bleibt, als dadurch der jähe Uebergang von der strengsten Gefängnißzucht, zur ungebundenen Freiheit des Lebens eben so gemildert wird, als man es vermeiden kann, den gebesserten Verbrecher nur um deshalb wieder straucheln und rückfällig werden zu sehen, weil die Welt ihn nicht aufnehmen will, man ihn flieht und allein und hülflos sich selbst überläßt.

Die Wichtigkeit, durch Beschäftigungsanstalten der Armuth als Ursache zu Verbrechen zu begegnen, und die Nothwendigkeit eines Ueberganges zu einer freiern Bewegung desjenigen Sträflings, der zur Besserung durch seine Führung Hoffnung erweckt, um ihn in seinen Vorsätzen erproben zu können, und ihn aus den Umgebungen seiner Heimath, wo er verachtet würde, entfernt zu halten, ist auch schon in zwei Ländern anerkannt, und zur Ausführung gekommen, und respektive vorbereitet worden, nämlich

in Holland in den Zwangs- und Armenkolonien, und
in England, in dem Modelprison bei London.

In den Erstern befinden sich nur Bettler, Vagabonden und Individuen, welche Müßiggangs, Umhertreibens und geringer Verbrechen halber bestraft werden, und freie arme Leute, welche sich als Tagearbeiter freiwillig mit Ackerbau und Fabrikation beschäftigen, dadurch ihren Unterhalt sichern, dem Gemeinwohl weder lästig noch gefährlich werden, die keine Gelegenheit haben, Verbrechen zu begehen, oder durch die Umgebungen ihrer Heimath dazu verleitet zu werden. Die Zahl der in den holländischen Zwangs- und Armenkolonien Aufgenommenen beträgt mehr als Zehntausend Seelen, und die bei der Gründung derselben beabsichtigten Zwecke: „der Armuth durch Beschäftigung abzuhelfen,

durch die Arbeit wüste Haidestrecken in Kultur zu setzen, und Nützliches zu fördern,

und die Gelegenheit Verbrechen zu begehen, durch die Entfernung der Motive dazu, zu erschweren,"

sind erreicht, und dem Stifter der Kolonien, General van dem Bosch, gebührt der Ruhm, wesentlich dazu beigetragen zu haben, daß in Holland unter allen civilisirten Ländern allein die Zahl der Verbrecher und Verbrechen alljährlich, wenn auch nur im geringen Grade, abnimmt, während in allen übrigen das auffallende Steigen derselben zu ernsten Besorgnissen Veranlassung giebt.

Der für die Moralität des Volkes aus solchen Kolonien entspringende Gewinn scheint wichtig genug zu sein, um die Sache einer näheren Aufmerksamkeit zu würdigen, und den Versuch zu machen, sie auf unsere vaterländischen Verhältnisse zu übertragen, und dabei diejenigen Mängel, woran die holländischen Kolonien leiden, wie das weiter unten in einem besonderen Kapitel ausgeführt ist, zu vermeiden. Nach der Einrichtung des Modelprison in London sollen die zur Deportation Verurtheilten, wenn sie zur Besserung Hoffnung geben, dort auf einige Jahre nach dem pennsylvanischen Systeme detinirt, und dann nicht in die Verbrecher-Kolonien nach Botany bay — sondern in die freien Kolonien nach Amerika und Australien übergeführt werden, wo sie unter strenger Aufsicht als Tagearbeiter beschäftigt, und nach beendeter Strafzeit, da allen zur Deportation verurtheilten Verbrechern die Rückkehr in's Vaterland untersagt werden soll, ihren Fähigkeiten und ihrer Führung nach, in den Kolonien als freie Ansiedler aufgenommen oder durch die Vorsorge von Vereinen untergebracht werden. So wie man also in Holland durch die Armen- und Zwangskolonien mit Erfolg der Veranlassung zu Verbrechen und der Ausbildung von Verbrechern vorbeugt, so soll nach dem neuen englischen Systeme der Verbrecher nach beendeter Strafzeit nicht allein für sein Vaterland unschädlich gemacht werden, sondern auch die in einem freiern Zustande in den Kolonien versuchte und erprobte Besserung ihm einen sichern Uebergang und Rücktritt in die bürgerliche Gesellschaft, und einen möglichen Schutz gegen Rückfälligkeit gewähren.

Was die Anwendung dieser Ideen auf Preußen anbetrifft, so lassen sich dieselben meiner Ansicht nach wohl vereinen.

Besäßen wir noch die unter dem großen Kurfürsten im Jahre Eintausend sechshundert drei und achtzig durch den Major von Gröben auf der Küste Afrikas errichtete Handelskolonie Friedrichsburg — so würde ich mich für die Exportation der Verbrecher dorthin entscheiden, allein in Ermangelung einer Marine können Pläne zu überseeischen Kolonisationsversuchen, denen sich die übrigen Seemächte mit gewaffneter Hand widersetzen würden, nicht zur Ausführung kommen.

In den Provinzen Pommern und Preußen befinden sich aber noch große Strecken unfruchtbaren und Haidelandes, welche, durch fleißige Bestellung in Kultur gesetzt, einer ansehnlichen Menschenmenge Beschäftigung und Unterhalt gewähren könnten. Fabrikarbeiten müßten als Beschäftigung für den Winter, wie für Individuen, die körperlich zum Landbau nicht geeignet sind, neben demselben getrieben werden. Die zu wählende Lage der Ansiedelungen würde eine Kommunikation mit einer bedeutenden Land- oder Wasserstraße, zum Absatz der Naturprodukte und Fabrikate, erhalten müssen, ohne daß es nothwendig erscheint, sie in unmittelbare Verbindung mit bevölkerten Gegenden zu setzen und zu erhalten.

Die Anlagen selbst würden zweifacher Art sein, nämlich freie Kolonien, für Arme, welchen in der Heimath die Gelegenheit zur Beschäftigung fehlt, und die mit ihren Familien sich dort niederlassen, anfangs in der Eigenschaft als Tagelöhner, denen die Aussicht bleibt, durch Fleiß die Mittel zu erwerben, um später als Pächter, und demnächst vielleicht als Eigenthümer auf der von ihnen bebauten Ackerfläche zu bleiben — und Zwangskolonien zur Aufnahme von Sträflingen, welche zur Detention bis zum Nachweis des ehrlichen Erwerbs oder zu mehrjähriger Haft kondemnirt waren, entweder nach abgebüßter Strafzeit, oder ein Jahr vor Ablauf derselben. Hier würden die Züchtlinge gleichfalls mit Ackerbau und Fabrikation gemeinschaftlich beschäftigt, dabei allerdings in einem nur bedingt freien Zustande, unter Beaufsichtigung und Militairbewachung sich befinden, aber durch freiere Bewegung und Mittheilung des bisherigen strengeren Disciplinarzwanges überhoben, und durch Führung und Fleiß den Uebergang in die freien Kolonien zu erwirken im Stande sein, wo man ihnen den bleibenden Aufenthalt nicht erschweren und gestatten würde, sich dort förmlich niederzulassen. Ich verkenne in der Ausführung eines solchen Projekts keinesweges die Schwierigkeiten, die sich demselben entgegenstellen, und welche begründet sind:

in der zweckmäßigsten Wahl der Gegend,

in dem bedeutenden Anlage-Kapital,

in der Art der Bewachung dieser Kolonien;

gebe mich auch keinesweges sanguinischen Hoffnungen hin, als ob sogleich mit Gründung der Kolonien eine wesentliche Verminderung der Verbrechen und Verbrecher eintreten müsse oder könne, allein auch geringe Erfolge, wenn überhaupt nur ein günstiges Resultat aus dem Projekte zu erwarten steht, dürften des Versuchs sich verlohnen.

Jedenfalls würde man durch die Armen- und Zwangskolonien bei uns mindestens dieselben Resultate erreichen, wie in Holland, besonders da man die dort gewonnenen Erfahrungen benutzend, zahlreiche Uebelstände, die sich dabei eingeschlichen haben, von vorn herein vermeiden, und dadurch, daß nicht ein Privatmann, wie in Holland, sondern der Staat die Verwaltung der Kolonien übernehmen, der Sache von Hause aus die erforderliche Garantie für das Bestehen, und die angemessenste Verwaltung gewähren würde.

Auch mit den Erfolgen, wie sie in Holland sich herausgestellt, dürfte man sich begnügen können; denn derjenigen Armuth, welche Arbeit und dadurch Unterhalt sucht, wird geholfen, und ihr Gelegenheit Verbrechen aus Noth zu begehen genommen, und die Einwirkung der Zwangskolonien auf Sträflinge, welche hierher aus den strengsten Zuchthäusern entlassen wurden, muß, unter der Voraussetzung, daß die Versuche zur Besserung an ein dafür noch empfängliches Gemüth gerichtet, von demselben mit Aufrichtigkeit aufgenommen, und festgehalten sind — von den wohlthätigsten Folgen sein.

Die Bestrebungen nach dem Guten und dem Gemeinwohl Erspriefslichen haben in Preußen in den Schwierigkeiten, die sich ihnen anfangs entgegenstellten, niemals ein Hinderniß gefunden; warum sollten sie es in einem Unternehmen, wo es sich nicht allein um das leibliche oder geistige Wohl einzelner Individuen handelt, sondern um die Ueberhandnahme und Befestigung des moralischen Werthes der Nation überhaupt? denn daß die Verminderung der Verbrechen und Verbrecher dies bedingt, bedarf keines Beweises.

Die Lage und Auswahl der zu überweisenden Landstrecken werden Sachkenner leicht bestimmen können, das Anlagekapital zur Gründung der Kolonien wird bei zweckmäßiger Verwaltung bald sichere und doppelte Zinsen in dem Gelingen des beabsichtigten Zweckes tragen, und zur Bewachung der Zwangskolonien dürften Veteranenkompagnien eben so geeignet, als Invaliden mit dergleichen Posten gedient sein.

Hiernach rekapitulire ich den Inhalt vorstehender Darstellung in Folgendem.

Zweck der Strafe ist die Bestrafung und Besserung des Verbrechers, um dadurch die Verminderung der Verbrechen und Verbrecher zu erwirken.

Als Mittel zur Erreichung jenes Zweckes sind Beschäftigungshäuser nöthig, um den Armen Gelegenheit zu verschaffen ihren Unterhalt zu erwerben, und dadurch der Versuchung, Verbrechen zu verüben zu entgehen.

Die Bestrafung für begangene Verbrechen soll, nach dem pennsylvanischen Systeme durch Einsamkeit bei Tag und Nacht, durch Arbeit, Elementar- und Religionsunterricht vorbereitet, jedoch nach Verhältniß der Fortschritte zur Besserung, bei den zu längerer Haft Verurtheilten die Aussicht zu gemeinsamer Arbeit, selbst zur Mittheilung unter einander eröffnet werden.

Vor der definitiven Entlassung sollen die Sträflinge in Zwangskolonien die Festigkeit ihrer guten Vorsätze bewähren, und ihnen der Uebertritt und die Niederlassung in die freien Armenkolonien nach Verhältniß ihrer Führung erleichtert werden, von wo aus auch der Rücktritt in die bürgerliche Gesellschaft ohne Schwierigkeit versucht werden kann, da sie durch den Aufenthalt in dem Korrektionshause und nach ihrer Entlassung aus demselben in die Kolonien, durch längere Gewöhnung an Arbeit, und gutes Betragen möglichst gebessert, Selbstvertrauen erworben, und die Scheu ihrer Mitbürger vor ihrer Rückkehr und Gemeinschaft wesentlich überwunden haben werden.

II.

Der Besuch des Bagno in Toulon.

Die Provence entbehrt bei näherer Betrachtung des poetischen Hauches, den Name, Lage, Klima und die romantischen Sagen der Vorzeit mit ihren gefeierten Sängern, Dichtern und Helden, in unsrer Vorstellung, oder in dem unwahren Enthusiasmus exaltirter Reisebeschreiber hervorgerufen und bewahrt haben. Das Land ist großentheils steril, von öden kaum bis zur Hälfte der Höhe bewaldeten Gebirgskarsten durchzogen; die Meeresufer sind steil und bestehen aus nackten Felsen, und die Zauber der hyerischen Gärten beschränken sich auf liebliche Oasen mitten in unfruchtbaren Umgebungen, ohne die kühlen Schatten ihrer Bäume, oder die Farbenpracht, und den Duft ihrer Blumen über die Gränzen ihrer Gefilde hinaus zu verbreiten. Die Luft ist trotz der Nähe des Meeres trocken und heiß, das Volk ist dumm und grob, — Romantisches scheint die Vergangenheit der Gegenwart nicht hinterlassen zu haben; von Sängern habe ich nur Gassenhauer vernommen, und von Heldenthaten nur Außergewöhnliches im Trinken und Prügeln in den Schänken und am Hafen bewundert. Dennoch hat Toulon einen angenehmen Eindruck auf mich gemacht. Die ungeheuren Felsenmassen, die sich über der Stadt erheben, das schöne Becken des Hafens, das erste saftige Frühlingsgrün, der lebhafte Handelsverkehr, und das Arsenal für die französische Marine, verbunden mit dem Sammelplatz der nach Algier bestimmten Truppen, die Militairexercitien der Soldaten, welche sich rüsteten zu Kampf und Ruhm, und das vortreffliche Militair-Lazareth und Marine-Hospital, wo die Braven, welche ihr Leben an die Ehre des Vaterlandes gesetzt, durch freundliche Pflege und ausreichenden Unterhalt der Sorge für die Zukunft überhoben werden. Rechne ich hierzu das Gefühl der Freiheit, und die Aussicht, nachdem ich den Aktenstaub von mir geschüttelt, in die herrliche auflebende Natur, in den lieblichen Frühling hinein über Land und Meer ziehen zu können, Völker, ihre Sitten und Sprachen, Alterthümer und Meisterwerke der Kunst kennen zu lernen, dabei die Hoffnung, Kenntnisse und Erfahrungen zu sammeln, und aus der Prüfung und dem Studium der verschiedenartigen zur Anwendung gekommenen Systeme der Gefängniß-Administration, der Wissenschaft oder der Handhabung dieses wichtigen Verwaltungszweiges später irgend etwas förderlich werden zu können — so wird man meine glückliche Stimmung erklärlich finden, so wie, daß ich Alles mit

Freudigkeit und innigem Dank erfaßte und das Angenehme, was sich mir darbot, mit Entzücken genoß, das Unangenehme aber so leicht als möglich nahm, und so schnell als thunlich verschmerzte.

Um den Zustand des Bagno von Toulon kennen zu lernen, war ich von Marseille herüber gekommen, und schon in der Frühe des Morgens befand ich mich, nach dem mir ertheilten Rath, auf der Admiralität, um die erforderliche Erlaubnißkarte zu lösen.

„A neuf heures, Monsieur!“ beschied mich ein junger Seelöwe, der wahrscheinlich die Nachtwache gehabt, und nicht ausgeschlafen hatte, denn er blieb mit gesenktem Kopfe und unterschlagenen Armen auf der Bank sitzen, ohne mich eines Blickes zu würdigen.

Ich benutzte die Zeit, ging durch die Stadt, trat in die Kirchen, besah mir die Einrichtung der Militair-Depots, und die Artillerieställe, und folgte dem Schalle eines fernen Gewehrfeuers außerhalb der Stadt, bis auf das Glacis, wo die ganze Garnison zur Uebung ausgerückt war. Die jüngst ausgehobenen Rekruten exercirten nach ihrer ersten Ausbildung zum Erstenmale mit den länger gedienten Truppen. Die Haltung war höchst genirt und unsicher, das Kommando schleppend und undeutlich, die Bewegungen des Körpers ziemlich linkisch, namentlich das „Kehrt“ schienen Mehrere durchaus nicht begreifen zu können. (Vielleicht wäre es gut, es gar nicht zu lehren.) Diese Wendung wird bei den Franzosen so ausgeführt, daß während die linke Hand unter die Patrontasche greift, der rechte Fuß einen mäßigen Schritt rückwärts gestellt wird, auf das zweite Tempo folgt die Wendung auf dem Fleck auf beiden Hacken rechts um, und im dritten Tempo wird der rechte Fuß wieder an den linken zurückgezogen.

Zuerst exercirten die Kaporale gliederweise ohne Gewehr, welche in Pyramiden am Ende des Platzes zusammengestellt waren, und von einigen urangutangartig bewachsenen Sapeurs bewacht wurden. Dann wurden Sektionen zu zwei Gliedern, dann halbe, hierauf ganze Kompagnien zusammengezogen. Das Ganze endete mit Parademärschen, wobei die Gewehre im Arm getragen wurden. Alle Viertelstunde trat eine Pause ein, welche das mitten auf dem Platze stehende Musik-Corps durch einige mit großer Präcision vorgetragene Stücke ausfüllte.

Bis zum Parademarsch frühstückten sämmtliche Offiziere vor dem dortigen Café de la place d'armes, ohne sich im Mindesten um die Soldaten zu kümmern.

Unfern des Platzes manövrirten sechs Bataillone mit Patronen.

Die Griffe wurden fest, schnell und gleichmäßig ausgeführt; die Gewehre mit braunen Schaften waren sämmtlich mit Perkussionsschlössern versehen. Das Glieder- und Bataillonsfeuer erfolgte mit außerordentlicher Pünktlichkeit, wobei das erste von den drei Gliedern kniete.

Die höheren Offiziere, welche theils kommandirten, theils als Zuschauer sich draußen befanden, waren sämmtlich abscheulich beritten, und bezweifle ich, daß bei uns ein Lieutenant sich entschließen würde, Eins der Pferde, die ich in Toulon gesehen, vor der Front zu reiten.

Punkt neun war ich wieder auf der Admiralität und brachte meine Bitte sehr bescheiden bei einem Manne an, der mit beiden Händen in den Hosentaschen, mit ausgespreizten Beinen die Thür versperrte. „A dix heures, s'il vous plait“ brummte er mir entgegen, um mich zu überzeugen, daß ich es mit einem Seebären zu thun habe.

Was war zu thun? ich machte nochmals rechts um, ging auf den Gemüse- und Fischmarkt, erfreute mich an den Blumensträußen, den Artischocken und Salatköpfen, den Hummern, Fluß- und Seefischen, ging dann auf den Quai, frühstückte in einem Café vis à vis der Patache, ein großes abgetakeltes Schiff, welches als Marine-Gefängniß benutzt wird, um diejenigen Matrosen, welche Nachts Unfugs halber arretirt wurden, unterzubringen, bis sie von ihren betreffenden Schiffen am nächsten Tage reclamirt, und zur Abbüßung eines Disciplinar-Arrestes in Empfang genommen werden. So angenehm mir auch das Treiben am schönen lebendigen Hafen war, so versäumte ich es doch nicht, auf den Schlag zehn Uhr mich vor der Admiralität einzufinden, und meinen Wunsch einem sehr korpulenten Seemann mit lackirtem Hut auf dem Kopfe, an den ich gewiesen war, und welcher auf einer Bank seinen Leichnam ausgestreckt hatte, mit höflichen Worten an's Herz oder vielmehr an den Bauch zu legen. A onze heures! Sacrrrr — e! brüllte er, drehte sich um, und spie dabei einen solchen Strahl von sich, daß ich wohl einsah, wie ich es mit einem Seebüffel oder einem Landwallfisch zu thun habe.

Aber nun war es mir denn doch des Wartens zu viel, und der Geduld zu wenig. Sacrrrrr — e! schnarrte ich mit trillernder Zunge, und wies ihm die Zähne. Est — ce — qu'on va chicaner les étrangers de telle manière? qu'on m'annonce chez Mr. le Directeur! — tenez — mon adresse! Mein Büffel fuhr mit gleichen Beinen von der Bank, dehnte und streckte sich wie ein Wegweiser, blinzelte mich an, grunzte leise, und lüftete den Hut, um mich auf seine Hörner zu nehmen, wie ich glaubte — nein — um sich etwas, das ihn in Verlegenheit zu setzen schien, hinter den Ohren fortzukratzen. Er trollte fort, und ich hatte Gelegenheit in der großen Halle diverse interessante architektonische und naturhistorische Bemerkungen zu sammeln. Buffon hätte hier unter seinen Landsleuten noch manche seltene Exemplare zur Bereicherung der Spezies der Seethiere angetroffen, denn als ich mich umsah, und mich, um die Zeit hinzubringen, nach Verschiedentlichem bei den anwesenden müßigen Mariniers, welche eine Art Ordonnanz- oder Wachtdienst dort zu versehen schienen, erkundigte, traf ich auf diverse Seeesel, Seeschafe und Seeaffen.

Man sagt, daß die Landratten oder Landbewohner sich eben so unsicher und übel auf dem schwankenden Schiffe, als die Matrosen auf der ungewohnten festen Erde befinden.

Dadurch erkläre ich mir auch die Unhöflichkeit der Seeleute in der Admiralität, die man auf den Schiffen an ihnen im Allgemeinen nicht wahrnimmt, als einen solchen Zustand des Schwankens, oder körperlichen Unbehagens und Uebelkeit, als eine Art Landkrankheit. Ich sollte jedoch auch Proben seemännischer Höflichkeit in der Admiralität von Toulon erfahren.

Nach zehn Minuten kam ein schlankes Offizierchen herab, entschuldigte mit einigen verbindlichen Redensarten den Direktor, welcher in der Session beschäftigt sei, händigte mir die Erlaubnißkarte zum Eintritt in das Arsenal ein, überwies mir einen Marin als Führer, und fügte mit ausnehmender Artigkeit hinzu „daß er sich gewiß die Ehre gegeben haben würde, mich zu begleiten, und ihm die Freude zu machen, mir zu erklären, was ihm bekannt und geläufig, mir aber neu und fremd, und ihm zum Vergnügen, mir zur Belehrung gereiche, was ihm als Franzosen, und mir als Preußen, ihm dieselbe Satisfaction verschaffe als mir Bewunderung und Anerkennung zur Pflicht mache, kurz daß er mir, wenn ich ihm, oder wir uns über die Zeit meines Besuchs vorher verständigt, und ich die Stunde desselben bestimmt gehabt hätte, die Annehmlichkeit seiner Gesellschaft gewiß nicht vorenthalten haben würde, daß er aber auf diesen Vorzug zu seinem höchsten Bedauern und grenzenlosester Verzweiflung verzichten müsse, da die Postkutsche, mit welcher er Depeschen nach Marseille bringen solle, sich bereits in Bewegung gesetzt habe."

Ich drückte ihm die Hand und mir eine Thräne der Dankbarkeit mit der heiligsten Versicherung aus, daß erst mit meinem Tode das Bewußtsein meiner Verpflichtungen der Erkenntlichkeit seiner hingebenden Uneigennützigkeit in meinem Busen erlöschen, wenn es mich anders nicht in das seelige Jenseit begleiten sollte, wo der Unterschied der Völker sich in Harmonie auflöse, wo keine Depeschen sich störend in das glückliche Einverständniß der Seelen dränge, und daß ich bei dem Allen herzlichst bedaure, daß die abgegangene Postkutsche während unsers Gesprächs wahrscheinlich schon einige lieues zurückgelegt haben, und ihn nöthigen würde, per pedes Apostolorum hinterher zu jagen.

Wir schieden gerührt von einander; nur die Hoffnung des Wiedersehens konnte uns aufrecht erhalten. Aber das unerbittliche Schicksal mußten wir alle anklagen, daß es mit grausamer Hand unsre Herzen zerfleischte.

Mit mir zugleich langte im Arsenal die Verbrecher-Diligence aus Lyon an, welche einen Transport von zwölf zu den Galeeren Verurtheilten ablieferte. Seit zwei Jahren werden nämlich die von den Geschwornen-Gerichten Kondemnirten nicht mehr wie früher zu Fuß an einer langen Kette, durch das Land in die Depots von Toulon, Brest und Rochefort geschleppt, sondern zu Wagen transportirt. Diese sind fast wie große Fourgons der Posten, sehr fest gebaut, und werden von vier oder sechs Pferden ganz wie die Messagerien stationsweise befördert.

Der Länge nach sind die Wagen getheilt; man steigt von hinten hinein, und es haben auf jeder Bank sechs Gefangene nebeneinander Platz. Die Transportaten sind doppelt geschlossen, die Fenster sind über jedem Sitz im Wagenhimmel angebracht und durch Gitter gehörig geschützt. Zwei bis an die Zähne bewaffnete Gendarmen nehmen die letzten, der Eingangsthür zunächst befindlichen Plätze ein. Ein Entspringen während der Fahrt ist nicht gut möglich, da auf den Stationen nicht ausgestiegen wird, sondern die Verbrecher ihre Verpflegung im Wagen zu sich nehmen, und dieser auch zu lieux d'aisance eingerichtet ist. Die eben Angekommenen, welche sämmtlich Toulon noch nicht kannten, waren vortrefflichen Humors, fanden die Umgebungen angenehm, ihr Schicksal ziemlich erträglich, und gefielen sich darin, an den sie begleitenden Gendarmen ihren Witz zu versuchen. Kein

Einziger schien Reue zu empfinden, oder von seiner Lage die ernste Seite aufzufassen.

Das Arsenal in Toulon überrascht eben so durch die ungeheure Ausdehnung seiner Bassins und Werkplätze, als durch die Großartigkeit seiner Fabrik- und Magazingebäude, durch die trefflichen Dampfmaschinen und zweckmäßigen mechanischen Vorrichtungen und durch die Ordnung und herrschende Disciplin.

In hohem Grade interessant und belehrend ist der Besuch des Zeughauses und der Modellkammer. In Ersterem sind Armaturen der französischen Marine von ihrem Entstehen bis auf die neueste Zeit, Schuß-, Hieb-, und Stichwaffen, Rüstungen, Wurfgeschosse, Enterhacken, Trophäen und merkwürdige Erinnerungen aus den Kämpfen mit fremden Nationen, auf das Beste unterhalten, historisch und übersichtlich geordnet. In der zweiten übersieht man, in einer Reihe prächtiger Zimmer, zum Theil mit vergoldeten Karyatiden, Decken in Stuck, und parkettirten Fußböden von edlen Hölzern, Alles was zum Schiffsbau gehört, in zierlichen Modellen auf's Sauberste gearbeitet und aufgestellt. In Glasschränken liegen Schrauben, Rollen, Winden, Pumpen, Steuerruder und Masten, mathematische und physikalische Instrumente, Kompasse, Quadranten, Ferngläser und Sprachröhre; in der Mitte auf polirten Gestellen die Modelle und Durchschnitte aller Fahrzeuge; Kriegs-Transportschiffe, Kanonenböte, Brander, Bagger- und Tauchermaschinen, kurz

Alles so vollständig, daß den Eleven der Marineschule der Kursus durch das Kabinet eine gründliche Belehrung gewähren muß. Ich enthalte mich der Aufzählung näherer Details, welche man in jedem Reisehandbuch vollständig findet, und beschränke mich auf die Beschreibung des Zustandes der zu den Galeeren Verurtheilten.

Im Bagno von Toulon sind dreitausend vierhundert Verbrecher und etwa viertausend freie Arbeiter beschäftigt, von denen die Letzteren in den Werkstätten täglich zwei bis drei, ja auch vier Francs verdienen. Die Verbrecher sind theils zu fünf-, zehn- und zwanzigjähriger, theils zu lebenslänglicher Haft verurtheilt, und unterscheiden sich hiernach durch rothe und durch grüne Kappen. Die Rückfälligen sind an weißen Blechen kenntlich, welche an den Mützen befestigt sind. Nach dem Grade ihrer Gefährlichkeit arbeiten die Gefangenen einzeln, an Händen und Füßen gefesselt, oder je zwei zusammengeschlossen. Besonders gute Führung hat die Abnahme der Hand- und Fußschellen zur Folge, jedoch wird auch dann noch der eiserne Ring um den Knöchel nicht gelöst, sondern um ihn nicht sichtbar werden zu lassen, mittelst einer Schnur unter die Hosen hinauf gezogen und unter dem Knie befestigt. Die Arbeit dauert von Sonnenaufgang bis Sonnenuntergang. Zu Mittag werden zwei Stunden Ruhe gegönnt, und Sonntags kann sich Jeder nach Belieben beschäftigen.

Die Freistunden werden zu Handarbeiten benutzt, in welchen sich, trotz der mangelhaften Instrumente, die Gefangenen eine seltne technische Fertigkeit erworben haben, und die meistentheils aus Flecht- Drechsler- und Schnitzarbeit bestehen. Man findet eine Niederlage dieser Fabrikate, in welcher der Verkauf und die Berechnung durch besonders zuverlässige Gefangene geleitet wird. Jeder, welcher sich mit solchen Handarbeiten in den Freistunden beschäftigt, hat gleichen Antheil am Erlös der veräußerten Sachen, mag seine Arbeit mangelhaft oder meisterhaft, schnell oder langsam ausgeführt sein; wer Nichts dazu beiträgt, hat auch keine Gelegenheit etwas nebenbei zu verdienen, wenn nicht etwa Geldgeschenke Besuchender oder für das Uebersetzen über die Kanäle einige Sous ihm zu Theil werden.

Die Bestimmung der Arbeit, welche der Gefangene während seiner Haft zu verrichten hat, bleibt der Direktion allein überlassen. Es richtet sich dieselbe nach der Körper-Konstitution, und den mechanischen Fertigkeiten, welche ihm beiwohnen, doch nimmt man auch auf Stand und Bildung des Verurtheilten Rücksicht, und beschäftigt die hierdurch ausgezeichneten in der Regel mit schriftlichen Arbeiten.

Seiler und Schmiede werden am Meisten gesucht, da Einhundert und achtzig Feueressen unausgesetzt im Gange sind, und wenigstens sieben bis achthundert Menschen täglich mit der Maschinenfabrikation der

Schiffsseile beschäftigt sein müssen, um dem augenblicklichen Bedürfnisse der Marine zu genügen. Die Fabrik- und Magazingebäude sind sämmtlich massiv, gewölbt und bombenfest, um für den Fall einer Blokade des Hafens nicht einem ähnlichen Schicksal ausgesetzt zu sein, als damals, wo die Engländer durch ihr Bombardement das ganze Arsenal mit seinen Schiffen, Vorräthen und Brennmaterial in Flammen setzten. Der Schiffbau beschäftigt viele Hände, noch mehr aber die Reparatur der Kriegsschiffe, von denen ich mehrere im Bassin antraf, deren Namen in der französischen Marine berühmt geworden sind. Dazu gehören die belle poule des Prinzen von Joinville, von Ulloa her bewährt, und der Montebello, das größte französische Kriegsschiff, was ich vor zwei Jahren bei Smyrna bestiegen hatte, und jetzt allerdings in Vergleich mit damals in einem desolaten Zustande wiederfand. Die Bearbeitung des Schiffsbauholzes, die Verbindung der Flöße, und die Räumung der Bassins, wobei die Gefangenen bis zum Leibe im Wasser stehen, ist anstrengend und ungesund, weshalb man dazu die kräftigsten und gefährlichsten Verbrecher verwendet; von diesen Punkten aus geschehen, da sie mit der offnen See in Verbindung stehen, die meisten Fluchtversuche, und entweichen trotz Wachen und Lärmkanonen doch alljährlich fünf bis acht Gefangene, indem sie schwimmend den Hafen zu umgehen und das Ufer zu erreichen suchen.

Die Militairbewachung im Arsenale besteht aus einer Kompagnie, welche täglich abgelöst wird.

Die Beaufsichtigung und Disciplin wird militairisch gehandhabt. Sergeanten kontrolliren die Arbeiten und Schlafsäle; Prügel und einsames dunkles Gefängniß sind Strafen für Unfug und Widersetzlichkeit. Vor kurzem hatten dreihundert Gefangene ein Komplott vorbereitet, das entdeckt wurde, und die strenge Bestrafung der Urheber und Mitwisser zur Folge hatte. Der Rädelsführer, welcher bei dieser Gelegenheit zwei Sergeanten auf den Tod verwundete, erwartet nächstens sein Todesurtheil. Einen tückischern und teuflischeren Ausdruck, wie dieser an Armen, Beinen, Hals und Leib geschlossene Verbrecher ihn in seinen Gesichtszügen trug, habe ich nie gesehen. Die Kost der Gefangenen besteht aus einem und einem halben Pfund Brod und einem und einem viertel Quart dicker Suppe. Sie muß ausreichend sein, denn trotz der anstrengenden Arbeiten im Freien, ist das Aussehen der Gefangenen gut. Die Kleidung derselben bildet eine gelbe Tuchhose, eine braunrothe Jacke, und rothe oder grüne Kappe. Da das Klima auch im Winter ziemlich milde ist, so bleibt die Tracht in den verschiedenen Jahreszeiten unverändert.

Die Schlafsäle sind mit Pritschen versehen, die an den Wänden fortlaufen, und am Fußende eine eiserne Stange haben, an welche Abends jeder Gefangene angeschlossen wird.

Schildwachen, welche Nachts vor den offenen Fenstern der Säle patrouilliren, müssen das nächtliche Sprechen zur Bestrafung anzeigen. Die sehr einfach und trübe aussehenden Krankenzimmer waren stark besetzt; die Behandlung darin soll milde sein, und Alles verabreicht werden, was der Arzt für nothwendig erklärt. Der Chirurg, gegen den ich mich über das blühende Aussehen mehrerer Patienten äußerte, meinte, daß das Faulfieber hier eine epidemische Krankheit sei, der man am sichersten durch Verminderung der Schlafstellen, und durch Herabsetzung der täglichen Portion entgegenwirke.

Vorzügliche Führung berechtigt zur Hoffnung der vollständigen Begnadigung oder Abkürzung der Strafzeit. Die desfallsigen Listen werden zum Jahresschluß durch die Direktion dem Ministerio zur Beförderung an den König vorgelegt. Zehn bis zwanzig Gnadenbewilligungen werden alljährlich ausgesprochen.

Von dem Versuch einer Einwirkung auf die Besserung der Gefangenen durch den Geistlichen, oder durch Unterricht und Ermahnungen ist niemals die Rede gewesen. Die Gefangenen im Bagno giebt man als verloren (perdus) auf und überläßt sie ihrem Schicksal.

Mit Ausschluß der Latrinen fand ich überall eine angemessene Einrichtung und eine gewisse Ordnung; Reinlichkeit vermißte ich dagegen in Küche, Zimmern und besonders in der Kleidung und an den Gefangenen selbst, weil sich darum Niemand bekümmert; nicht minder vermißte ich die mir für die gemeinsten und gefährlichsten Verbrecher unerläßlich scheinende strenge Kontrolle und energische Behandlung. Es mag sich eine solche bei Arbeiten im Freien, bei der Vertheilung der Sträflinge auf die ausgedehnten Räume und die vielen Werkstätten, so wie bei einer so bedeutenden Zahl von Gefangenen wohl schwieriger durchführen lassen, aber doch trieben sich so Viele müßig und unbeaufsichtigt herum, oder ließen sich Andere so oft vergeblich an die Fortsetzung der Arbeit erinnern, oder antworteten den Sergeanten auf so unanständige Art, daß man zweifelhaft wurde, ob es sich hier um Lust und den freien Willen freier Arbeiter oder um den Zwang der zur Strafarbeit verurtheilten Verbrecher handle. Ueberhaupt aber liegt in der französischen Strafgesetzgebung eine Inkonsequenz in dem verschiedenartigen Zustande der Behandlung der Verbrecher während der Abbüßung der Strafzeit.

Frankreich zählt drei Bagnos, neunzehn Central-Strafanstalten, sechs und achtzig Gerichtsgefängnisse, dreihundert zwei und sechzig Arresthäuser und zweitausend zweihundert acht und dreißig Sicherheitsarreste in den Gendarmeriekasernen.

Für leichte Vergehen erfolgt die Detention in den Korrektional-Gefängnissen auf drei Monate bis zu einem Jahre; für schwere Verbrechen die Ueberweisung in die Central-Straf- und Besserungshäuser auf mehrere Jahre; und für die schwersten und infamirenden

Verbrechen die Verurtheilung zu den Galeeren. In den erstgenannten Gefängnissen erträgt sich die Strafe am leichtesten, sie dauert nur kurze Zeit, die Behandlung ist milde, die Kost ist gut, und die Arbeit unbedeutend, weil die Zeit zu kurz ist, um diejenigen, die nichts können, zu unterrichten, und bei der ersten Unterweisung zu viel Arbeitsmaterial verloren geht, um Nutzen davon ziehen zu können.

In der zweiten Klasse von Strafanstalten lebt es sich schwer. Die Gefangenen sind meist zum Schweigen, zu sitzender Lebensweise, und zu anhaltender handwerksmäßiger Arbeit vom Morgen bis zum Abend fast ohne alle Bewegung im Freien angehalten, und die Disciplin in solchen Anstalten soll instruktionsmäßig mit eiserner Strenge gehandhabt werden. Die Galeerengefängnisse nehmen zwar die ihrer bürgerlichen Ehre durch Ausstellung an den Pranger Beraubten auf, welche durch öffentliche Zwangsarbeiten in Ketten, und durch ihre Kleidung der Welt stets als die schwersten Verbrecher bezeichnet sind, aber ihre Lage ist unendlich besser nnd erträglicher, als die der zweiten Klasse, denn abgesehen davon, daß jene auch ihre Ehre verloren, zu besonderer Hauskleidung und Arbeit verpflichtet sind, so haben die Galeerengefangenen den Vorzug, daß sie sich stets im Freien befinden, daß ihr Arbeitspensum nicht zu groß ist, und ihnen täglich Zeit zum Ausruhen, zu Nebenarbeiten und Nebenverdienst gestattet, daß ihnen das Sprechen und der freie Verkehr mit ihren Schicksalsgefährten und den freien Arbeitern unbenommen ist, und daß sie die Aussicht haben, durch gute Führung die Ketten zu verlieren, und mit häuslichen Verrichtungen beauftragt, so wie der Abkürzung der Strafzeit oder vollständiger Begnadigung theilhaftig zu werden.

Wenn also, und das mit Recht, die Strenge der Strafe in demselben Verhältniß gesteigert werden soll, als die Schwere des Verbrechens, für welche sie zuerkannt wurde, so folgt auch von selbst heraus, daß der Verbrecher die Nothwendigkeit anerkennen muß, für sein schwereres Vergehen, eine empfindlichere Strafe zu leiden als ein Anderer, welcher wegen eines geringeren Verbrechens gelinder bestraft werden soll.

Dies findet in Frankreich nicht statt; die Galeerengefangenen würden mit den Sträflingen in einer Anstalt, in welcher das Auburnsche oder Pennsylvanische System besteht, gewiß nicht tauschen, wohl aber die Meisten von jenen mit diesen —; wenn also in den verschiedenen Graden der Strafe, die Abschreckung nach den Abstufungen der Verbrechen ausgedrückt sein soll, so wird in Frankreich die Größe des Verbrechens den Verbrecher nicht erschrecken, da der letzte Grad der Freiheitsstrafe, welche für das schwerste Verbrechen zuerkannt werden kann, einen erträglicheren Zustand gewährt, als die Verurtheilung wegen geringerer Vergehen. Aus demselben Grunde werden von den Sträflingen in den Centralgefängnissen häufig Excesse und Vergehen begangen, um dadurch die Verurtheilung und Versetzung zu der ihnen erträglicheren Detention im Bagno zu erreichen.

III.

Ein Abstecher nach Algier. — Das prison militaire daselbst.

Am fünften April dieses Jahres sah es recht trübe in Marseille aus. Die grauen dicken Wolken hingen so tief über die Stadt, daß man nichts vom Kastell gewahren konnte, und selbst die wenigen Thürme sich vollständig darin versteckten. Häufig entlud sich der Himmel seiner Wassermassen; heftige Strichregen wurden vor den Windstößen hergejagt, schlugen prasselnd über die Dächer, von wo aus die mächtigen Eisenblech-Delphinen sie auf die Straße spieen, von deren spiegelglatten Quadern diese Ströme wiederum wie kleine Springbrunnen in die Höhe spritzten. Draußen vor dem Hafen war es noch unbehaglicher. Die See ging hoch und erschien schwarz; ein starker Südwind trieb die Schiffe vor sich her, die sich mit aller Macht wehrten, um nicht gegen die Klippen geworfen zu werden, denn das, bei ruhigem Wetter nicht leichte Einlaufen in den engen Marseiller Hafen war an diesem Tage unmöglich.

Von den Straßen der Stadt war alles Leben verschwunden; es war kein Feiertag, und doch erblickte man nirgends eine Spur dieser allgemeinen Thätigkeit, die Marseille vor andern Seestädten besonders auszeichnet. Die in dichten Reihen im Hafen zusammengedrängten Schiffe schaukelten sich selbstüberlassen ungeduldig an ihren Ankerketten, als wollten sie sich unter einander necken und stoßen, wie eine Koppel muthiger Pferde, die sich bäumen und schlagen, weil sie nicht Raum haben, um ein jedes einzeln seine Kraft und Tüchtigkeit zu erproben. Die Matrosen hatten sich entweder im Schiffsraum geborgen, oder hockten in dichten Häuflein unter dem schützenden Dach ausgebreiteter Theersegel.

Es wurde weder aus- noch eingeladen; die Hafenarbeiter standen mürrisch mit untergeschlagenen Armen an die Häuser gedrängt, bald hinaufblickend in den feuchten Nebel, bald nach dem Winde draußen hörend, bald demselben, wenn er ihnen den Regen entgegenpeitschte, den breiten Rücken bietend. Nicht einmal die Cigarren wollten in diesem Wetter aushalten. Mitten auf dem Quai standen einzelne Güterkarren; die Führer hatten sich in die Schänken geflüchtet, und nur ihre Kittel als Schutz den Gäulen über den Rücken geworfen, die aber, da kein Schütteln mehr half, geduldig die Douche über sich ergehen ließen, und mit gesenktem Kopf und hängenden Ohren regungslos dastanden, und ein nachahmenswerthes Beispiel der Geduld abgaben. Eilige Fußgänger hüpften mit Schirmen bewaffnet, hochgeschürzt, von oben und unten durch Regen bedroht, und durch den Sturm bald rechts bald links attakirt, über die Wassertümpel ihren Geschäften nach, und bildeten das einzige Amüsement der im Trockenen, wie Sperlinge auf den Zäunen aufgereiht stehenden Zuschauer — wenn sie mit dem Schirme gegeneinander prallten und sich mit vollen Ladungen wechselseitig beschenkten, oder wenn sie unter einer der Gossen passirten und der Schirm vom mächtigen Strahle krachend getroffen wurde, und sie vor Schreck eine Diversion in irgend eine Wasserpfütze machten — aus der sie das Gelächter in eine andere unangenehme Situation trieb.

Der Pharamond, Kapitain Bassin sollte um halb fünf Uhr nach Algier abgehen; ein solide gebautes Dampfschiff, aber im Verhältniß zu seiner Länge zu schmal und zu hoch, wenigstens gab man mir dies als die Ursache „du détestable roulis“ an, worüber die Passagiere mit Recht klagten, und dessen Unbequemlichkeit wir in einem Maaße erfahren sollten, welches ohne Zweifel die Mehrzahl der Reisenden zurückgehalten haben würde, wenn sie eine Ahnung der uns erwartenden Schreckensscene gehabt hätten. Mehrere ließen in der That ihr Ueberfahrtsgeld in Stich, beunruhigt durch den Sturm draußen, und die eiserne Ruhe der Mannschaft auf dem Schiffe, welche in dicken Capotröcken und wachsleinenen Hüten, Gruppen bildeten, deren Glieder sich über das Wetter unterhaltend bald langsam den Kopf schüttelten, bald denselben mit geschlossenen Augen und krauser Nase zurückwarfen, als wollten sie die Modulationen des Windes genau erlauschen, oder durch die Geruchsorgane erfassen. „Descendez! vous ne partirez pas aujourd'hui" riefen uns viele vom Lande her zu, und deuteten auf Himmel und Wasser, die sich verbunden zu haben schienen, um die Zuversicht auf die Tüchtigkeit des Schiffes und seines Kapitains möglichst herabzustimmen.

Es hatte unterdessen fünf, halb sechs und sechs Uhr geschlagen, da erschienen endlich die nach Algier bestimmten Depeschen, die Schiffsglocke ertönte, Alles trat an seinen Platz, der Anker wurde heraufgewunden, dicke weißgraue Rauchwolken quollen aus dem Schornstein und die ernsten gespannten Physionomien der meisten Reisenden ließen es nicht zweifelhaft, daß Mehrere sich mit der Idee beschäftigten, ob dies wohl das Letztemal sei, daß sie den Hafen von Marseille vor sich sähen. Dabei ergoß sich der Himmel in dichteren Strömen, es wurde immer dunkler, der uns entgegenarbeitende Sturm heulte immer lauter, und wir konnten, trotz des Drängens des Kapitains, nicht den Hafen verlassen, weil ein Schiff nach dem Andern, in der Besorgniß, diese Nacht draußen nahe der Küste zubringen zu sollen, es versuchte einzulaufen, und uns dadurch das Hinauskommen unmöglich machte. Man konnte bei dem Regen auf dem Deck nicht mehr aushalten, und auch im Salon war die Luft und die Stimmung der Gesellschaft schwül und peinlich. Endlich waren wir draußen, aber wie unfreundlich empfing uns die aufgeregte See!

Auf verschiedenen Meeren war ich gefahren, nicht immer hatte ich mich über Wind und Wellen zu freuen gehabt, ich bin auf dem Wasser weder furchtsam noch krank, ich habe viel von Stürmen gelesen und Abbildungen gesehen, aber unsere Reise nach Afrika übertraf die Vorstellungen, die ich mir bis dahin davon gemacht. Diese Wellen, diese Töne des Sturmwindes, welcher bald mit tiefstem donnerartigen Rollen, dann mit schneidendem Pfeifen und Zischen wechselte, bald leise vor sich hin zu brummen schien, und dabei die Wolkenhäupter schüttelte. Dieser Regen, der Gesicht und Hände wie mit Ruthen peitschte — diese Bewegungen des Schiffes, das sich bald steil aufrichtete, sich bald zu überschlagen schien — und sich dann wieder so jählings auf die Seite warf und ächzte, zitterte und krachte, daß es mir noch heute ein Räthsel ist, wie es nicht aus allen Fugen sich löste und sank.

Es wurde kein Passagier mehr auf dem Deck geduldet, der Eingang in den Salon geschlossen, und wir unten unseren Gedanken, unseren Hoffnungen und Aengsten allein überlassen. Niemand sprach, die Meisten zogen sich in ihre Kabinen zurück, die sie wie Särge ganz zuzogen — die Uebrigen saßen in den

Ecken und brüteten vor sich hin; auch am Tische saß eine stumme Gruppe, durch die schwankende Ampel an der Decke im ewigen Wechsel, jetzt im tiefsten Schatten, jetzt in blendenden Streiflichtern beleuchtet. Ueber sich hörte man laufen, werfen, kommandiren. Bald unterschied man das Arbeiten der Schaufelräder, bald nicht, weil das Schiff zu heftig fortgeschleudert ward; im Zimmer fielen Stühle und Koffer übereinander, und nun krochen auch die letzten Passagiere entsetzt in ihre Betten. — Bald darauf verlöschte die Lampe. — Das Krachen der Schiffswände nahm mehr und mehr überhand. — Das Weinen und Schreien der Passagiere, besonders der Frauen und Kinder in den Seitenkabinetten, die unheimliche Dunkelheit, die krankhafte Spannung, und der unbehagliche Zustand Aller folterte je länger sie währten je mehr. Der Sturm dauerte sechzehn Stunden hintereinander, die Fenster des Salons waren zertrümmert; obgleich ein Segel darüber gebreitet war, drang jede Sturzwelle von oben hinein; wohl ein Fuß hoch stand unten das Wasser im Zimmer, in welchem Alles wild übereinander lag, und im Trümmerhaufen den Bewegungen des Schiffes folgte. Bedeutende Beschädigungen hatte der Pharamond gelitten, die Bekleidungen der Räder waren fortgerissen und die Rückwand mehrer der mit denselben in einer Reihe belegenen Gemächer war zertrümmert. Wir hatten Mahon passirt, aber der Kapitain verstand sich aller Bitten der Passagiere ungeachtet nicht dazu dort einzulaufen und das Unwetter abzuwarten, weil er Regierungsdepeschen bei sich führte. Die Depeschen werden nicht mehr wie früher durch Gouvernements-Dampfschiffe befördert, sondern die Regierung hat zu diesem Zwecke mit einer Privatgesellschaft kontrahirt, welche verpflichtet ist, amtliche Korrespondenzen, Truppen und Munition in regelmäßigen Kursen zwischen Marseille, Toulon und Algier gegen feststehende Vergütigung, auf ihren Dampfböten zu spediren. Sobald das Wetter es nicht absolut unmöglich macht, sich auf der See zu halten, muß die Abfahrt und Fortsetzung der Reise ohne allen Verzug geschehen, und jeder Kapitain wird es für eine Ehrensache halten, lieber Schiff und Passagiere Preis zu geben, als durch Warten und Zögern sich dem Vorwurf der Muthlosigkeit, und obenein vielleicht der Verantwortlichkeit auszusetzen, da der kriegerische Zustand Algeriens allerdings von der Art ist — um die möglichst rasche Beförderung von Kommunikationen aller Art für unumgänglich nöthig zu halten.

Endlich am dritten Tage legte sich der Sturm, aber das Meer bedurfte noch einiger Zeit um sich zu besänftigen. Das Verdeck bildete den Anblick der größten Verwirrung und Zerstörung; die Passagiere, welche sich nach und nach oben sammelten, den des tiefsten Leidens, das erst schwand, als die Aussicht auf besseres Wetter und raschere Fahrt die Gemüther beruhigt und erheitert hatte.

Es sollte uns aber ein neuer Unstern aufgehen. Der Kampf mit Wind und Wetter, welcher uns schon so lange aufgehalten, und nur ein äußerst langsames Vorrücken möglich gemacht, hatte auch den größten Theil unseres Kohlenvorraths verzehrt, so daß der Kapitain die Unmöglichkeit einsah, bei dem kontrairen Winde mit dem vorhandenen Material Algier erreichen zu können, oder sich der Gefahr aussetzte, an die von den Franzosen nicht besetzte feindliche Küste getrieben zu werden. Da er nun aber ebenso wenig sich entschließen wollte, nach Mahon umzukehren und dort Kohlen einzunehmen, theils weil er den dadurch entstehenden neuen Aufenthalt, theils die Kosten fürchtete — so blieb nichts übrig als mit dem Winde östlich nach Bugia zu gehen, und im dortigen französischen Hafen Kohlen zu erbitten und dann an der Küste entlang nach Algier zu steuern.

Die Sorglosigkeit des Kapitains, sich trotz des schlechten Wetters bei der Abreise mit zu wenig Feuerungsmaterial zu versehen, kam mir sehr zu statten, da die Exkursion nach Bugia, wohin man von Algier aus zu Lande gar nicht gelangen kann, sich schon des Zeitaufenthalts verlohnte.

Bald tauchte die afrikanische Küste aus dem dunkelblauen Wassergrunde auf. Der große Atlas zeichnete seine mit blendendem Schnee bedeckten zackigen Gipfel scharf gegen den klaren Himmel aus, dann konnte man die wellenförmigen Züge des kleinen Atlas vor ihm her verfolgen, dann auch die Natur des Küstenlandes deutlicher erkennen. Die steinigen Ufer steigen allmählich vom Gestade aus in die Höhe, Alles war bewachsen, Alles prangte im üppigsten Frühlingsgrün. Durch kleine Mastyx-, Busch- und Waldparthien zogen Wiesen und Felder bergan. Oben gewahrte man einzelne Palmen und Korkeichen mit ihren braunrothen Stämmen.

Unzählige Schluchten und Senkungen wanden sich nach allen Richtungen von den Bergen herab, und öffneten sich zuletzt nach dem Meere zu. Das kräftigere Grün, was sich dort bemerklich machte, deutete auf vorhandenes Wasser, und die schwachen blauen Rauchsäulen auf das Leben und Geschäftigkeit in einzelnen Duars.

Obgleich wir uns der Küste immer mehr näherten, und mit vorzüglichen Gläsern bewaffnet waren, gelang es doch nicht Menschen oder Thiere zu erblicken, bis wir in die Nähe von Bugia bei den sich dort steil aus der See erhebenden in wunderbaren Gebilden zerklufteten und zerrissenen Felsen vorbei, den Ausgang des Hafens und den dort vorspringenden nackten Affenfelsen erreichten, auf dem eine Menge kleiner Ungethüme wie auf Vorposten stehend uns beobachteten, und dann eiligst hinter Felsblöcken oder in Steinspalten verschwanden.

Jetzt öffnete sich der prächtige Hafen von Bugia

vor unseren entzückten Blicken; ein Rundgemälde, das Wenige seines Gleichen hat.

Ein ungeheures Wasserbecken lag in der klarsten Ruhe vor uns ausgebreitet, und bildete eine glatte Spiegelfläche, welche das Doppelbild seiner reizenden Umgebungen zurückstrahlte.

Die Stadt und alte Kasbah von Bugia theilt den Hafen in zwei hintereinander liegende grandiose Bassins, rechts springen die Felsen von der hohen Bergkette des Dschibel in steilen Partieen herab. Das Fort Gurria liegt in schwindelnder Höhe auf den äußersten nackten Spitzen, nur überragt durch die mit ewigem Schnee bedeckten Gipfel des Dschuschurah. Unten bewacht das Cap Carbon den Eingang zum Hafen, dessen Fahrwasser an der nordöstlichen Einfahrt am sichersten ist.

Die üppigste südliche Vegetation überraschte das verwöhnte Auge. Palmen und Orangen, Pionien, Cedern und Cypressen, Feigen und Mastyxbüsche wechselten bis ans Ufer hinab in dichten Gehegen, wo ein Chaos von saftigen Schlingpflanzen weit überhängend eine lange unter dem Gestade fortlaufende dichte dunkle Laube bildete. Goldenen Sternen gleich glänzten aus dem kräftigen Blättergrün die reifen Citronen, winkten die glühenden Orangen und lockte der rothe Oleander, der weiße Jasmin und der blaue Flieder, deren würzige Wohlgerüche leichte Winde uns zuführten.

An diese prächtige Vegetation schloß sich über

steile Abhänge fortkriechend die Stadt Bugia, das Römische Saldae-Colonia, beherrscht durch die Forts Mussa auf dem höchsten Punkte und durch das Kastell Abd-el-Kader auf dem westlichen Abhange, ein Gemisch neuer Kasernen, maurischer Moscheen, Kaffee- und Landhäuser, Römischer Bogen und Trümmer, dazwischen die Blockhäuser Salem und Kliffa, welches Alles zusammen im Vergleich zu den ungeheuern Massen der auf alten karthaginiensischen Fundamenten ruhenden Kasbah wie Spielwerk erschien, und den Beschauer zweifeln ließ, ob Menschenhände jenen Riesenbau zusammengefügt, oder man nicht vielleicht einen ungeheuren Felsen von außen zu diesen kolossalen Formen bearbeitet habe.

Hinter der Stadt, zum zweiten Bassin senken sich die reichen Ebnen, die saftigsten Wiesen in die Niederungen von Sumah, durchströmt von dem Flusse gleichen Namens, von den Franzosen Adouse genannt. Jenseits erhebt sich das fruchtbare Paradies von Mezzaia sanft bis in die schönsten Alpen hinauf, welche weiter und weiter sich ausdehnend und steigend den Kranz der Gebirge erreichen, der bis an den Ausgang der Bay fortläuft, und das Amphitheater zu einem prächtigen Panorama abschließt. Viel Herrliches habe ich in meinem Leben gesehen und bewundert, aber stets wird der Hafen von Bugia ein Glanzpunkt in meiner Erinnerung bleiben.

Neben den Schönheiten der Natur bleibt Bugia

interessant durch das Isolirte seiner Stellung, da es den Franzosen nicht gelungen ist, außer der Stadt und den Forts irgendwo in der Umgegend festen Fuß zu fassen.

Die Kabylen von Sudah und Bugia haben sich stets als die treuesten Anhänger Abd-el-Kaders und als die erbittertsten unversöhnlichen Feinde der Franzosen bewährt. Ihre Raubsucht, Grausamkeit und Unerschrockenheit hat nirgends ihres Gleichen gefunden. Der Stamm der Mezzai, und jenseit des Sumah der Stamm Beni-Messaud und Beni-Nimur, haben bisher alle Versuche einer freundlichen Verständigung durch offenen Kampf oder Verrath zurückgewiesen. Als wir in die Bay von Bugia einliefen, trafen wir zwei mit Truppen überfüllte Kriegs-Dampfschiffe, welche günstigeres Wetter abwarteten, um die für den Augenblick hier disponiblen Streitkräfte nach Oran hinüber zu führen, von wo aus wie man hoffte General Bugeaud eine Diversion gegen Marokko ausführen wollte, welches die garantirte Neutralität verletzt und angeblich Truppen zur Unterstützung des Emir Abd-el-Kader bei seinen Ueberfällen von Mostagan und Tlemecen entsandt haben sollte. Unsere Ankunft im Hafen war eine so ganz neue und seltene Erscheinung, daß man ihr die wichtigsten Motive unterzulegen schien. Bald fanden sich die Kapitains der Kriegsschiffe und mehrere Offiziere bei uns ein, deren Wißbegierde sehr enttäuscht ward, als sie nur von unserm Reiseungemach, und von der Bitte, aus dem Gouvernements-Depot Steinkohlen entnehmen zu dürfen, hörten. Allein sie wollten wenigstens von unserer Anwesenheit den möglichst großen Gewinn ziehen, recht viel Neuigkeiten aus Frankreich und Europa erfahren, uns vollständig ausbeuten, und ich möchte sagen Vampyren gleich aussaugen, was sie dann auch auf echt französische Weise mit aller Liebenswürdigkeit und Beweglichkeit thaten, indem sie uns einluden ans Land zu gehen, ihre Gäste zu sein, und uns auf eine Art und Weise ausfragten, die mehr darauf hinauszukommen schien, recht viel zu sprechen als recht viel zu hören, denn in einem Athem erkundigten sich stets zwei, drei, vier nach den verschiedenartigsten Dingen, ohne uns Zeit zu geeigneten Erwiederungen und zu Fragen zu gönnen, deren Beantwortung uns interessirte, so daß es ein förmlicher Wettkampf wurde, dem Gegner eine Frage so geschickt beizubringen, daß eine entsprechende Antwort darauf erhascht werden konnte.

Uns kam der Aufenthalt sehr zu statten, und wir benutzten ihn nach Möglichkeit, da unser Kapitain uns angekündigt hatte, daß er erst nach Mitternacht die Reise fortsetzen werde. Boote, von halbnackten Kabylen und Arabern mit kräftiger Hand geführt, nahmen uns auf, und bald landeten wir, eine kleine Flotille von sieben Kähnen, Arm in Arm mit den Franzosen an den Trümmern eines uralten Hafendammes, dessen umgestürzte Mauern und Thore nur die verwitterten

Ueberreste prächtiger Ornamente in porösen Sandstein gehauen, erkennen ließen.

Säulenschafte, Ecken von Gesimsen, Kragsteine mit alten Reliefs lagen übereinander geworfen, als habe man sie hier gesammelt, um sie fortzuschaffen. Es mußte dies aber schon gar lange her sein, denn Gräser und Blumen sproßten dazwischen und darunter, und üppige Schlingpflanzen hatten sich mit ihren Ranken darüber hinweg gesponnen, als ob sie diese Trümmer einer schöneren Zeit festhalten wollten als einen Trost gegen die moderne Gegenwart, die allerdings barock genug in den Rahmen des Bildes paßte.

Ueberall Militair. Wie Pilze leuchteten die krapprothen Pantalons durch alle Hecken, von allen Mauern herab, daneben die wenigen Landeseinwohner, welche bei der Occupation nicht Stadt und Gegend verlassen hatten, in ihren Lumpen, oder vielmehr in ihrer jämmerlichen Nacktheit, mager und trocken und gelb und hohl, dazwischen die Gendarmes-Maures in ihrer Nationaltracht blau und karmoisin, mit den weiten weißen Turbanen, lang gezogenen Gewehren und nackten Beinen, mit Sandalen von Fellen. In den engen Straßen kletterten wir bergauf. Ein wunderbares Chaos von Häusern, Moscheen, Boutiken, Ställen, Schilderhäusern und Magazinen; Alles in dem allerkleinsten Maßstabe angelegt, so daß ein Mann von mäßiger Größe, der durch die niedere Bogenthüre in ein maurisches Haus gekrochen, wenn er sich innen in die Höhe gerichtet, mit Bequemlichkeit aus dem Fenster des zweiten Stockwerks hinausschauen würde, und wenn er bei dieser Gelegenheit etwa eine grüne Brille, die die Eingeborenen komisch genug häufig tragen, verloren haben sollte, solche mit gleicher Bequemlichkeit vom Fenster aus mit den Händen von der Straße aufheben könnte. Mit krasser Barbarei hatte man bei der Besitznahme die vorgefundenen Räume, gleichviel wozu sie bis dahin benutzt gewesen, zu den heterogensten Zwecken in Beschlag genommen. Ich habe keine einzige Moschee gefunden, die noch ihrer ursprünglichen Bestimmung gedient hätte. Bäckereien, Brandweinläden und Schneiderwerkstätten waren noch nicht die trivialsten Gewerbe, die ich in solchen Gebäuden angetroffen, aber mir sind auch die verstohlenen und nichts desto weniger glühenden und sengenden Blicke nicht entgangen, die vorüberstreifend die Jammergestalten der Eingeborenen hinüber warfen, bevor sie sich grinsend einander zunickten.

Ich weiß nicht ob ich mich getäuscht habe, wenn ich dabei das Knirschen ihrer blendenden Zähne vernommen habe, vielleicht war es Ironie, und sie bissen sich nur auf die Lippen, daß Allah, der ihnen nicht kräftiger beigestanden, jetzt zur Strafe selbst gedemüthigt wurde, oder es knirschte in ihren Zähnen das bis dahin ungewohnte französische Zahnpulver, das sie mit sonstigen französischen Waaren und Manieren kennen gelernt und angenommen haben.

Wunderlich genug nahmen sich an den kleinen Häusern die französischen Ankündigungen in ellenlangen Buchstaben aus; da waren Cafés, Restaurants, Hôtels, Coiffeurs und Tailleurs.

Alles wie in Marseille oder Lyon, das heißt: angekündigt, aber im Uebrigen Alles in der Kindheit, wie die Häuser so die Einrichtung — dagegen Speise und Trank selbst, wenn man nur die Finger tapfer mit in Bewegung setzte, untadelhaft.

Das ganze Nest war gegen Sonnenuntergang durch ausgezeichnete Laternen mit polirten Doppelreverberen so glänzend erleuchtet, daß Niemand in seinem Hause Licht bedurfte, und viele kleine Residenzen Straßen-Erleuchtungs-Beaufsichtigungs-Kommissions-Vorsteher nach Bugia senden sollten, um den Gebrauch und Zweck einer Straßen-Laterne gründlich kennen zu lernen. Gäbe es dort nicht so viele und herrliche Olivenbäume, so würden, glaube ich, manche Gourmands ihren Salat aus der Laterne verspeisen, da das klarste Provenceröl gegen das Bugiaer Lampenöl sich, wie die Franzosen behaupten, mindestens wie Tinte zu Milch verhält.

Wir spazirten durch die Umgebungen der Stadt, wenn man das Klettern, Kriechen und Springen über Felsblöcke durch Gebüsche und längs schmaler sich schlängelnder Bergpfade so nennen kann. Ueberall die prachtvolle Aussicht in die Bay, deren klarer Wasserspiegel harmonisch zur wunderbaren, fast ängstlichen Ruhe und Stille der ganzen Natur stimmte. Da hörte man nicht Gesang oder das Zwitschern der Vögel, nicht das Brüllen der Heerden, die auf den Alpen in großen Massen lagerten, man vernahm in der milden Luft nicht das Rauschen der Bäume, die doch so dicht mit ihren belaubten Kronen standen, daß die loseste Berührung hätte gehört werden müssen.

Auf Felsenvorsprüngen kauerten maurische Knaben; in ihren Haik gewickelt, beobachteten sie jede unserer Bewegungen, sie jauchzten und jodelten nicht in die Welt hinaus, sie sprachen nicht untereinander, sondern starrten ohne sich zu rühren stumm zu uns herüber. Nur selten schlug wie ein Donnerschlag ein Schuß in die tiefe Stille ein, ließ die Luft erzittern und weckte das Echo, das geschäftig den Schall durch die Berge trug, bis es ermüdend leise grollend sich wieder zur Ruhe legte — oder die Trommeln wirbelten aus den Blockhäusern herüber, um aufmerksam zu machen, daß Alles bereit wäre, um etwaigen Ueberfällen sogleich kräftig zu begegnen.

An solchen fehlt es nicht. Die muthigen Kabylen liegen stets im Vorpostenkriege mit den französischen Wachen, die außerhalb der, die Kasernen, Kastelle und Hospitäler umgebenden Mauern aufgestellt sind. Das Terrain kommt ihnen zu statten; sie schleichen sich an die Posten, ein Schuß, ein Zucken des Jatagans und der Franzose hat sein Leben, und fast im selben Augenblick seinen Kopf und seine Waffen dem Feinde überlassen, der alsbald verschwunden ist, wenn er nicht in beispielloser Verwegenheit noch vorher die Mauer überklettert, und sich Angesichts der Soldaten irgend ein fettes Schaaf aus der dort eingestellten Heerde aussucht, und mit seiner Beute beladen den Weg über die Mauer hinüber, in die unwegsamen Schluchten zurück findet.

Noch in der gestrigen Nacht waren auf diese Weise zwei französische Schildwachen getödtet, und fünf Ochsen verschwunden, obgleich die Besatzung von Kliffah die Möglichkeit diese über die Umfassungsmauer zu transportiren durchaus nicht anerkennen wollte.

Bei der großen Unsicherheit der Gegend mußten wir unsere Excursionen leider sehr beschränken; wir dehnten sie also nur, bis an eine reizend gelegene maurische Villa, Sommerresidenz des letzten Dey aus, welche jetzt als Hospital für Rekonvalescenten benutzt wurde, die es sich hinter Kaffee, Karten und Wein so sehr wohl sein ließen, daß sie weniger auf Gesundheit als auf neue Krankheit zu warten schienen, und zogen dann noch bis an das kleine Denkmal, welches die Besatzung dem Kommandanten Salomon de Musis hatte errichten lassen, der an derselben Stelle im Jahre Eintausend Achthundert Sechs und Dreißig, durch Verrath der Kabylen fiel. Der Scheikh Amisian, Haupt des Stammes Ulad-abd-el-Dschebar, hatte damals eine Unterredung begehrt, um einen Waffenstillstand abzuschließen. Der Kommandant, obwohl gewarnt, bewilligte dieselbe und glaubte durch ganz besonderes Vertrauen den zweideutigen Absichten des Feindes begegnen zu müssen. Eine Kompagnie rückte aus, nahm das Gewehr beim Fuß, während der Kommandant mit einigen Offizieren und dem Dragoman Taboni etwa zweihundert Schritt dem Scheikh, welcher mit zwanzig Reitern langsam heranritt, entgegenging und ihm die Hand bot. Da fielen plötzlich Schüsse, die den Kommandanten mit seiner ganzen Begleitung todt niederstreckten, und bevor noch die Franzosen das Gewehr aufgenommen, und sich in Bewegung gesetzt hatten, um den Verrath zu rächen, war Amisian mit seinen Reitern verschwunden. Seit dieser Zeit hat man auf diesem Punkte niemals mehr Verständigungen versucht, sondern die gegenseitige Erbitterung genährt. Nur einmal im Jahre Eintausend achthundert und neun und dreißig, wagten die Kabylen in Vereinigung mehrerer Stämme, etwa viertausend Reiter stark, einen allgemeinen Angriff mit einer solchen Kühnheit und beispiellosen Hartnäckigkeit, daß man glauben mußte, wie ein großer Theil von ihnen es aus fanatischem Glaubenseifer lediglich auf Selbstopferung abgesehen habe. Sonst besteht nur der Einzelnkrieg, der zwar immer nur wenige, aber um so sicherere Opfer fordert.

Die Heerden der Franzosen werden stets in Begleitung einer zahlreichen Militairbedeckung auf die Weiden getrieben, und es vergeht nie eine Woche, wo nicht Feindseligkeiten oder Räubereien versucht würden.

Beim prächtigsten Sonnenuntergang kehrten wir zum Café national, nachdem wir die alten Hafenbauten, und das Innere der zu einem Magazin benutzten zerstörten Kasbah näher betrachtet hatten, zurück.

Die Fleischspeisen waren untadelhaft, Fische sehr schmackhaft, Mehlspeisen mit französischer Virtuosität zubereitet, Salat von jungen Spargeln, ein Lieblingsessen hier zu Lande, vortrefflich, und der Nachtisch mit Orangen, Feigen, Nüssen, Rosinen und Mandeln so reichlich versehen, daß man immer neue Flaschen begehrte, um ihn vollständig vertilgen zu können.

Es war unterdessen sehr dunkl geworden, weshalb uns die schon erwähnte Straßenerleuchtung sehr zu statten kam, um unsern Rückweg durch eine Reihe von Kaffeehäusern und Billards, wo wir ansprachen, die Anwesenden begrüßten, und Limonade oder Sorbet im Vorübergehen tranken, langsam nach dem Hafen zu antreten zu können. So gelang es uns denn auch nach einem dreistündigen Marsch, die halbe Stunde von unserm Hotel bis zu unsern Booten glücklich zurückzulegen, und den angenehmen Tag mit einer sehr angenehmen Wasserfahrt zu beschließen.

Drei Kähne stießen gleichzeitig vom Ufer ab, das uns mit seinem Laubdach in tiefster Nacht umfing. Alles schwieg, man konnte seinen Nachbar nur fühlen, und selbst die Ruder, welche nicht aus dem Wasser gehoben wurden, konnte man nicht vernehmen. Nur um die Spitze der Kähne, welche das Wasser durchschnitten, leuchteten elektrische Funken, bis wir aus dem dunkeln Schatten in den helleren Wasserspiegel hineinfuhren, der vor uns den Himmel berührte, und im klarsten Bilde des Himmels Blau und seine zahllosen funkelnden Sterne wiedergab. Niemals habe ich einen ähnlichen Anblick gehabt; es war als steuere oder schwebe man in freier Luft, mitten durch den Aether, weit über, und tief unter und vor und neben sich, überall gleich fern von uns, eine unendliche Sternenwelt. Da hob unser Steuermann mit tiefer sonorer Stimme ein altes Maltesisches Lied an, in dessen zweite Strophe die übrigen Schiffer leise brummend einfielen, und dessen Refrain von Allen laut, mit einer Feinheit, Rührung und Innigkeit gesungen wurde, die man am wenigsten an der afrikanischen Küste gesucht hätte.

Es legte sich nach dem Jubel des Tages ein feierlicher Ernst über die Gesellschaft; wir fuhren unter dem Kastell fort, und konnten oben die dunkeln Schildwachen sich bewegen sehen. Noch einmal trat bei der Wendung der Nachen hinter uns steil und schwarz die Felswand des Gurria heraus, vor der die Lichter in der Stadt herüber blitzten. Auch ganz oben im Fort leuchtete ein einziges Licht zu uns herab. Der Gesang begann aufs neue, und in uns versunken hatten unsere Gedanken nach den ersten Tagen der Gefahr, die wir glücklich uberstanden, den Weg denkend nach oben, und dann in die durch Länder und Meer getrennten heimathlichen Räume gefunden, und weilten dort, während die Wirklichkeit mit ihren Zaubern uns wie eine Traumwelt umfing.

Schweigend legten wir an den Pharamond an, stiegen still hinauf, wo sich Jeder einen einsamen Ort suchte, um allein zu sein auf dem einsamen Meere unter dem unendlichen Himmelsgewölbe.

Es war zwei Uhr, als die Schaufelräder sich in Bewegung setzten, das Schiff sich wandte, und die einzelnen Kommandoworte des Kapitains es hinauslenkten aus der stillen Bay nach Westen zu, wohin wir mit aller Kraft der Maschine und mit günstigem Winde strebten, während es hinter uns am Horizonte flammte, und der junge Tag seine Fackel anzündete, um uns auf der stillen Fahrt zu leuchten.

Die afrikanische Küste bot wenig Abwechselung dar. Dieselben, durch steile verwachsene Schluchten getrennten Wellenformungen, wenig bewaldete Hügelreihen, die sich vom Meere aus steigend bis an die Kette des Atlas erhoben. Hier und dort einzelne Wiesen und üppige Getreidefelder, Rauchsäulen und Douars, unter denen sich Delhi durch Lage und Größe auszeichnete, und die Aufmerksamkeit der Franzosen erregte, weil dorthin im Laufe des Sommers eine Expedition ausgeführt werden sollte, um es dem vom

General=Gouverneur adoptirten Systeme gemäß sammt seinen Bewohnern, Heerden und Feldern vollständig zu vernichten. Wie schwer die Kriegführung in einem Lande, dessen koupirtes Terrain jede Uebersicht, ja fast alles Rekognosciren unmöglich macht, und das überall eben so viele Verstecke und Hinterhalte als Schlupfwinkel für den des Landes Kundigen gewährt, wird Jedem klar, nicht minder, daß die zahlreichste Armee, und die seltenste Ausdauer und Tapferkeit der Franzosen nicht ausreichen, um sie bei dem Charakter und der entschieden ausgesprochenen Abneigung der Bewohner bald und vollständig zu Herren des Landes zu machen. Nachmittag tauchte hinter dem Kap Matifa die von einer ansehnlichen ohne Unterbrechung fortlaufenden Höhe beherrschte Bay von Algier vor unseren verlangenden Blicken auf, bald konnte man das breite Thal der Metidscha münden sehen, durch die Gläser am Ausgang der genannten Ebene die Maison carée, und dann auch Algier selbst erkennen.

Der Vergleich Algiers aus der Ferne mit einem Kalksteinbruch hat viel bezeichnendes, denn es erhebt sich aus dem Meere nach Süden zu perpendikulär, nach Norden in einem etwas spitzen Winkel zu einem Dreieck ansteigend, dessen Grundfläche die Batterien des Hafens, und dessen abgestumpfte Spitze die weitläuftigen Gebäude und Mauern der Kasbah bildeten. Die flachen Häuser=Dächer sind so eng zusammengedrängt und treppenartig übereinander geschichtet, die

Straßen so unglaublich eng, und von außen so wenig bemerkbar und alles, was man von Gebäuden und Mauern sieht, so blendend weiß, daß das Ganze, selbst wenn man sich schon unmittelbar vor der Stadt befindet, aus dem Fels herausgehauen, oder aus einer später versteinerten Masse zusammengeklebt zu sein scheint.

Welch wunderbares Treiben umgab uns, als wir bald darauf innerhalb der neuen Hafenbatterien die Anker fallen ließen, und von allen Seiten im buntesten Gemisch nun Gesindel, schwarz, braun, gelb und grün, Neger, Araber, Kabylen und Hadschuten, Biskris und Mauren, mit und ohne Fez, Burnus und Hosen auf das Schiff kletterten, uns umkreisten, mit Adressen von Hotels, Cafés, Beamten und Damen überschütteten, mit Augen, Händen und Füßen uns beistanden unsere Koffer und Reisesäcke aufzusuchen, und wenn sie glücklich herausgefunden, so verbissen darüber herfielen und sich mit der Beute herumzerrten und schlugen, bis die glücklichen Sieger sich mit ihren Trophäen in Reihe und Glied aufstellten und das Signal zum Abmarsch erwarteten. Wenn man so glücklich war, seine Effekten nach eingetretenem Waffenstillstande nicht in Stücken oder Fetzen, zerbrochen oder zerrissen — sondern vollständig anzutreffen — so mußte man sich, wenn nicht neuer Kampf und Streit beginnen sollte, schon gefallen lassen, eine ganze Eskorte von Packträgern mit sich zu schleppen, da

Jeder nur ein Stück trug, und wäre es nur ein Regenschirm oder ein Reisesack gewesen.

So lästig ein solches Treiben, so ist es doch Thatsache, daß diese Menschen, trotz des verdächtigen Aussehens, durchaus ehrlich, nie unbescheiden, und bei aller Dienstwilligkeit mit Allem zufrieden sind, was sie bekommen. Das Visitiren und Examiniren ging rasch und nachsichtig genug. Als wir an dem Quai anlegten, und die steile Hafentreppe zur Porte de la Marine hinaufstiegen, kostete es einen neuen Kampf, um durch die Schaaren der Kellner und Marqueurs zu dringen, die uns in allen Zungen anredeten, alle mögliche Annehmlichkeiten zusicherten, und alle Ueberredungskünste anwendeten, um uns zu beweisen, daß Jeder von ihnen ganz allein beauftragt und ermächtigt und geeignet sei, uns zu führen, in ein Hotel dessen Luxus und Billigkeit das non plus ultra eines Gasthauses sei, und uns nicht allein zufrieden stellen, sondern unsere Erwartungen bei Weitem übertreffen würde; insbesondere behauptete Jeder, daß in seinem Hotel unsere Landsleute ausschließlich anzutreffen wären.

Im Hotel du Nord, und in dem de la Colonie war Alles besetzt, ich wählte deshalb das mir zunächst gelegene Hotel Mustapha, warf meine Sachen ab, bestellte ein Zimmer auf einige Tage, entließ meinen Träger, und eilte hinaus, um die Physionomien der Stadt und ihrer Bewohner kennen zu lernen. Mitten in der rue de la marine blieb ich stehen, sah mich um, rieb mir die Augen und fragte mich und meinen Begleiter, wo wir uns eigentlich befänden, denn Häuser und Pflaster und Menschen waren gerade wie in Toulon oder Marseille; die elegantesten Läden, Waarenlager und Boutiken, Reiter und Wagen, Soldaten und Menschen in französischem Kostüm, durchmischt mit türkischen und arabischen Trachten und Formen, wie man sie auch in anderen Seeplätzen häufig sieht — unterscheiden sich in nichts von jenen Städten.

Mein Freund zog mich weiter zum Place du Gouvernement, um mir eine Antwort durch den Ueberblick von Alt- und Neu-Algier zu geben. Welch seltsames Gemisch von Afrika und Europa entfaltete sich meinen Blicken! welch Chaos von Nord und Süd, Natur und Kunst, Civilisation und Unkultur, Sitte und Rohheit, Luxus und Elend, welches Gewirre von Menschen aller Racen und Farben? welche Gesichts- und Körperformen, welche Sprachen, welche Trachten? und die Umgebungen, welche Kontraste in den Moscheen, Palästen und Häusern?

Ich trat zuerst an die breite Balustrade, und blickte hinab in den Hafen und das weite unbegrenzte Meer. Welches Leben, welches Getöse! Schiffe kamen und gingen, Waaren wurden aus- und eingeladen. Soldaten zogen herüber und hinüber, Fischer steuerten hinaus, während Andere mit ihrem Fange beladen einliefen, Wimpel aller Nationen flaggten lustig von den Masten, Trommeln wirbelten, Gesang und Musik erschallte, Kanonen donnerten dazwischen und alle Telegraphen auf den Thürmen schlugen vor Verwunderung die Arme über ihren Köpfen zusammen. Was sollte ich nun erst thun, der ich dies Schauspiel zum Erstenmal genoß? Ich drehte mich nun, und sah nur die Staffage des Platzes an.

Neben mir standen, saßen, hockten und lagen Araber, groß und schön gebaut, braun von Farbe, mit kurzgeschnittenen Bärten, das Haar in dichten Büscheln zusammengebunden. Ein wollnes Hemde bedeckte nothdürftig den Körper, der nachlässig umgeworfene Burnus war mit einem Seile von Kameelhaaren um den Kopf befestigt. Um die Füße waren Lederlappen von Ochsenhaut mit Stricken geschnürt, während Wohlhabendere große gelbe Reiterstiefeln schleppten.

Dazwischen schlichen jämmerlichen Ansehens die, die Gebirge bewohnenden Kabylen, halbnackt, nur mit der wollnen Kaadura verhüllt. Mauren, herrliche Gestalten, und prächtige Gesichter, stolzirten wie die Hähne in türkischem Kostüme vorüber; nicht Freude, nicht Schmerz, nicht Leidenschaft, nicht einmal Verachtung sprachen die starren, kalten Züge aus. Die reiche Tracht, die buntfarbigen gestickten Unter- und Ueberwesten, die Turbane, Pantalons, Gürtel und Waffen ließen trefflich, dazu hing der Burnus nachlässig über den Arm. In Haufen standen Maurische Weiber und Negerinnen zusammen, mit, auch ohne Schleier, unförmlich Arme, Beine und die Formen des

Körpers verhüllt, aus den weißumwundenen Köpfen funkelten glühende Blicke, wie die Kohlen in den Augen plumper Schneemänner. Nichts von Grazie in Haltung und Bewegung, dabei lachend und schreiend, als wollten sie gewaltsam die Aufmerksamkeit auf sich lenken. Unter diesen weißen Ungethümen sahen die mageren Neger aus Süden, welche als Packträger oder vielmehr als Lastthiere mit ungeheuern Waarenballen das Gewühl durchschnitten, seltsam genug aus. Juden in türkischem Kleiderschnitt, aber dunkeln Stoffen, durch die bis an die Kniee unter die Pumphosen reichenden weißen Strümpfe und die schwarzen Turbane kenntlich, gingen schnüffelnd umher. Reiter auf Pferden, Eseln und Kameelen hielten links an der Moschee, wo auch die ärmlichen Omnibus mit ihren magern Gäulen aufgestellt waren. In der Mitte des Platzes sammelte sich die Nationalgarde, um in Gemeinschaft mit einem Linien-Bataillon vor dem Kommandanten, Oberst von Marengo, vorbei zu defiliren. Offiziere aller Waffen hatten vor dem Café du midi Platz genommen, und konsumirten Gefrornes, Zeitungen, Cigarren und Münchner Bockbier.

Die Dekoration, welche den Hintergrund bildete, präsentirte eine Reihe maurischer Gebäude, modernisirt, und frei dastehend, weil man rechts und links die daran geklebt gewesenen Appendices abgerissen hatte; überall sah man in die öden Trümmer der nach vorn ausgebrochenen weißgelben Häuser wie in die tiefen

Augenhöhlen von Schädeln. Die Bauart der Häuser nach außen hat trotz kleiner Zierrathen und Schnörkeleien wenig Form und gar kein Leben. Links erhob sich, seltsam genug in modern maurischem Geschmack aus blendend weißen und röthlichen Marmorquadern mit zierlichen Fenstern, Bogen und Altanen, das neue Erzbischöfliche Palais aus einem weiten Trümmerhaufen, gleich einer Blume, welche einem Grabhügel entsproßt. Weiter hinauf thürmten sich Dächer an Dächer, welche übereinander bis zur alten Residenz Hussein Paschas hinauf kletterten, von wo herab die dreifarbige Fahne sich stolz und breit über Stadt und Land blähte. Die Mauren sagen von dieser Fahne, das Blau bedeute nach der französischen Auslegung ihr Meer, das Weiß ihr Land und das Roth sei das Blut, was den Weg zur Herrschaft über Beides gebahnt habe — aber dies sei eine falsche Deutung, vielmehr bezeichne weiß die Taube, Mohameds Liebling, das Symbol der Hoffnung, und blau die geflammte Klinge des Jatagan, das Sinnbild des unbesiegten Glaubens, und roth sei auch ihr Blut, aber dunkler und heißer als das der Fremdlinge werde es vom Atlas herabströmen, doppelarmig, in dem Einen die Taube, im Andern den Jatagan, bis an die felsigen Ufer des Meeres, und dort den Feind vernichten und aus seinen Leichen einen schützenden Damm bilden gegen fernere Angriffe, oder unaufhaltsam mit ihm zusammen hinabstürzen und im unbegrenzten Meere der Vergessenheit untergehen.

Zuvörderst sahen wir uns nach einer Erfrischung um, die uns in dem Café Latour vielfach zu Theil ward, denn während man uns zwischen Spiegeln und Goldpfeilern an Marmortischen auf das Eleganteste bediente, und unser Auge links über den Hafen streifte, und rechts durch die Parade und das Gewühl auf dem Gouvernementsplatz mit seinem schönen Hintergrunde beschäftigt wurde, und die Militairmusik draußen sich mit den Bellinischen Arien herumzankte, welche schöne Pariserinnen drinnen von hoher Tribüne herabschmetterten, umkreiste uns ein ganzes Heer von Abentheurern, das uns geschäftig Rath und That, Unterstützung, Rekommendationen und was sonst alles noch zusicherte, und uns die überaus zahlreiche Klasse derer kennen lernen ließ, welche hierher gekommen um ihr Glück zu machen, und dies ohne eigne Thätigkeit und Anstrengung, in Bequemlichkeit und Schlemmerei oder durch Spiel und trügerische Industrie zu erreichen hoffte. Ein großer Theil dieser Glücksritter hatte schlechter Streiche wegen seine Heimath verlassen, um ein Asyl vor den rächenden Armen der Gerechtigkeit zu suchen, aber auch Duelle, Ehrenkränkungen, fehlgeschlagene Hoffnungen, Zurücksetzung, unverschuldete Unglücksfälle, Familienzwist und politische Vergehen führten ursprünglich tüchtige und ehrenhafte Naturen herüber, wozu sich eine mächtige Schaar von

Spekulanten gesellte, die mit geringem oder ganz ohne Kapital hier auftraten, um als Kolonisten den Grund und Boden, oder als Gewerbetreibende die Einwohner auszubeuten, Spekulanten die, falsch oder übel berathen, versuchten, wagten und verloren; und alle diese Personen warten und hoffen von der Zukunft und dem Zufall. Da sie selbst planlos und mittellos sind, so wissen sie nicht, was sie eigentlich wollen. Der Hunger ist aber ein unbequemer Begleiter; er mahnt täglich, ein, zwei auch dreimal; der Kredit ist ein gut Ding, setzt aber Vertrauen voraus, und gerade von diesem Artikel findet und kann man vernünftiger Weise wenig Vorrath in Algier antreffen. Das Mein und Dein steht im steten Wechselverkehr. Geld um Waare und Waare um Geld, Aug' um Auge, Zahn um Zahn; Versprechungen und Vertröstungen ziehen nicht lange, und das geduldige Schreibmaterial ist in Algier rar, weder Papiermühlen noch Tintenfabriken habe ich gefunden; auch können die maurischen, türkischen und arabischen Kaufleute die modernen Sprachen und Wechsel nicht lesen, Papiergeld und Scheine auch nicht brauchen, da es nicht klingt, wenn sie es hinwerfen, was die dort gebräuchliche Gewohnheit ist, um sich von der Aechtheit der Münze im Verkehr zu überzeugen — die Franzosen sind gewitzigt, und geben nur Kredit dem Kredit, und die Juden sind gerade so wie anderswo.

Was bleibt diesen Hungerleidern übrig, als nach

jedem erlaubten oder unerlaubten Mittel zu greifen? Die Noth bricht Eisen, warum nicht auch gute Vorsätze, wenn man mit ihnen verhungert? Warum nicht den festen Willen, wenn man nichts mehr wollen kann? warum nicht endlich auch die Ehre, wenn die Verzweiflung daran rüttelt, Selbstvertrauen, Glaube und Hoffnung geschwunden und der Ueberzeugung gewichen sind, daß man aus dem Umgang solcher ausgeschlossen, die den Werth der Ehre, dieses höchsten Kleinods, zu würdigen wissen, und auf diejenigen angewiesen wurde, die sie längst preis gegeben haben und mit dem Satan in Bund getreten sind, sie zu verachten, mit Füßen zu treten, und sie Andern als eine Art Satisfaction ihrer eigenen Nichtswürdigkeit zu rauben?

Erst über diese Klippe hinausgedrängt, ist die Welt ein bodenloser Abgrund, und das Leben ein unendliches Fallen, unaufhaltsam den durch eigne Schuld Belasteten in immer rascherem Sturz hinabjagend, bis er in der dunkeln Tiefe verschwindet, unbekannt, von Niemanden vermißt, von Keinem beweint.

Die Stadt Algier, so weit sie nicht den modernen französischen Bauten Platz machen mußte, besteht aus einem Konglomerat von Stein und Kalk, das so fest zusammenklebt und verwachsen ist, daß man sich nach dem Faden der Ariadne umsehen muß, um des Herausfindens aus dem Gewirre der Gassen sicher zu sein. Die Straßen der Altstadt, welche mit wenigen Ausnahmen sich bergauf winden, sind nicht zum Fahren eingerichtet, weil sie aus stufenförmigen schlecht gepflasterten Absätzen bestehen, und so schmal sind, daß zwei Reiter sich nicht überall bequem ausweichen können. Von Himmel, Licht und Luft ist wenig zu bemerken, da die Häuser etagenweise immer um mehrere Fuß vorspringen, und sich oben oft so eng berühren, daß man bei hellem Mittag kaum einen schmalen Lichtstreifen über sich erblickt. Die natürliche Folge ist, daß der für die Fußgänger bleibende Raum stets kühl, dunkel und feucht ist, und den Bewohnern, besonders aber den in offenen hellen Laden, an der Straße feilhaltenden Kaufleuten und arbeitenden Handwerkern die afrikanische Hitze nicht belästigend erscheinen läßt, wogegen sie allerdings in den dunkelsten Gassen genöthigt sind, fortwährend Lampen zu brennen.

Die französische Bauart der Häuser, in welche man überall von der Straße aus, durch die großen blanken Fenster hineinschauen kann, und deren Zimmer und Höfe der Kühlung und des Schattens entbehren und die breiten Straßen, welche Sonnenlicht und Wärme, wie den Regen frei einlassen, bleiben deshalb auch ein stehender Stoff des Spottes der Eingebornen und es läßt sich nicht in Abrede stellen, daß die maurische Bauart, durch Klima und die Abgeschiedenheit des Familienlebens bedingt, sich in diesen Beziehungen als durchaus zweckmäßig bewährt.

Nach den Straßen zu entbehren die maurischen

Häuser, mit Ausschluß kleiner Maueröffnungen, der Fenster. Die Façade ist nackt und glatt und nur durch die, die Etagen bildenden Vorsprünge unterbrochen, welche durch dichte Reihen runder Stäbe von hartem Olivenholz gestützt werden. Ueber den Pforten befinden sich Spitz- oder Rundgewölbe, deren Umgebungen durch Steinarbeit verziert, so wie die Thürme mit Eisenblech und beweglichen Gittern versehen sind. Von hier aus führt ein schmaler, durch Säulen und Ornamente gezierter Korridor, weiß angestrichen, und etwa sechs Fuß von der Erde mit buntfarbigen glasirten sehr wohl konservirten Kacheln mosaikartig ausgelegt. Da auch der Fußboden aus Marmorfliesen, Backsteinen oder bunten Kacheln besteht, so halten sich diese Räume kühl und sauber. Der Korridor führt auf einen, die Mitte des Gebäudes einnehmenden mit Quadern gepflasterten Hof, meistentheils durch eine zierliche springende Fontaine und Blumen in Beeten oder Töpfen geschmückt.

In den Hof fällt nur wenige Stunden der volle Tag hinein und vertheilt von hier aus allen innern Räumen das ihnen spärlich zugedachte Licht. Offne, auf schlanken einfachem oder gekoppelten Säulen ruhende, und durch maurische Gewölbe unter sich vereinigte und geschlossene Gallerien bilden rings umlaufende Gänge, von wo aus Thüren und Fenster in die inneren Gemächer führen, die in der Regel mit Fliesen in den buntesten Arabesken und Blumen ausgetäfelt, mit Teppichen behangen, an den Wänden mit weich gepolsterten niedrigen Divans besetzt sind.

Die Treppen steigen vom Hofe aus durch die Gallerien hindurch bis auf die Platform des Daches, den Platz, wo bei Tage die Wäsche von Algier getrocknet und gebleicht wird, und gegen Sonnenuntergang die Bewohnerinnen der Stadt ihre Zusammenkünfte halten und Neuigkeiten austauschen.

Von der Höhe gesehen hat es dann das Ansehen, als ob Schaaren weißer, mit den Flügeln schlagender, schnatternder Gänse sich auf den Dächern niedergelassen hätten, und weithin erschallt das Gelächter und Gezänk, was man von allen Seiten her vernimmt.

Die Hauptelegauz in den ansehnlichen maurischen Gebäuden besteht in dem beschriebenen Hofe, in der Zierlichkeit und dem Material der Bogen und Säulen, die bald glatt, dort cannelirt, dann wieder gewunden, theils aus Marmor, theils aus Granit oder Sandstein, entweder durch Ornamente oder durch Farben und Arabesken geschmückt sind.

In dem obern Theile der Stadt, wo die Häuser sich nicht allein perspektivisch, sondern wirklich mehr und mehr verjüngen, und zuletzt backofenartig zusammenschrumpfen, besteht das Innere derselben aus einzelnen kahlen, fast dunkeln Zellen, durch leiterartige schmale Stufen und niedere Eingangspforten mit einander verbunden.

Der obere, dunkle Theil der Altstadt Algiers hat

mich am meisten interessirt. Er und seine Bewohner haben sich ganz und gar in ihrer ursprünglichen Eigenthümlichkeit, in ihrer Lebensweise und Abgeschlossenheit erhalten. Man sagt, daß Viele von ihnen seit Jahren ihre Höhe nicht verlassen, und noch keine Kenntniß hätten oder nehmen wollten von dem neuen Treiben und Leben in der Frankenstadt, ja daß es Leute gebe, die kaum Kunde hätten von der seit zwölf Jahren bestehenden Fremdherrschaft. Mag dem sein wie ihm wolle; ich bin gern und viel mit dem Zeichenbuch unterm Arm dort umhergestreift, Morgens, Mittags und um Mitternacht, wo es durch die treffliche französische Straßenerleuchtung am hellsten und glänzendsten aussieht. Aber wo das Licht am blendendsten, da sind die Schatten am tiefsten, und ich schaudere noch in der Erinnerung an die Erscheinungen, welche diese Schatten beleben.

Wie viele Höhlen des Lasters sind da weit aufgesperrt, wie furchtbar und wie kolossal stellt sich die Unsittlichkeit dar; die Gemeinheit hat eine Potenz erreicht, welche die frechste und wahnsinnigste Lust zum schüttelnden Ekel abstumpfen mußte. Gewiß übertrifft der Mann das Weib nicht an Zartheit und sittlichen Werth, aber eben so wenig erreicht er es in dem Extrem der unzüchtigsten Verworfenheit, wenn es das ihm angeborene Gefühl der Schaam, die unbesiegbare Waffe des weiblichen Geschlechts, wenn es sie freiwillig preis gegeben — abgestreift und mit Füßen getreten hat.

In halbdunkeln Räumen und trüben Spelunken sangen und tanzten die Hauptfiguren der Schattenspiele, sie lachten und zechten und überboten sich in scheußlichen Geberden. Von Gesichtszügen war wenig zu erkennen, denn rothe, gelbe und schwarze Farbe war in dicken Klecksen wie eine kompakte Masse auf Backen, Stirn, Brust und Hals getragen, Goldschaum auf die Wangen und Kniee geklebt und die Mänaden mehr aus- als angezogen.

Ein Theil dieser Ungethüme hockte nicht an, sondern über glimmendem Kohlenfeuer, — weshalb konnte man mir nicht sagen.

Die Vermittler und Vermittlerinnen zum Eingang in diese offnen Hallen schienen in Miene, Tracht und Redensarten leibhaftige Teufel zu sein.

Auch Tanzsäle habe ich besucht, und die Almeen in überreicher maurischer Tracht, mit den golddurchwirkten Haarzöpfen, offner Brust und durchsichtigen Gewändern, ihre dramatischen Ballets durchspielen sehen.

In das Maurische Theater bin ich gegangen, bis der Gharagus in seiner platten sinnlichen Gemeinheit mich hinaustrieb.

In den griechischen Kaffeehäusern nahe der Kasbah habe ich den Maurischen Nachtkonzerten beigewohnt, in denen im offenen Hofe eine Gruppe von

Sängern und Musikern hinter Lampen Platz genommen, während die Gäste Kaffee trinken und Kuskusus essen, oder türkischen Taback rauchen.

Ein alter Mann mit weißem Bart in türkischer Tracht spielte eine dreisaitige Violine (Rebebb), welche er auf die Kniee seiner untergeschlagenen Beine aufrecht gestellt hat, während er bald eine bald zwei Saiten mit dem Bogen streicht. Zwei Mauren oder Araber in buntem Stäate akkompagniren ohne Melodie und Takt auf Flöte und Tambourin (Torr) und zwei bis drei Mädchen in maurischer Tracht singen in gellender Stimme einen ewig wiederkehrenden Refrain. Ihr Kostüm besteht aus einem offenen, vorn bis an den Leib aufgeschnittenen, mit Flittern durchnähten Florhemde, einem goldgestickten, rothen oder grünen Mieder mit ganz kurzer, unter der offenen Brust geschlossener Taille, darunter befindet sich ein ganz enges vorn übereinander geschlagenes, mitten um den Leib durch ein goldgesticktes Tuch zusammengehaltenes farbiges bis an die Hüften reichendes Gewand, darunter die bis an die Kniee hinabfallenden weißen durchsichtigen Pantalons und Sandalen mit Gold- oder Silberbändern; die Beine und Arme sind nackt, hinter letztern hingen offene Florärmel. Während die Gäste dem Gesange stumm zuhören, werden sie durch hübsche Knaben bedient, welche in weißen oder blauseidenen aufgeschnittenen Pumphosen, dunkeln engen Jacken, langgelockten Haaren und goldene Blumenkränze hinter den Ohren, das Dasein der griechischen Sittenverderbniß bekunden.

Alle diese Schattenbilder habe ich gesehen, weil sie zur Charakteristik des Volkslebens gehören, und mich überzeugt, daß nicht allein die raffinirte französische Sittenlosigkeit die Luft verpestet hat, sondern daß sie nur den Schlamm, den sie vorfand, vergrößerte, und daß man in dieser Beziehung allerdings dem Gouvernement den Vorwurf machen muß, die Entweihung des Heiligsten und die überhandnehmende Sittenverderbniß gut geheißen, die Oeffentlichkeit des Lasters nirgends beschränkt, sondern überall geduldet zu haben. Die Moscheen Algiers sind fast alle fremdartigen Zwecken geweiht. Nicht bloß der Gottesverehrung wegen hat man sie christlichen Käufern verschiedener Konfessionen überlassen, nicht um sie zu Getreidespeichern und Waarengewölben zu benutzen, sondern Branntweinspelunken, Puppentheater, Latrinen und Gelage viehischer Lust findet man in den Räumen, die dem Gebet geweiht, und deren Betreten bis zum Jahre Eintausend achthundert und dreißig jeden Christen den Kopf kostete.

Welchen Begriff sollen die Einwohner Algiers von der Religion ihrer Besieger haben, welche die Profanation der Gott geweihten Altäre Andersglaubender gutheißt?

Der Marschall Rovigo ließ gleich nach Uebernahme des Kommandos eine Chaussee anlegen und dieselbe direkt über den Todtenacker der Stadt führen, obgleich er ihn leicht hätte umgehen, und die große Verehrung für diesen geheiligten Ort hätte schonen können. Er begnügte sich nicht damit, die Gerippe ausgraben und rechts und links am Wege zu ganzen Bergen aufthürmen zu lassen, sondern gestattete, daß sie zu Knochenmehl verbrannt und als Düngungsmittel öffentlich versteigert wurden.

Unter seiner Regierung geschah es, daß ohne genügende Veranlassung, eigentlich nur um ein persönliches Rachegefühl zu befriedigen, der Duar el Uffia von einer Abtheilung der Fremdenlegion überfallen, Alles, ohne Unterschied des Alters mit ausgesuchter Grausamkeit abgeschlachtet, und den Weibern Glieder abgeschnitten, diese gebraten und von den französischen Soldaten gefressen wurden..

General Clauzel dachte nur an die Ausdehnung der Eroberungen, General Berthesène an die Beschränkung derselben und Consolidirung der französischen Macht, General Voirol wiederum lediglich an die Vergrößerung der Kolonien. Wohl hat man das Kriegsrecht walten lassen, Tribunale errichtet, eine Polizei organisirt, und Handelsgerichte niedergesetzt, aber an Volksbildung, Unterricht, Erziehung und Entwickelung des sittlichen Zustandes, hat man noch nicht Hand angelegt. Die Neustadt Algier ist durch die rue de la marine in fortlaufender Richtung durchschnitten. Gegen Norden liegt das Thor und Fort bab-al-ouad, gegen Süden das Thor bab-a-Zoun. Unfern des Gouvernementsplatzes liegt in der Hylstraße die große Moschee, welcher der Herzog von Orleans zur Ausschmückung eine maurische Säulenkolonade hat vorsetzen lassen. Man zählt außer ihr noch dreißig Moscheen, vier Synagogen, mehrere muselmännische Schulen, das College, die Bibliothek, das Tribunal supérieur und Tribunal du Commerce und die Polizeidirektion zu den Hauptgebäuden der Stadt, unter denen die Kasbah, oder das Residenzschloß des Deys seinem Umfange, seiner Bauart und Festigkeit, so wie seiner innern Einrichtung und Eleganz nach das Interessanteste ist. Hussein, der letzte Dey, ein Schuhmacher seines Handwerks, war selten und dann zu Esel in die Stadt hinabgekommen, in der Regel zweimal des Jahres, im Frühling wenn er hinauszog nach seiner Sommerresidenz, dem jetzigen Hospitale am Meere, und im Herbste bei seiner Rückkehr. Bei den äußeren Bauwerken dieses Steinkolosses ist man zweifelhaft über den eigentlichen Zweck derselben; ob es darauf abgesehen war, unförmliche Wälle von Stein zu errichten, und diese demnächst von innen zu Wohngelassen auszuhöhlen, oder Gemächer zu bauen und sie auf die plumpste Weise von außen zu befestigen. Hat man sich durch enge Höfe und Gallerien, über Treppen und Gänge hinaufgearbeitet auf die Platform, so übersieht man Land und Stadt, Hafen und Meer und nach innen zu die Wacht- und Stallgebäude, Kasernen, Brunnen und Fontainen, die Schatzkammern, die Residenz und den Harem mit seinen zierlichen Gärten, in dessen Mitte zwischen Cypressen und Orangen ein klares Bassin als Bad, und ein großer eng vergitterter Pavillon als Ruhesitz vom Dey und seinen Damen benutzt wurde.

Jammerschade daß hier oben ein Regiment französischer Infanterie einquartiert ist, und man namentlich in der ersten Zeit nach der Besitznahme mit Vandalismus vieles Interessante zerstörte, theils um nach Schätzen Mauern und Keller zu durchwühlen, theils um fortzunehmen und zu veräußern, was sich irgend zu Gold machen ließ, theils um Andenken an jene Zeit zu sammeln und nach Frankreich zu senden, theils endlich aus bloßer Lust zu zerstören und zu verderben.

In letzterer Beziehung ist es recht zu beklagen, daß die schönen Fontainen, welche mit saubern Marmorskulpturen geschmückt sind, theilweise so arg verstümmelt, den Köpfen die Nasen, den Figuren die Arme, den Säulen die Kapitäler zertrümmert sind.

Alle Gebäude, Mauern, Thürme und Brunnen sind weiß angestrichen, und am Fuß wie unterm Dach mit mosaikartig zusammengesetzten Porzellanfliesen in bunten Mustern ausgesetzt. Dieselben Verzierungen laufen um die maurischen Bogen der offenen Hallen, welche durch Säulen in bunten Farben, und bunt gestrichenen Kapitälern getragen werden. Der eine achteckige Thurm ist in seiner oberen Höhe ganz mit schwarz, weiß und grünen Kacheln wie ein bunter Töpferofen geschmückt. Derselbe Geschmack wiederholt sich im Innern der theils gewölbten, theils mit flachen Decken versehenen Säle und Zimmer. Auch die Treppen im Residenzgebäude bestehen aus gelben mit blauen Rosetten bemalten Porzellanfliesen.

Rings um die Wälle und Mauern, welche durch byzantinische hohe Zinnen gekrönt und mit Geschützen besetzt sind, zieht sich ein tiefer Graben, rechts und links neben der Stadt bis an's Meer hinab; zwei mächtige Felsschluchten wurden künstlich erweitert und stellenweise vertieft, und bilden eine natürliche Schutzwehr, welche nach außen abermals durch eine treppenförmig sich senkende, mit wohlerhaltenen Doppelzinnen versehene, parallel mit der Hauptmauer fortlaufende Mauer aus Felsstücken noch verstärkt ist.

Von der Höhe der Kasbah kann man sich am leichtesten eine allgemeine Uebersicht über die Lage und Ausdehnung dieser neuen französischen Herrschaft verschaffen.

Algerien zerfällt in drei Provinzen, Algier, Oran und Constantine; die Ausdehnung von der Grenze des Kaiserreichs Marocco bis zu der von Tunis, beträgt Zweihundert und fünfzig, die Breite ungefähr achtzig lieues, und umfaßt das alte Numidien und Mauritanien und drei Militairgouvernements; eben so viel Gerichte der ersten Instanz, ein Ober- und ein Handelstribunal haben ihren Sitz in Algier, wo auch der General-Gouverneur residirt. Von der Kasbah aus erkennt man links das Kap Carines und die pointe Pescade, rechts das Kap Matifu, die äußersten Punkte der Bay von Algier; die Distrikte Pescade, Bon-Zaria, Ibrahim el-biar und Mustapha Pascha mit ihren Villen und Gärten, Ansiedelungen und Feldern, schließen sich von Nordwest nach Südost um die Hauptstadt, und bilden in malerischem Wechsel die lieblichsten Landschaften. Ueber Berg und Thal, Flur und Wald schweift das entzückte Auge. Viele Bäche erfrischen die Auen und Büsche; Palmen, Oliven und Cypressen gewähren die schönsten Schattirungen in gelb und blau und braungrau; Melonen, Wein, Orangen, Mandeln und Feigen sieht man in üppiger Fülle, und die dichtesten Gehäge von Kaktus und Aloe begrenzen als unbesiegbare Hindernisse Gärten und Felder. Kaiser Karl des fünften Fort lag hinter mir; darüber hinaus ziehen sich die Straßen nach Buffarik und Belidah, die unter dem Schutze von Feldlägern gedeihenden Colonien. Die Metidscha, das Paradies Algiers, läuft um die Hauptstadt, durch die Flüsse Massafran und Iser, so wie durch den kleinen Atlas begränzt, und bildet den Fruchtgarten und die Kornkammer für die dreißigtausend Seelen starke Bevölkerung der Stadt, deren Weichbild, Thor oder Thas genannt, namentlich in dem mit dem Namen Massif bezeichneten Theile, und an der Meeresküste bei den Gärten Mustapha Pascha, Hussein Dey vorbei bis zur Maison carrée und dem Marabout dahinter, einen fortlaufenden Park bildet, den ich zu Fuß, zu Pferde und zu Wagen stets mit gleichem Vergnügen durchstreifte. Trotz dieser Fruchtbarkeit ist Algier auf reiche Zufuhr von Spanien, namentlich von den Balearen her angewiesen, und eine Belagerung von der Landseite, oder eine Blokade vom Meere aus, würde bald eine drückende Noth herbeiführen. Unter den wild wachsenden Blumen bemerkte ich Cactus opuntia Euphorbia paralias helioscopia und Iris alata in ungeheueren Exemplaren.

Mit Colonisationen haben die Franzosen weder Glück, noch entwickeln sie dazu Talent.

Der Grund liegt in der übereilten ungründlichen Beurtheilung der Localverhältnisse, in dem Mangel an Consequenz und Nachdruck, einmal Begonnenes zu einem bestimmten Ziele durchzuführen und zu schützen, und in den schwankenden und wechselnden Prinzipien, über die Zweckmäßigkeit überhaupt und ins besondere über die Art und Form und Verwaltung der Colonien.

Man täusche sich ja nicht, nach den oben erwähnten Ausdehnungen nach Breite und Länge der französischen Eroberungen, den Flächeninhalt von fünfundzwanzig Tausend □Lieues als unbestrittenes Eigenthum Frankreichs anzunehmen, denn mit Ausschluß der befestigten, und durch eine Streitmacht von fünfundachtzig Tausend Soldaten beschützten Städte Algier, Blida,

Coleah, Cherchel, Dellys, Oran, Mostaganem, Arseu, Tlemcen, Callah, Bona, Medeah, Stara, Bougia, und Constantine, besitzen sie nur Blockhäuser mit einer Umgebung nicht weiter als die Kugeln reichen, die sehr zweifelhafte Freundschaft einzelner Araberstämme, den magern Tribut einzelner Duars, und die unerschrockene Tapferkeit der Truppen nach Verhältniß des ihnen gegenüberstehenden Feindes, da der moralische Eindruck der Unüberwindlichkeit der französischen Waffen längst durch die Niederlagen, welche die Franzosen hier und dort erhalten, geschwunden ist. Die Kriegführung selbst hat bei der Naturbeschaffenheit des Landes, der Lästigkeit des Klimas, und der Art und Weise wie die Araber kämpfen, seine eigenen fast nicht zu besiegenden Schwierigkeiten.

Das Land zwischen dem kleinen und großen Atlas ist wenig oder gar nicht bereist, das Terrain also unbekannt, bergig, felsig und sandig, mit dichtem Gebüsch und Wald bewachsen, von Schluchten und Abhängen durchschnitten, durch Ströme und Waldbäche coupirt, deshalb also mit Geschütz und Wagen nicht ohne große Schwierigkeiten und auch durch Kavallerie, die nach den bisherigen Erfahrungen lediglich auf eingeborne Remonten angewiesen ist, nur mit Mühe zu überwinden. Bei dem Mangel fester Plätze muß der ganze Proviant für dergleichen Expeditionen von Lastthieren und den Truppen selbst mitgeschleppt werden, was bei der unerträglichen Tageshitze und den kalten Nächten die Mühseligkeit des Marsches erhöht, die Schnelligkeit desselben vermindert, und die Zahl der Kranken und Maroden, wenngleich die Gewohnheit die Soldaten sehr abgehärtet hat, sehr bedeutend anwachsen läßt. Dazu kommt, daß die Araber, des Terrains kundig, günstige Positionen nehmen, in denen sie aufgesucht werden müssen; daß sie sich stets, der Uebermacht weichend, zurückziehen, und die verfolgenden Feinde ermüden, vereinzeln und in die ihnen gestellten Hinterhalte locken; daß sie nur angreifen, wenn sie die Mehrzahl bilden, die Franzosen ermüdet oder auf dem Rückzug begriffen sind; daß die Schnelligkeit und Gewandtheit und die Behandlung ihrer Pferde eben so unerwartete überraschende Angriffe, als die schleunigste Auflösung und Flucht, falls sie zu weichen genöthigt sind, möglich macht.

Während die französische Streitmacht sich wenig vereinzeln darf, und in der Regel nur einer bestimmten Richtung folgt, bleiben ihr die Umgebungen fremd, feindlich und gefährlich, und ihr siegreiches Vorrücken giebt durchaus keine Garantie für die Unterwerfung des Landes, die Dauer ihrer Behauptung daselbst, und die Aussicht, denselben Weg mit geringern oder denselben Mitteln, später oder zu einer anderen Jahreszeit sicher zurücklegen zu können.

Abd-el-Kader ist eben so gewandt, als klug, tapfer und einflußreich. Er ist Krieger und Feldherr, er ist Diplomat und Mohamedaner, und benutzt sein personliches Uebergewicht über die Scheiks der Wüste, die Macht des Wortes, und die Gefahr des Glaubens, sein Kriegsglück und seine Verschlagenheit, um sich seinen Einfluß und seine Erfolge zu sichern. Die Franzosen nennt er Könige des Meeres, sich selbst aber den König des Landes, und das ist er, und wird es noch lange bleiben, wenn nicht Verrath durch französisches Gold ihn hinterrücks stürzt.

Seine Kriegskunst besteht einfach in Folgendem. Auf das genaueste mit dem Terrain, das sich vom großen Atlas zum kleinen Atlas, und von dort aus, nach Marocco und Tunis hin, halbmondförmig abdacht, nähert er sich, unterstützt durch zahlreiche Spione und Agenten, die ihn von allen Plänen und Bewegungen der Franzosen unterrichten, demjenigen Punkte, der am meisten geschwächt, und ihn am wenigsten erwartet, versucht durch die Heftigkeit des überraschenden Angriffs die Vernichtung des Feindes, und seiner festen Position, oder wenigstens ihm den größtmöglichsten Verlust zuzufügen. Wie er erschienen, ist er auch wieder verschwunden, und während nun in aller Eile um einem zweiten Angriffe sicherer zu begegnen, die französischen Streitkräfte nach jenem Orte concentrirt, und andere Punkte mehr bloß gestellt werden, zieht er durch die ihm bekannten Thäler und Schluchten nach diesen, überfällt sie eben so unerwartet, verschwindet eben so plötzlich, und bereitet einen ähnlichen dritten Ueberfall vor.

Während er überall ungefährdet umherstreift, fehlt es den Franzosen noch fast ganz an guten und sicheren Communicationen im Lande.

Die an und unfern der Küste belegenen besetzten Orte sind nur von der See aus zu erreichen, und nirgends anders wird ein französisches Schiff zu landen wagen. Ja, die Unsicherheit der wenigen französischen Straßen ist so groß, daß die Diligencen nach Buffarik und Belidah nie ohne Kavallerie-Begleitung abfahren, und noch in diesem Jahre eine ganze Reisegesellschaft aufgehoben, in Gefangenschaft geführt wurde, und ausgelöst werden mußte.

Selbst die schöne Straße nach der Maison carrée, dem Hauptfort, am Ausgang der Metidscha gelegen, kann man nicht ohne Begleitung sicher bis dorthin verfolgen, und vor noch nicht gar langer Zeit erschienen, während ein Theil der Besatzung von Algier nach Oran marschirt war, Eintausend Araber zu Pferde vor der Maison carrée, und hätten sich des Forts gewiß bemächtigt, wenn nicht auf die Nachricht hiervon in der Stadt Generalmarsch geschlagen, und die Nationalgarde zum Entsatz ausgerückt wäre.

Der Krieg wird außerdem mit beispielloser Erbitterung und Grausamkeit von beiden Seiten geführt, und besteht mehr in Ueberfall, Raub, Brand und Mord, als in ehrlichem, offenen Kampf. Wer daran Schuld hat, will ich dahin gestellt sein lassen.

Das System des General Bugeaud, daß man bei

dem notorischen Mangel an Treu und Glauben der Araber, sich nicht auf Verträge und freundschaftliche Vermittelung einlassen, sondern einen Vernichtungskrieg, im umfassendsten Sinne des Wortes führen müsse, wird in seiner Voraussetzung von vielen französischen Offizieren bestritten, welche behaupten, daß der Charakter der Araber neben Gastfreundschaft durch Zuverlässigkeit und Vertrauen ausgezeichnet, daß hiervon zahlreiche Beispiele vorhanden, und fast in allen Fällen, wo Verträge nicht gehalten, die Franzosen die Veranlassung gewesen wären. Genug, General Bugeaud will die Bewohner des Landes, die sich nicht freiwillig und vollständig unterworfen haben, ausgerottet wissen, mit Haus und Hof, Frau und Kind, Vieh und Habseligkeiten, und um dies System durchzuführen, werden Razzias unternommen.

Razzia heißt ein räuberischer Streifzug, und besteht in dem Ueberfall eines Duars, oder arabischen Dorfes, dem Hauptsitz eines Stammes. Man wählt die Zeit kurz vor der Erndte, wo die Heerden in der Nähe der Dörfer, und die Bewohner sämmtlich zu Hause sind, um die reifen Früchte zu schneiden, und einzubringen. Man marschirt nur Nachts, nähert sich möglichst leise, umzingelt den Ort, und wirft Feuerbrände hinein. Verschont wird nichts, denn der Zweck ist Vernichtung und Ausrottung. Der blinde Greis, das hülflose Kind, das wehrlose Weib, der unbewaffnete Mann, Alles ist ohne Erbarmen dem

Tode verfallen. Sind Kostbarkeiten, Gold oder Waffen vorhanden, so bemächtigt man sich ihrer; alles Andere verzehrt die Flamme, die Häuser, die Leichen, die Erndte. Die Heerden kann man nur selten mit fort treiben; man nimmt, was man brauchen kann, und tödtet das Uebrige, oder schneidet dem Rindvieh nur die Zungen aus, eine Lieblingsspeise der Franzosen, und läßt dann die Thiere liegen und umkommen, und zieht darauf mit Sang und Klang, in dem Bewußtsein, eine Heldenthat, einen Haupt-Coup, einen Witz begangen zu haben, der Garnison wieder zu. Ist es noch zu verwundern, wenn solche Eingeborene, denen es gelungen, bei einer Razzia das nackte Leben zu retten, die aber Weib und Kind, Hab und Gut verloren, und sich bewußt sind, niemals Feindliches gegen die Fremden ausgeführt, ihnen nichts genommen, und nichts gethan zu haben, um nur in eine Gemeinschaft mit ihnen zu treten, — ist es zu verwundern, wenn solche Menschen ihren ferneren Lebenszweck, ihren Beruf, ihre Hoffnung und ihre Lust in der alleinigen Befriedigung ihres unauslöschlichen Rachegefühls finden, und Alles aufbieten, um dem Feinde zu schaden und Abbruch zu thun, und in die neuen französischen Colonien, und die Umgebungen der Städte herabkommen, und dort in den Gehägen herumschleichen, und hinter Gräbern und Trümmern lauern, und warten, bis sie ein Opfer ihrer Rache finden, oder etwas erspähen, was sie den Stämmen oder dem

Emir der Wüste hinterbringen können, um ihn zu warnen, oder aufzufordern zu feindlichen Unternehmungen, wenn die Wahrscheinlichkeit eines glücklichen Ausgangs sich voraussehen läßt?

Darum findet man in der Umgebung Algiers so häufig Ermordete, darum sind die Landstraßen so unsicher, darum werden fast täglich dergleichen verdächtig und zwecklos sich herumtreibende, im Versteck gehaltene Individuen eingefangen, unter Militairbedeckung nach dem Fort de vingt quatre heures abgeführt, dort an Armen und Beinen geschlossen zum schwersten Baudienst verwendet, bis sie der Behandlung der Gefangenschaft und dem Grame erliegen, was in der Regel nach wenigen Monaten schon geschieht. Eine größere Sterblichkeit herrscht wohl in keinem Gefängnisse, und läßt sich eben dadurch nur erklären, daß diese, an ein freies und wildes Leben gewohnten Menschen, in Fesseln gezwängt, in enge, dunkle, heiße und mit ungesunder Luft erfüllte Räume zusammengedrängt, bei ungewohnter Kost, unter harter Behandlung, beständiger und fast ohne Ruhe fortgesetzter schwerer Arbeit, keine Aussicht und Hoffnung zur Befreiung und Befriedigung ihres Rachegefühls sehen, und sich so in Kummer und Krankheit verzehren. Ich habe diese Jammergestalten oft in langer Reihe schweigend bei mir vorüberziehen sehen, den Ausdruck thierischer Stumpfheit, stiller Verzweiflung, oder unbegrenzter Wuth in den mageren Zügen. Viele Schwarze hatten, obgleich sie durchaus nicht alt erschienen, graue Haare, was wahrhaft geisterhaft aussah. In keinem Gefängnisse haben mich die Physionomien so interessirt, als in dem Fort de vingt quatre heures. Man zeigte mir einen Araber, dessen Widerspenstigkeit zu arbeiten durch Prügel gebessert werden sollte. Der ganze Rücken war wund geschlagen, aber er blieb gerade wie eine Ceder dabei stehen; er wandte nicht einmal den Kopf, aber er biß sich in die Lippen, daß das Blut in hellen Tropfen herabfloß; — ein Kabyle ließ sich geißeln, und schwieg, während ihm die Augen aus dem Kopf traten, und der Schaum ihm vor dem Munde stand, wie einem tollen Hunde; ein Dritter hatte Speise und Trank seit fünf Tagen abgewiesen, und ohne Zweifel die Absicht, sich durch Hunger zu tödten. Dabei arbeitete er mit einer Hastigkeit, als ob er den Tod beschleunigen müsse. Mehrere, denen ich Geld und Früchte bot, wandten sich verächtlich ab, und ein sehr alter, trockener Neger, den ich abzeichnete, stellte sich mit untergeschlagenen Armen gerade vor mich hin, als fühle er das Gefühl des Stolzes, in diesem Zustande meine besondere Aufmerksamkeit auf sich gezogen zu haben. Welche Charaktere! und welche Erfolge müßte die richtige Leitung und Benutzung derselben verbürgen!

Der Zustand der französischen Colonien ist keineswegs glänzend, oder den gehegten Erwartungen entsprechend. Die den fremden Colonisten verheißenen Zusicherungen des Gouvernements sind nicht vollständig erfüllt worden. Sie beschränken sich gegenwärtig auf zwei Hektaren Land, zwei Stiere, einen Pflug, eine Flinte, zwei Pfund Pulver und einige Kugeln.

Damit wissen diejenigen Auswanderer, welche ohne Betriebskapital in Algier landen, auf der Reise, oder in Erwartung eines Militairtransports, dem sie sich bis zu dem Orte der Colonien anschließen können, ihre geringen Mittel erschöpft hatten, wenig anzufangen. Weder kriegsgeübt noch kriegslustig sollen sie mit dem Gewehr in der Hand das Land bestellen, an allem Unentbehrlichen Mangel leiden, jeden Augenblick Ueberfall, Tod oder Vernichtung der Erndte entgegensehen. Dazu das in der fruchtbaren Niederung von Belida so ungesunde Klima, welches im Sommer, wo die Fieber grassiren, sehr viele Opfer fordert. So geschieht es denn, daß die halbbestellten Felder wüst bleiben, die Colonisten verschwinden, und der Zustand der Ansiedelungen nicht gebessert wird. Der Graben, der jetzt die Ackerbauer vor feindlichen Ueberfällen schützen soll, und die Mauer dahinter, können unmöglich um alle Ansiedelungen geführt werden, und ganze Regimenter und Schwadronen kann man auch nicht Jahr aus Jahr ein zur Sicherung der Colonien unter ihnen kantoniren lassen.

Ich glaube dringend Auswanderungslustigen von der Reise und Niederlassung in Algier abrathen zu müssen, weil die Wahrscheinlichkeit dafür spricht, daß sie ihre Hoffnungen nicht erfüllt sehen, das Wenige, was sie vielleicht bei ihrer Ankunft in Africa noch besitzen, verlieren, und in Noth und Elend gerathend, es bereuen werden, ihr Vaterland verlassen zu haben.

Nur ausschließliche Militair-Colonien, wie Rußland an der chinesischen Grenze, und Oesterreich sie mit glänzenden Resultaten gegründet haben, werden meiner Ansicht nach von dauerndem Erfolge sein.

Was die Organisation der Rechtspflege und der Steuerhebung anbetrifft, so habe ich in dieser Beziehung treffliche Einrichtungen bemerkt, und gefunden, daß der General-Gouverneur, das Beste wollend, sich bestrebt, durch Strenge und persönliches Eingreifen dahin zu wirken, daß die Verwaltung unpartheiisch, energisch und rasch im Sinne des Gesetzes geleitet werde.

Die Fremden-, Sicherheits-, Ordnungs-, Markt- und Handels-Polizei wird auf eine musterhafte Weise gehandhabt, und da ich Gelegenheit gehabt, die Art der Einrichtung, und die dabei fungirenden Personen persönlich kennen zu lernen, so will ich hier eine kurze Uebersicht derselben geben.

Der Chef-Directeur de l'intérieur ist der Vicomte de Guiour.

Commissaire central — Monsieur de Lafontaine.

Die Stadt Algier ist in zwei Arondissements getheilt, denen je ein Commissair vorstehet.

(Mr. Clergé und Mr. Capdeson.)

Commissaire de Sécurité Mr. Otton.

Dann folgen vier Inspecteurs,

Sechs Sergents de police de la première classe,
Zwölf Sergents de police du second, und
Acht Sergents de police du troisième.

Außerdem sind die verschiedenen Nationalitäten der Einwohner Algiers durch je einen Commissair und zwei Sergeanten aus ihrer Mitte repräsentirt, welche die Verantwortlichkeit der Beamten überhaupt theilen, und besonders für die Ruhe und Ordnung ihrer Landsleute bürgen und aufkommen müssen. So stellen die Mauren, die Beduinen, die Kabylen, die Biskris, die Mosabiten, die Türken und die Juden, jede ihre eigenen Beamten, welche in ihrer Nationaltracht umhergehen, und mit bewundernswerther Ruhe ihre Aufgabe lösen. Ich machte am Sonntage, wo das Beduinentheater im Freien abgehalten wurde, und der großen Menschenmenge wegen viele Polizei anwesend sein mußte, die persönliche Bekanntschaft derselben und freute mich ihrer Autorität und festen Haltung, und des Respekts, den ihre Nähe unter den Zuschauern verursachte. Ihre Demonstrationen geschahen ad oculos; sie sprachen nichts, sondern machten die Runde und blieben da stehen, wo Vorwitzige sich in den Kreis hereindrängten, oder Stoßen, Schlagen und Zanken die Harmonie störte, welche ihre Amanuenses, mit tüchtigen Peitschen versehen, sehr bald wieder ins Gleichgewicht brachten, indem sie gerade auf das punctum saliens loszielten, und so barbarisch losdroschen, daß Alles wie Spreu auseinander stob, und der beabsichtigte

Zweck sofort erreicht wurde. Nie habe ich bemerkt, daß man sich den Beamten mit Wort oder That widersetzt hätte; man schien das eigne Unrecht eben so zu fühlen, als die Nothwendigkeit, demselben amtlich entgegen zu treten, und die Executoren der Behörde als höhere Machthaber zu betrachten, die nicht im Stande und berechtigt wären, mehr zu thun, als das allgemeine Beste erfordere. Das Auftreten der Beamten erinnerte an die Römerzeit, mit dem Unterschiede, daß den Aedilen die fasces vorgetragen wurden, während man in Algier dem Commissair die Peitschen nachtrug, nicht minder, daß in Rom die fasces zusammengebunden, sinnbildlich moralisch, in Algier die in steter Bewegung erhaltenen Geißeln praktisch thatsächlich wirkten.

Komisch war es in der That, als mir die sämmtlichen Commissaire der Reihe nach im Beduinentheater mit diversen Ceremonien vorgestellt wurden. Da ich selbst Polizeibeamter bin, so interessirte mich dieser Zweig der Administration in einem jungen, in der Organisation begriffenen Staate besonders, und ich informirte mich von Allem bei dem mir zu diesem Zwecke attachirten Polizeibeamten Meyer, einem gebornen Badenser, der seit einer Reihe von Jahren in französischen Diensten, anfangs als Unteroffizier in der Garnison von Algier und Constantine gestanden, dann bei der Polizei angestellt wurde, eine Maurische wohlhabende Wittwe geheirathet, die Landessprache vollständig erlernt hatte, und nun nebenbei als vereideter Dolmetscher der deutschen, arabischen und französischen Sprache bei den Gerichtstribunalen fungirt. Herr Meyer fühlte sich besonders verpflichtet, die sämmtlichen ambulanten Beamten zusammenzurufen, um sie mir zu präsentiren, wobei sie sich mit demselben Accompagnement ihres taktschlagenden Gefolges zu mir Bahn machten, und auch dafür sorgten, daß ich in der vordersten Reihe den besten Platz behauptete. Die Commissaire sprachen alle französisch, und unter ihnen zeichnete sich Mustapha, der Türke, durch Schönheit und Reichthum seiner Tracht, wie durch Anstand und Gewandtheit des Ausdrucks besonders aus. Er trug kein dienstliches Abzeichen, als einen hohen Stock mit silbernem Knopf und den Orden der Ehrenlegion, als einen Beweis seiner anerkannten Tüchtigkeit. Die Uniform der französischen Polizeibeamten besteht in einem spitz zulaufenden Czako mit gradem Schirm, grauen Pantalons, dunkelblauem Ueberrock mit Silberlitzen, und Knöpfen, auf dem sich als Symbol ihrer Wachsamkeit ein offenes Auge befindet, und einem Säbel an schwarz lackirter Koppel. Herrn Meyers Bekanntschaft war mir von großem Interesse und Nutzen; seine Gefälligkeit verpflichtete mich zu großem Danke, seine Local- und Personalkenntniß kam mir sehr zu statten, und mit großer Bereitwilligkeit nahm ich, um das Innere einer maurischen Haushaltung vollständig kennen zu lernen, eine Einladung zu einer Collation im Hause seiner Gattin an. Alles war nett und sauber. Schöne Teppiche, Divans, Vorhänge und niedere Marmortische zeigten von Wohlhabenheit; ebenso das reiche Kostüm seiner Frau und Kinder, das Geschirr und der Tisch, wo wir unvorbereitet Platz nahmen, mit Beduinenbrod, Zwieback, Hammelbraten, Fisch, grünen Erbsen, die man hier das ganze Jahr hindurch ißt, und mit reichem Dessert von trocknen eingemachten und eben reifen Früchten und rothem Wein reichlich und gut bewirthet wurden.

Seine Frau in ihrem Nationalkostüm, mit der einen und einen halben Fuß langen, spitzen Silberdraht-Mütze, dem schwarzen Atlaskleide, dem goldnen Mieder, weißen hängenden Florärmeln mit goldnen Schulterklappen, golddurchwirkter seidner Schärpe, ohne Strümpfe, mit goldnen Ringen um Arme und Knöchel, ging auch später mit mir in diesem Kostüm in die Bazare der Türken, Mauren und Juden, und erstand für mich, was ich zu kaufen beabsichtigte. Das Beduinentheater, von dem ich oben sprach, war auf der Ebene vor dem Thore bab-el-ouad — (porte de la ravine). Etwa vier Tausend Menschen, fast nur in maurischer und arabischer Tracht, mit vielen verhüllten und geputzten Weibern und Kindern, bildeten einen großen Kreis, und erkletterten Bäume und die zerstreut liegenden Felsblöcke und Trümmerhaufen, um auch von dortaus den Blick in den innern Circus frei zu behalten. Mit großer Muskelkraft und Körpergelenkigkeit wechseln fünf schwarze Beduinen, in weißen weiten Pantalons bis zu den Knien, offenen Hemden ohne Aermel und weißen Turbanen ab, um theils einzeln, theils gruppenweise equilibristische Künste zu produciren. Acht Männer in gleicher Tracht hockten in der Mitte des offenen Raumes, mit dem Tambourin und Doppelpfeifen unaufhörlich denselben Refrain ableiernd, und zwei Neger gingen herum, und schossen aus langen Flinten, sobald ein Hauptcoup mit besonderem Knalleffekt ausgeführt werden sollte. Als Springbrett diente eine schräg auf einen Stein gelehnte Felsplatte, und sie schnellten sich, wenn sie nach einem Anlauf mit gleichen bloßen Füßen hinaufsprangen, mit solcher Elastizität in die Höhe, daß die Trampelinsprünge unsrer Kunstreiter wirklich dagegen verschwinden.

Zu den interessanten Naturerscheinungen Algier's, die ich dort kennen lernte, gehört auch das Erdbeben, das in der Nacht vom achten zum neunten April die Stadt erschütterte, und den Einsturz von acht Gebäuden zur Folge hatte. Ich war sehr spät zu Bette gegangen. Die übergroße Hitze des Tages, die große Ermüdung, die innere Aufregung über all die fremdartigen, fesselnden Eindrücke, und zuletzt auch die große Zahl von Muskitos, die sich, während ich bei offenem Fenster mein Tagebuch geschrieben, in das Zimmer gefunden hatten, quälten mich, und ließen mich nicht ruhig schlafen.

Ich befand mich in einem Zustande zwischen Wachen

und Träumen, als eine heftige Erschütterung des ganzen Gebäudes mich aufschreckte, und ich, aufgerichtet im Bette, noch einige Sekunden hindurch die zitternde Bewegung des Fußbodens, die sich dem Bette und mir mittheilte, empfand, welche meinem Gefühl oder meiner Einbildung nach, im obern Theile des Zimmers, an der Decke, stärker als unten zu sein schien. Ob die erste Erschütterung, wie es mir vorkam, wirklich von einem donnerähnlichen Getöse begleitet war, denn ich glaubte einen, ganz in der Nähe des Hauses abgefeuerten Kanonenschuß vernommen zu haben, oder ob der dumpfe Schall, der mich erweckte, von dem Beben des Hauses herrührte, oder letzteres allein, weil es so plötzlich die tiefste Ruhe der Nacht unterbrach, auf das Gehör donnerähnlich wirkte — vermag ich jetzt nicht mehr genau anzugeben — genug, ich fuhr mit beiden Füßen aus dem Bette, zündete mein Licht an, und stieg mit einem, wie ich nicht läugnen will, unbehaglichen, bängen Gefühl in die dritte Etage, wo ich einen Freund, einen Naturforscher aus Zürich, mit dem ich den Tag hindurch verschiedene Excursionen gemacht, weckte, und ihm meine Besorgniß mittheilte, und den Vorschlag machte, das Haus zu verlassen.

Dies lehnte er ab, behauptete fest und gut geschlafen, nichts vernommen zu haben, und meinte, daß mich wahrscheinlich nur die Lärmkanone, welche die während der Nacht einlaufenden Kriegsschiffe signalisire, und welche vermuthlich die seit zwei Tagen erwartete Ankunft des Herzogs von Orleans kund gegeben, geweckt und erschreckt haben müsse.

So verfügte ich mich denn auch wieder zur Ruhe, schlief bald gut und fest, bis der nächste Morgen meine Vermuthung bestätigte, und die plötzliche Abkühlung der Luft nach der gestrigen glühenden Hitze die Naturerscheinung mehr erklärte.

Ich machte einige Besuche, um die Erlaubniß zum Eintritt in die Untersuchungsgefängnisse, und in das in Algier wie in ganz Frankreich als ein Wunder von Vollkommenheit ausgeschrieene, berühmte, vom Obersten von Marengo gegründete und geleitete prison militaire zu erbitten. Die Willfährigkeit und Gefälligkeit der französischen Beamten kann ich nicht genug rühmen. Von der Liebenswürdigkeit des Vicomte de Guioux haben gewiß viele Fremde hinreichende Beweise erfahren, und auch der Kommandant von Algier, Oberst von Marengo, hatte die Güte, den Kapitain Jaeden mit meiner Führung zu beauftragen, und den Befehl zu ertheilen, meinen Wünschen hinsicht der Zeit, der Dauer und Wiederholung meiner Besichtigung, überall zu entsprechen, mir Bücher und Rechnungen vorzulegen, und jede verlangte Auskunft zu gewähren.

Die Civil-Untersuchungsgefängnisse waren schwach besetzt, da die meisten Vergehen von Militairs, oder an Militairs, oder deren Effekten verübt werden, und aus irgend einem Grunde sich so wenden und beurtheilen lassen, um nach dem Kriegsrecht entschieden werden zu können, was in der Regel äußerst rasch, ohne Weitläuftigkeit, nicht öffentlich und mit einer Präzision geschieht, welcher die energische Strafe unmittelbar auf den Fuß folgt. Die Gefängnißlocale, die Reinlichkeit, die Kost und Behandlung scheint viel zu wünschen übrig zu lassen, und ich merkte wohl, daß es den Herren unangenehm war, diese Räume, welche die Meisten von ihnen gewiß nie in Augenschein genommen hatten, Fremden zu öffnen, aber ein solches Begehren war ihnen so neu und unerwartet, daß sie keine Zeit und Gründe finden konnten, in ihren ausweichenden Antworten eine förmliche Versagung meiner Bitte zu legen. So ließ ich mich denn nicht abweisen, und erlangte den Zutritt.

Das prison militaire in den Kasematten der porte de la ravine fesselte dagegen mein Interesse sehr, und bei allen Inconsequenzen, die in den französischen Institutionen überall den Charakter und die Eigenthümlichkeit des Franzosen reflektiren lassen, und die ich auch hier angetroffen, habe ich eine musterhafte Disziplin, eine zweckmäßige Kleidung, Beköstigung, Tageseintheilung und Beschäftigung, Reinlichkeit und Ordnung, und Gesundheit im Aussehen der Gefangenen gefunden.

Es waren zwischen dreizehn und funfzehn Hundert Sträflinge in den weiten halbunterirdischen Räumen untergebracht, und bei meinem Eintritt rief in den einzelnen Höfen die wirbelnde Trommel Alles zum Appell, und ließ die Gefangenen in Reih und Glied antreten.

Sehr gering ist die Zahl der die Wache bildenden Truppenabtheilung, von denen nur sechs Mann auf dem Posten stehen.

Jeder Gefangene erhält eine braune kurze Jacke, Hose, Mütze und Schuhe. Das Haar wird ihm vollständig abgeschoren, um ihn bei etwaiger Entweichung als Militairsträfling wieder zu erkennen; man liest ihm bei der Aufnahme das Anstalts-Reglement vor, belehrt ihn über die Hausordnung, seine Pflichten, die Höhe seiner Einnahme, und läßt ihn einen Revers unterschreiben, worin er seine Vorsätze, sich einer freundlichen Behandlung, Abkürzung der Strafe und Begnadigung würdig zu machen, ausdrückt.

Dann wird er, nach Verhältniß der kürzeren oder längeren Detention, den betreffenden, nach der Beschwerlichkeit der Arbeiten eingetheilten Sectionen überwiesen, ihm statt des Namens eine Nummer zugetheilt, und er demnächst von seinen Leidensgenossen begrüßt, examinirt und getröstet.

Die Dauer der Detention ist sehr verschieden, sie reicht bis zu sechs Jahren; der Aufenthalt in diesem Gefängniß ist jedoch mit dem unbedingten Verlust der Ehre des Soldaten nicht verbunden, selbst wenn der Gefangene in Ketten geschlagen, und nach und nach die verschiedenen Stationen der Disziplinarstrafe durchgegangen sein sollte. Die Subordination, welche herrscht, ist eben so musterhaft, als die Bestrafung des leisesten Verstoßes dagegen unerbittlich streng, und dessenungeachtet waren die für die Straffection bestimmten Räume so überfüllt, daß es der Gesundheit nachtheilig sein mußte, so viele Menschen in den engen, des freien Luftzuges entbehrenden heißen Gewölben aufeinander zu packen.

Während des Appells, der Eß- und Arbeitsstunden herrscht Schweigen.

Die Beschäftigung besteht in öffentlicher Arbeit, zu der die Gefangenen kompagnienweise durch Unteroffiziere geführt werden.

Die strenger, und wegen gröberer und erschwerender Verbrechen Bestraften, arbeiten an Chausseen, müssen Steine sprengen, tragen und ziehen, in Kanälen, Brunnen und im Hafen arbeiten, während die übrigen mit Gartenbau und Anlage öffentlicher Promenaden, aber auch immer in derselben Abstufung der Körperanstrengung arbeiten, daß die Rückfälligen oder mehr Gravirten Erde karren, die weniger Bestraften Beete graben, die zum Erstenmal und auf kurze Zeit Verurtheilten pflanzen, jäten, begießen, sortiren, oder Gartengefäße verfertigen, Lauben bauen, Verzierungen in Holz und Stein, als Bildhauerarbeiten, Sonnenuhren und dergleichen anfertigen, jedoch ausschließlich Gegenstände, die auf Gartenbau Bezug haben.

Der Oberst Marengo hat Außerordentliches mit seinen Gefangenen geleistet. Der durch die Erobe= rung Algiers verwüstete Todtenacker, welcher die zu= gleich zerstörte Moschee Sidy umgab, ist zu geschmack= vollen öffentlichen Promenaden, zu Blumengärten und Laubgängen, zu Bosquets und Rasenplätzen, und zu prächtigen Plantagen von Küchengewächsen, welche durchweg vorzüglich gedeihen, umgeschaffen.

Kleine Fontainen und Röhrleitungen, welche in Cascaden das Wasser in Bassins führen, geben Leben und Frische, und Rasenbänke und Gartenstühle laden zum Ausruhen ein, und zur Freude über die schöne Aussicht. So großartig und kostbar auch diese An= lagen sind, so rentiren sie doch bedeutend, besonders seitdem man der Administration derselben das Privi= legium ertheilt hat, ihre Produkte nicht blos an Wo= chenmärkten, sondern täglich öffentlich zu verkaufen, und jeden Verkauf von Gemüsen und Früchten auf dem Wochenmarkt zu untersagen, bevor nicht das von der Administration zum Verkauf Ausgestellte ver= griffen ist.

Das Gouvernement, welches die Einnahmen für die Gartenanlagen bezieht, bezahlt dafür die Arbeit und sonstigen Auslagen, und vergütigt hierfür inclu= sive des Zuschusses aus Staatsfonds, pro Kopf der Gefangenen täglich einhundert Centimen, davon sind drei und dreißig für den Unterhalt, drei und dreißig für die Administrations=Kosten, und der Rest bei sol=

chen, welche Militaireffekten veräußert, oder fremdes Eigenthum angegriffen haben, und verurtheilt wurden, den Schaden zu ersetzen, zur Deckung desselben bestimmt; bei den Uebrigen bildet das Drittheil einen Fonds, welcher gesammelt und beim Ausscheiden aus dem Gefängnisse dem Sträfling eingehändigt, oder auch bei guter Führung, schon während der Detention theilweise dazu verwendet wird, ihm kleine Lebensannehmlichkeiten, wie Taback, Weißbrod, Fleisch rc. zu verschaffen. Den Debit der an die Gefangenen zu veräußernden Eßwaaren und Luxusartikel, hat sich die Administration vorbehalten, und zu diesem Zweck zwei Buden auf dem Appellplatz aufstellen lassen, in welchen täglich zwei Stunden hindurch nach einem ausgehängten Tarif verkauft wird. Ausgeschlossen bleibt der Handel mit Wein und Spirituosen.

Eine Einrichtung, welche hierbei besteht, trägt wesentlich dazu bei, das Vertrauen der Gefangenen zur Verwaltung und die Unpartheilichkeit der Beamten zu begründen und zu erhalten, nämlich eine Deputation der Condemnirten, welche von den Inhaftirten selbst erwählt, und bestimmt ist, der Administration zu assistiren, und auf die Gerechtigkeit und Gleichmäßigkeit in der Behandlung, Beköstigung, Einnahme und Ausgabe-Berechnung zu wachen. Steht auch diesen Assistenten kein entschiedenes Votum in Administrations-Angelegenheiten, und ganz und gar keine Theilnahme an Disziplinar-Entscheidungen zu, so erhalten sie doch

Kenntniß von allen Einrichtungen und den Motiven der Strafen, und nehmen thätigen Antheil an der inneren Verwaltung. So führen die Mitglieder dieser Deputation Gegenbücher der Einnahme und Ausgabe, Contos der einzelnen Gefangenen, sie leiten selbst den Verkauf der Waaren in den oben erwähnten Buden, sie vertheilen die Speisen, und wiegen Fleisch und Brod den Gefangenen zu, sie haben einen Schlüssel zum Doppelschloß des Kellers, in welchem der Wein, dessen Genuß das Klima erfordert, aufbewahrt wird, und besorgen die tägliche Vertheilung der Rationen und Berechnung derselben. Diese Einrichtung bewährt sich vortrefflich, besonders da die Erfahrung gelehrt hat, daß die Gefangenen die Wahl als eine Ehrensache betrachten, und diese nur auf Individuen richten, deren Charakter und Führung sie zu einer solchen Stellung wirklich würdig und tüchtig erscheinen läßt, und so hat mir auch Kapitain Jaeden, dem seit sechs Jahren die unmittelbare Leitung des Ganzen anvertraut ist, die Versicherung gegeben, daß noch niemals Personen von den Gefangenen gewählt wären, die von Hause aus, ihrer Unzuverlässigkeit wegen, hätten verworfen werden müssen, und daß auch die Fälle sehr selten vorkämen, wo sich die Gewählten auf die Dauer nicht bewährt und später hätten removirt werden müssen.

Die Wahl wird alle sechs Monate erneuert, doch werden meistentheils dieselben Personen durch Acclamation in ihren Functionen bestätigt. Die Kost ist einfach, ausreichend und gut, Fleisch wird dreimal in der Woche verabfolgt. Für die Wäsche müssen die Gefangenen selbst sorgen. Für Seife und Ausbesserungen wird Nichts vergütigt.

Die Schlafsäle sind lange, gewölbte Kasematten, Jeder hat einen Stand, ähnlich den Pferdeställen, wofür ich diese Hallen beim Eintreten hielt. Manche Gewölbe sind in der halben Höhe getheilt; schmale Leitern führen hinauf. Betten hat Niemand, leichte Decken kann sich anschaffen, wer sie bezahlen will, Matratzen werden nicht geduldet. Bei meinem Eintritt in die einzelnen Räume erhoben sich die Bewohner derselben vom Boden, wo sie ruhten, oder von den Arbeiten, mit denen sie beschäftigt waren, nahmen ihre Mützen ab, und traten bis vorn an ihre Stände, so daß sie eine lange, schmale Gasse bildeten, durch welche wir defilirten. Es sieht seltsam genug aus, diese Versammlung von Kahlköpfen mit kräftigem jugendlichen Ausdruck. Schöne Physionomien fielen mir auf, und muskulöse Gestalten; aber mit wenigen Ausnahmen prägten sich Leidenschaften in den Gesichtszügen aus, durch welche mehrere vollständig zerrissen schienen. Welche Studien können hier Maler sammeln, und welche Beobachtungen Aerzte und Phrenologen anstellen, für die sich schon ein Besuch nach Algier lediglich des Gefängnisses wegen verlohnte? denn wo anders würde ihnen dies geboten werden, die freie Form des

Schädels von anderthalb Tausend Männern, deren Leben und Treiben, deren Hoffen und Streben, Thun und Lassen ihre Haupttendenzen und Leidenschaften genügend ausgeprägt haben mußten, um die Uebereinstimmung in der Wirkung auf die Ausbildung der Organe im Gehirn und auf die äußere Form des Schädels, wenn anders die hierüber aufgestellten Hypothesen begründet sind — aufzufinden?

Alle Nationen Europas haben Beiträge zu dieser Gesellschaft gesandt, und es gewährte ein besonderes Interesse, den Typus der nationellen Gesichtsbildung trotz der Variationen in derselben mit ziemlicher Gewißheit jedesmal herauszufinden. Die Mehrzahl der Sträflinge bestand aus Spaniern und Deutschen, und leider traf ich unter Letzteren eine Menge von Landsleuten, und diese zu meinem Kummer vorzugsweise unter den wiederholt, und wegen besonders gravirender Vergehen Bestraften, und unter den noch besonders streng Inkarzerirten.

Vornehme Abkunft spiegelte sich in Zügen und Haltung mehrerer Gefangenen, und ich las in den Listen Namen, deren Klang mich erschreckte, so daß ich es vorzog, eine Aufklärung darüber nicht zu begehren.

Einen erschütternden Eindruck machte es auf mich, als ich später die Gefangenen im fort de vingt quatre heures besuchte, in denen nur Gefangene detinirt werden, welche infamirende Verbrechen begangen, aus dem Soldatenstande ausgestoßen, und nicht mehr im

Stande sind zurückzutreten in Reih und Glied,- oder in irgend eine feste Stellung in der bürgerlichen Gesellschaft, und denen, so lange sie ihr elendes Leben fristen, daraus Nichts bleibt, als die Reue und die Hoffnung auf den Tod. Als mir mein Führer dort das namentliche Verzeichniß der in enge Fesseln geschlagenen Sträflinge vorlegte, traten zwei junge Männer hervor, erbaten sich die Erlaubniß, mich anreden zu dürfen, gaben sich mir als Landsleute zu erkennen, und beschworen mich bei Allem was mir heilig und theuer sei, Niemanden in meinem Vaterlande jemals zu entdecken, daß, und wie ich sie hier angetroffen, damit das Gerücht ihres Todes auf dem Schlachtfelde nicht durch die Nachricht von ihrem Aufenthalt und ihrer Unwürdigkeit widerlegt, und der bis dahin unangetastete Ruf der Familie durch ihre Schuld geschändet werde. Das war neben der Sehnsucht nach dem Tode der einzige Wunsch, den beide junge Leute für diese Welt noch hegten, und an diesen letzten Funken eines Ehrgefühls mußte sich das Mitleid für sie knüpfen, obgleich ihre Lebensweise und der grenzenlose Leichtsinn sie nach und nach so tief hatte sinken lassen, daß man einen Unterschied zwischen Mensch und Thier kaum herausgefunden haben würde, und Abscheu und Verachtung die einzigen Gefühlsäußerungen sein mußten, die durch die Erzählung ihrer Vergangenheit angeregt werden konnten.

Die Strafabstufungen in dem prison militaire

steigen in arithmetischen Progressionen. Wer nicht fleißig arbeitet, oder sich Spirituosa zu verschaffen sucht, wird das Erstemal auf acht Tage, dann auf vier Wochen, und zum Drittenmal auf drei Monate in Kasematten gesperrt, die ganz ohne Licht sind, und selbst eines frischen Luftzuges entbehren.

Nach mehrfachem gelinden Arrest, oder wenn Trunkenheit und Widerspenstigkeit constatirt ist, kommen die kleinen Cachots an die Reihe, welche rings um einen Hof laufen, und in welche man über eine Gallerie mittelst zweier Treppen gelangt. Diese Behälter, in Stein gemauert und mit Cement verputzt, so daß sie auf dem Fußboden und Wänden lauter platte Flächen bilden, sind so kurz, schmal und niedrig, daß der darin Befindliche weder stehen, noch liegen, noch sitzen kann, sondern in eine gewundene, spiralartige Stellung seinen Körper richten und zwängen muß, um ihn überhaupt nur zu placiren. Daß von einer Ruhe hierbei nicht die Rede, und die Lage gewiß nicht erträglicher als das Sitzen auf Latten ist, dürfte keinem Zweifel unterliegen. Die Zeit des Verweilens in diesen Räumen geht von drei Tagen bis zu sechs Wochen. Von sechs und zwanzig Cachots dieser Art fand ich ein und zwanzig besetzt.

Die Thüren derselben lassen auch weder Licht noch Luft hinein.

Der dritte Grad der Strafe, gemeiniglich auf wiederholte Trunkenheit, Verkauf von Anstaltseffekten, thätliche Widersetzlichkeit zuerkannt, besteht in zwei bis drei monatlichem Liegen auf einer Pritsche in einem dunkeln Raume. Der Körper ist gerade ausgestreckt, die Arme sind gefesselt, die Füße dicht nebeneinander in eine Art Block, und zwar so fest gespannt, daß eine Bewegung des Körpers nach irgend einer Seite hin unmöglich, auch eben so wenig für natürliche Bedürfnisse eine andere Lage gestattet ist, sondern zu diesem Zweck nur einige Löcher in der Pritsche unter dem Liegenden vorhanden sind, und es ihm überlassen bleibt, sich damit einzurichten, wie er Lust hat. Den Zustand der hier Detinirten kann man sich denken, wenn man die vorhandene Atmosphäre und die amtliche Versicherung des Kapitain Jaeden berücksichtigt, daß durch dauernde eingezwängte Lage die Füße und Beine nach und nach in dem Grade abstürben, daß noch kein Gefangener diese Station nach einer dreimonatlichen Detention verlassen habe, der nicht wenigstens sechs Wochen hinterher auf beiden Füßen erlahmt und an Krücken gegangen wäre. In dieser Abtheilung lagen zehn leichenähnliche Körper.

Ich schauderte.

„Und doch, meinte mein Führer, ist unser System trefflich, und es ist den Individualitäten angepaßt und vielleicht noch nicht streng genug; wenigstens nicht so strenge, daß die Furcht davor den Reiz und die Versuchung zu neuen Vergehen überwände. Weshalb fänden Sie sonst auch Alles besetzt? Und was die

Hauptsache ist, wir conserviren dabei die Ehre! In den Gefängnissen Ihres Vaterlandes raubt man den Menschen die Ehre durch Prügel. Kein Schlag darf den Gefangenen bei uns berühren, denn er würde seine Ehre verletzen.

„Man martere, man tödte den Leib, mais qu'on conserve l'honneur! Ueberirdische Macht kann die französische Armee und die Nation vernichten, mais jamais son honneur et sa gloire.“ — Mais Monsieur, erwiederte ich, est-ce-donc l'humanité française?...

„Je vous demande pardon, entgegnete der Kapitain, nous avons bien nos menus plaisirs — verrons.“ —

Damit schritt er hastigen Schritt's voran, öffnete eine Thür, zehn Schritt von der eben beschriebenen Kammer, und wer theilt nicht mein Erstaunen? — Vor mir in einer großen Halle präsentirte sich ein zierliches Theater, mit Dekorationen, bunten Vorhängen, Orchester und Gallerie. Ein Theater in einem Gefängnisse, und in welcher Nachbarschaft! ein Theater Wand an Wand mit jener Marterkammer! Ob die Büßenden sich in ihrer dunkeln Einsamkeit wohl der lustigen Töne erfreuen, die sich bis zu ihnen verirren?

Die Bühne ist von den Gefangenen aus ihren Ersparnissen erbaut, die Dekorationen sind von ihnen gemalt, das Orchester wird von ihnen besetzt, und über den Brettern stolzieren im Kothurn die Gefangenen,

Männer und Weiber, Könige und Bettler, Freie und Sklaven darstellend, mit Pathos und Begeisterung — Victor Hugos Dramen, und Scribes Vaudevillen deklamirend und abgurgelnd. Alle Sonntage ist Vorstellung. Der Eintritt kostet zehn Centimen pro Person, und der Erlös wird gewissenhaft zur Anschaffung von Dekorationen, Kostümen und neuen Stücken verwendet.

Der Ernst, mit dem dieser Spaß getrieben wird, erscheint als eine teuflische Ironie auf die Umgebungen und das Leben überhaupt, und ich glaube gern, daß nur der Franzose sie nicht begreift, sondern unbefangen die Sache lediglich von der heitern Seite betrachtet.

Lucretia Borgia und „das Glas Wasser" wurden gerade einstudiert, und die Rollen mit einer Gewissenhaftigkeit auswendig gelernt, als ob alles Heil oder Unheil von dem Beifall oder Mißvergnügen des zuschauenden Publikums abhängig wäre.

Auch die Wahl der Stücke ist charakteristisch, denn die Ausgeburten einer verschrobenen Phantasie, Verrath, Gift, Dolch und Blutschande, wie sie Sue, Hugo und Dumas nur erfinden, sind die Lieblingsstudien, in denen sich Verbrecher vor Verbrechern versuchen.

Kapitain Jaeden rühmte mir die besten Acteurs als die ordentlichsten und fleißigsten Arbeiter, und gewissermaßen als Muster für ihre Commilitonen, und Einer von diesen, der den Bolingbroke darstellen sollte, ein schöner Mann, früher Mediziner, dann Theologe, darauf Commis voyageur, und zuletzt Sergent der Chasseurs d'Afrique, mit dem ich mich über die Sache unterhielt, versicherte mich, daß es ihm ein unbeschreibliches Vergnügen mache, Rollen einzustudieren, daß er darin eine große Erleichterung seiner Lage, die er darüber fast ganz vergesse, finde. Er behauptete, während des ruhigen Arbeitens ungemein rasch, besonders Verse, auswendig zu lernen, und glaubte, ein Mittel hierzu liege in der taktartigen regelmäßigen Arbeit des Grabens, wie er umgekehrt dabei blieb, daß er die Anstrengung des Arbeitens fast gar nicht empfinde, da ihn der Rhythmus des Gedichts nöthige, mit entsprechender Gleichförmigkeit den Spaten zu handhaben. Er fügte hinzu, daß er während des Lernens und Ueberhörens mechanisch fortarbeite, und dabei so in sich versunken sei, daß er weder höre noch sehe, was rings um ihn vorgehe, aber sich selbst deklamirend im Kostüm seiner Rolle erblicke — wobei es ihm nur störend wäre, in Scenen, wo er allein zu thun habe, durch die Schatten seiner benachbarten Arbeiter beunruhigt zu werden. Mit Berücksichtigung dieses Umstandes war ihm auch, auf ächt französische Weise gestattet, stets allein zu arbeiten, was er dazu benutzte, um den ganzen Tag hindurch Scenen, bald tragischen, bald komischen Inhalts mit lauter Stimme zu recitiren, wobei er dann auch nicht verfehlte, seine Mitspieler, mit besonders betonter Stimme redend, mit aufzuführen. So kam es denn, daß im Laufe des

Tages die Aufseher oft in seine Nähe traten, oder Fremde und Neugierige hinführten, die dort Platz nahmen, sich einige Zeit ergötzten, und in der Regel ein kleines Geschenk für ihn zurückließen, stets in der, durch die Aufseher bestärkten Meinung, daß der Schauspieler während des Recitirens taub und blind sei, wie ein balzender Auerhahn. Wahrscheinlich ist der Künstler aber ein Fuchs, der sein Publikum genugsam kennt, um es auf eine feine Weise auszubeuten, sich den Ruf einer seltenen Erscheinung zu sichern und in seiner fleißigen Bescheidenheit den Vorwurf der Eitelkeit und der Bettelei von sich zu weisen.

Aus dem hellen Theaterraume führte man mich in die dunkle Kapelle, ein zweihundert Fuß langes Tonnengewölbe, ohne alles Tageslicht lediglich von der vor dem Altar hängenden ewigen Lampe erhellt. Dieser Raum liegt so tief und naß, daß der Fußboden ganz aufgeweicht ist, und man bis an die Knöchel in Schlamm watet, wenn man das Brett verläßt, das in der Mitte liegt, und dem Aufseher eine trocknere Passage gewährt.

Diese sogenannte Kapelle bildet den unheimlichsten und ungesundesten Raum von Allen. Sie wird übrigens auch nur von Wenigen besucht, da Niemand gezwungen ist, der Messe beizuwohnen, und Sonntags, wenn dieselbe abgehalten wird, die Meisten in der Theaterprobe beschäftigt sind, und weil der nasse, schmutzige Boden das Niederknieen erschwert, und trotz der desfallsigen Vorstellungen der Gefangenen, das Dielen, Pflastern oder Befestigen des Fußbodens der Kapelle abgelehnt wurde.

In unsern Gefangnenhäusern kann es auch im Betsaal nicht hell genug sein, um jede Communication unter den Gefangenen bemerken, und verhindern zu können — während man zu diesen Zusammenkünften in Algier einen so dunkeln Raum wählte, daß die Beobachtung der Gefangenen schon aus diesem Grunde ganz unmöglich sein muß.

An die Kapelle stößt der zur Aufnahme Kranker bestimmte Saal, hell und geräumig. Sind auch die Kranken nicht allzu bequem gebettet, so läßt die Pflege doch Nichts zu wünschen übrig, und der Arzt in seinen regelmäßigen Besuchen sorgt dafür, daß die von ihm für nothwendig erachteten und verschriebenen Medikamente auch wirklich geliefert und verbraucht werden.

Mein Geschenk in die Krankenkasse erregte die Theilnahme der Umstehenden, noch mehr aber der erbetene Beitrag zur Robe der Lucretia Borgia, welche durch einen kleinen, blonden Schweitzer dargestellt, am nächsten Sonntag, ihrem Stande gemäß, die Bühne betreten sollte.

Beim Hinausgehen dachte ich darüber nach, was wohl in den Augen des Gründers dieses Gefängnisses, welches sich des durch Frankreich weit verbreiteten Rufes eines Mustergefängnisses erfreut, der Zweck der Strafe, und welches die Mittel zu seiner Erreichung sein möchten.

Wiedervergeltung für verübtes Unrecht, der Zustand des Leidens und Entbehrens kann durch die Behandlung während der Detention nicht beabsichtigt sein, denn Diejenigen, welche sich der Hausordnung fügen, haben neben ihrem täglichen Arbeitspensum Kost, Kleidung und Vergnügen nach Bedürfniß, und Diejenigen, die sich nicht fügen, werden durch die strenge Disciplin nicht für das Vergehen, das ihnen den Freipaß in's Gefängniß ausfertigte, bestraft, sondern für den Unfug und das Auflehnen gegen das Hausgesetz, weshalb man die für ihre unerlaubten Handlungen im Gefängnisse Büßenden auch weiter nicht zu bedauern braucht.

Ob Besserung der Verbrecher durch die Detention vom Obersten Marengo beabsichtigt war, scheint mir noch problematischer, wenigstens hat sich in diesem Falle der Gründer des Instituts über die Mittel, Besserung zu erreichen, vollständig getäuscht. Woher Besserung in solchem Zusammenleben und Wirken, wo der Einzelne zum Nachdenken weder Gelegenheit noch Raum oder Zeit findet; wo es auch Niemand der Mühe werth hält, sich um den Einzelnen zu kümmern, sich mit ihm zu beschäftigen und zu erforschen, was ihm Noth thut; wo es dem Geistlichen gar nicht gestattet ist, sich den Gefangenen anders als während der Messe zu nähern, wo er, im Amte beschäftigt, und in der herrschenden

Dunkelheit nicht einmal erkennen kann, wer und wie viele ihm gegenüber stehen, — und wo der Einzelne nur alle vier Wochen die Erlaubniß, zur Beichte zu gehen, nachsuchen darf, und diese nur für den Fall erhält, daß nicht schon zwei Dutzend Anmeldungen notirt sind, denn mehr als vier und zwanzig Bußfertige braucht der Geistliche für die zwei Stunden dauernde Beichte nicht anzunehmen?

Wenn der Gefangene aber nicht zum Nachdenken kommt, wie soll er zum Bewußtsein der Reue gelangen? wie den Vorsatz zur Besserung erringen? wie Kraft gewinnen, um dereinst diesen Vorsatz zu verwirklichen?

Und doch erfüllt diese Anstalt als Arbeits-Institut ihren Zweck in manchen Beziehungen vollkommen; Algiers Spaziergänger haben hübsche Promenaden, die Naturfreunde schöne Gewächse und Aussichten, die Küchen vortreffliche Gemüse, die Regierung zahlt geringe Zuschüsse, die Gefangenen sind fleißig und guter Dinge', der Gründer ist stolz auf seine Schöpfung, und das Gesetz ist erfüllt durch die Verurtheilung und die Abbüßung der Strafzeit, während welcher die Verbrecher für das Publikum unschädlich gemacht sind. —

Nun, wenn Alle zufrieden, die mittelbar und unmittelbar, aktiv und passiv dabei betheiligt sind — wie käme es mir da wohl zu, noch irgend Etwas tadeln oder vermissen zu wollen?

Die Haltung des französischen Militairs, so weit ich solches in der Stadt auf Paraden, Posten und in Exerzitien zu beobachten Gelegenheit gehabt, hat mir wohl gefallen. Die bewegliche Heiterkeit und Geschwätzigkeit vor dem Antreten und während der Pause des Exerzierens löst sich rasch und vollständig in den strengsten Ernst, sobald das erste Commandowort erschallt. Die Achtung vor dem Offizier scheint fest begründet, obgleich sich derselbe dem Soldaten näher anschließt, als ich dies in anderen Armeen bemerkt habe. Außer dem Dienst habe ich häufig Offiziere in unbefangener scherzhafter Unterhaltung mit gemeinen Soldaten auf der Straße gehen sehen, und in Kaffeehäusern traf ich mitunter einzelne Soldaten an Tischen, in deren Nähe Offiziere Platz genommen hatten. Der Grund hiervon liegt ohne Zweifel in dem Kriegszustande des Landes, der die Truppen zwingt, unausgesetzt Gefahr und Beute zu theilen, und sich wechselseitig und kräftig zu unterstützen. Auf dem Place Chartres war großer Zapfenstreich, um die Einweihung der durch den Herzog von Nemours der Stadt geschenkten neuen Wasserleitung, und der zur Dekoration derselben errichteten großartigen Fontaine mit einem schönen Doppelbecken von weißem Marmor, zu feiern. Hier sah man Truppen jeder Waffe. Am besten gefielen mir, ihres ächt kriegerischen Aussehens und der Zweckmäßigkeit der Bekleidung wegen, die Zouaven und die Chasseurs d'Afrique zu Pferde.

Die Ersteren tragen, obgleich größtentheils Europaer, mit einigen zweckmäßigen Abänderungen, die Landestracht.

Ein weißer Turban um einen rothen Fez mit blauen Puscheln, starke Schuhe mit weißen Kamaschen und gelbledernen, von den Knöcheln bis an die Kniee reichenden Strümpfen, bis dahin hinabfallende Pumphosen nach türkischem Schnitt, das heißt, vorn und hinten einen Beutel bildend, Tuchkamisol mit langen Aermeln und farbigen Aufschlägen, darüber eine blaue Tuchweste ohne Aermel mit vielen kleinen Knöpfen, einen bunten wollnen Gürtel. Sie gehen in bloßem Halse, und tragen Nachts oder bei schlechtem Wetter einen ganz kurzen, bis an die Ellenbogen reichenden Mantelkragen, mit einer über den Kopf reichenden Kaputze. Die Waffen bestehen in einem Gewehre und kurzem geraden Säbel ohne Bügel am Griff. Die Patrontasche tragen sie am Gürtel, grade hinten unterm Tornister, welcher an zwei Riemen, die über der Brust nicht verbunden sind, hängt. Die Chasseurs d'Afrique haben ganz kleine Casquets oder Czapkas mit wehendem Haarbusch und gerade abstehendem Schirm, hellgraue Litewken mit gelben Aufschlägen, Kragen und Knöpfen, weiße Bandeliere, gelb messingne Epauletts mit Schuppen und Drahtgeflecht, große weiße Stulphandschuhe, rothe und weiße Hosen, die innen so wie vom Knie abwärts rings herum mit Leder besetzt sind, und das Ansehen von hohen Reiterstiefeln gewähren. Sie sind vortrefflich beritten, und haben, mit wenigen Ausnahmen, lauter afrikanische, ziemlich große Pferde, welche allein das Klima ertragen, die Terrainhindernisse überwinden können, und von hinreichender Ausdauer und Schnelligkeit sind, um sie den Arabern gegenüber mit Nutzen im Kriege zu gebrauchen. Ich war öfters in den Kasernen des Regiments in Mustapha Pascha vor dem Thore bab-a-zoun. Die Soldaten liegen zu halben Escadrons in leichten scheunenartigen Baracken, und die Pferde stehen in langen halboffenen Bretterschuppen. Die Pflege und Sauberkeit derselben war tadellos. Allen waren die Haare des Schweifes ganz abgeschnitten, so daß die Rübe desselben nackt erschien; man thut dies, damit das Pferd im raschen Rennen kein Hinderniß und Aufenthalt in den stachlichen Kaktusgehegen finde. Ich sah recht tüchtige und sehr dreiste Reiter unter den Jägern, welche das Vorurtheil vom schlechten Sitz und der Unsicherheit der französischen Kavallerie zu widerlegen sich bemühten; doch muß man auch hierbei erwägen, daß diese Regimenter (es standen sechzehn Schwadronen in Algier) nur zum kleinern Theil aus Franzosen bestehen, daß sie immer zu Pferde, und meistentheils auf die Tüchtigkeit und Flüchtigkeit ihrer Thiere angewiesen sind, da der Angriff und Rückzug stets im raschen Laufe statt finden. Der Choc geschieht ventre à terre. Gelingt er, wird der Feind geworfen, so wird er im starken Gallopp verfolgt, und ihm dabei so viel Waffen und Köpfe als immer möglich, abgenommen; mißlingt der Angriff, so daß ihn der Feind aufhält, so jagen die Angreifer zurück, wo möglich noch schneller als sie gekommen.

Es ist übrigens eine saubere Gesellschaft in diesen Regimentern vereint, man möchte sagen, der Ausschuß aus der europäischen Jugend, und kann man ihr auch das Zeugniß der Mannszucht, Abhärtung und einer tollkühnen und verwegenen Tapferkeit nicht versagen, so macht diesen Jägern dafür auch Niemand den Vorzug streitig, hinsichts ihrer Sittenlosigkeit, und der Bestialität, mit der sie morden und plündern, unübertroffen zu sein.

Ueber den Zustand der Verwaltung in administrativer und finanzieller Beziehung, wie er durch die verschiedenen Epochen der aufeinander folgenden Systeme der General-Gouverneurs vorbereitet, sich bis jetzt ausgebildet hat, über die wachsende Wichtigkeit des Hafens und Handels von Algier, und über die Entwickelung, Ausdehnung und muthmaßliche Zukunft des Bugeaud'schen Princips der Sicherung der französischen Besitzungen, die Art seiner Colonisationen, die sich nicht von einem festen Kern nach außen nach und nach verbreiten, sondern von isolirten Punkten aus, sich gleichzeitig nach allen Richtungen hin consolidiren sollen — behalte ich mir vor, zu einer andern Zeit mein Urtheil auszusprechen.

IV.

Das Untersuchungs- und Detentions-Gefängniß in Barcelona.

Wer von Marseille nach Barcelona will, sollte nicht den kürzern Weg zu Wasser wählen, sondern nur zu Lande reisen.

Die Fahrt selbst macht man rasch, bequem und nicht theuer, und die Tour über Aix und Beaucaire in die Departements der Obergaronne und Ostpyrenäen, das vormalige Languedoc, Foix und Roussillon, gewährt so reiche Abwechselung und führt durch so viele Naturschönheiten und interessante Städte, durch ihre Lage, Gewerbesthätigkeit, oder vorzüglich merkwürdige und wohlerhaltene Alterthümer sehenswerth, und man lebt dabei so vorzüglich gut, gemüthlich und billig, daß man sich des Lästigen einer Reise zu Wagen gar nicht bewußt wird. Von Beaucaire bis Nismes fliegt man auf der Eisenbahn über die unabsehbaren Olivenniederungen hinweg, um sich dann in Nismes mit rechtem Genuß an dem römischen Amphitheater, das dem Veroneser wenig nachgiebt, an der

C. IV. Seite 140.

zierlichen maison carrée mit ihrer interessanten Sammlung, und dem Thurm des Augustus zu weiden. Bis Montpellier bleibt man in den prächtigen, durch die Cevennen begränzten Ebenen, wie in einem Zaubergarten, dessen Fruchtbarkeit und sorgfältige Bestellung gleiche Bewunderung erregt, als die Abwechselung und der Reichthum der südlichen Vegetation, die reizenden Villen, und die kastellartig auf Hügeln zusammengedrängten alten Städte, die schönen gothischen Kirchen und der klassische Boden, der überall Antiquitäten und Denkmäler aus der Römerherrschaft her aufweist.

In Montpellier war Messe, und im buntesten Gemisch drängten sich Stadt- und Landbewohner, Vornehme und Geringe, Bürger und Soldaten, Priester und Weiber, Große und Kleine um die wunderbarsten Sehenswürdigkeiten. Unter den Schaustellungen war mir ein kleines Theater am interessantesten, zu dessen Besuch ein halb geistlich gekleideter Hanswurst, bald mit Trommel und Trompete, bald mit brüllender Stimme einlud, und für den mäßigen Eintrittspreis von fünf Sous pro Person, die wahrheitsgetreue Vorstellung der Versuchung des heiligen Antonius verkündete.

Hätte in der scenischen Darstellung, welche vor einem zahlreichen Auditorio mit Tanz und Gesang in Prosa und Versen abgeleiert wurde, nicht der Pabst auf dem Esel gefehlt, so würde ich eine Wiederholung der im Mittelalter öffentlich aufgeführten Narrenkomödien zu sehen geglaubt haben. So konnte ich mir eine Profanation des Heiligen in einem streng katholischen Lande, in einer Stadt, in welcher der Sitz eines Bischofs, eine Menge von Kirchen und Klöstern und ein geistliches Regiment besteht, nicht erklären. Auf Gebete und Choräle folgten Zoten und Gassenhauer, die Versucher und Versucherinnen traten theils im glänzendsten, theils ganz ohne Kostüm auf, zu welchen Letzteren ich zwei weibliche Wesen zähle, deren nothdürftigste Verhüllung fast nur aus Feigenblättern zusammengenäh: war; die Scene wechselte mit Kirchen, Schlössern und Tavernen, und unter den auftretenden Personen erschienen nebst männlichen und weiblichen Teufeln, Pr:ester und Bischöfe am häufigsten.

Die Zuschauer amüsrten sich köstlich, und mehrmals wurde die ganze Bude von dem unauslöschlichen Gelächter und Applaus so erschüttert, daß ich für ihre Sicherheit besorgt wurde.

Ich drängte mich hnaus, und suchte und fand frische Luft und Erholung in den Promenaden und Gärten der Stadt. Der Peyrou ist die schönste öffentliche Anlage, die ich irgendwo angetroffen. Nicht allein die Aussicht in die fruchtbare Ebene, über die schneebedeckten Gebirge und über die alte Stadt mit ihren Thürmen, Kirchen Mauern und Thoren, sondern der Geschmack und die Großartigkeit des Planes, und die Ausführung desselben, so wie die Sorgfalt, mit der das Ganze unterhalten ist, sind bemerkenswerth. Die terrassenartig aufsteigenden Partien des Gartens sind durch Balustraden, zierliche Gitter, breite Aufgänge und großartige Doppeltreppen mit Statuen, Blumenvasen, Fontainen, Fischweihern und Ruhebänken verbunden, getrennt und geschmückt. Alles im reichsten Style der Zeit Ludwig XIV. in solidem Sandstein oder bronzirtem Eisen. Die Statue Ludwigs zu Pferde übersieht seine Schöpfung, deren Rasenplätze, Bäume und Blumen eine reizende Mannigfaltigkeit entwickeln, welche zugleich mit der Stadt ihren Wasserbedarf über einen Aequadukt beziehen, der in den schönsten Verhältnissen fur Jahrhunderte gebaut, wie eine mächtige Wasserschlange von den fernen Bergen herab durch die Ebene sich windet.

Von Beziers ab, wo der Weg an der Küste über die Aude in einer sterilen Felsabdachung fortläuft, nach Narbonne, mit seinen alten Kathedralen und den römischen Mauern, bleibt die Umgebung kahl und einförmig wie das Meer dahinter, das wenig belebt ist. Die sorgsam kultivirten süßen und feurigen Weine, Lünel, Roussillon, Frontignac und Rivesactes gedeihen auch in den Gebirgskersten; ihre Pflege erfordert aber viele Mühe. Noch weiter hin hört der Getreidebau fast ganz auf, bis man, besonders in den Umgebungen von Perpignan durch diee großartigsten Berieselungsanlagen dem unfruchtbaren Boden Leben abge=

wonnen und Wiesen, Felder und Gärten hervorgezaubert hat; die mit klarem fließenden Wasser gefüllten Schleusengräben, welche die Blumen-, Frucht- und Obstgärten umgeben, erscheinen, wenn sich der reine Himmel in ihnen spiegelt, wie blaue oder Silberbänder, welche die zierlichen Sträuße umfassen.

Von Perpignan läßt sich wenig erzählen. Aufgefallen sind mir die vielen Zinnen an den Mauern, die merkwürdig große Hauptkirche, das alte gothische Hôtel de ville und die vielen hübschen braunen Mädchen in den weißen Hauben, deren Modell auch der gothische Spitz- und Spitzenbogen gewesen zu sein scheint. Ein treffliches und äußerst billiges Wirthshaus, das Hôtel du midi, die verschlammten Wallgräben und die desolaten Festungswerke sind nicht zu vergessen, weil sie eine große Sorglosigkeit Frankreichs verrathen, das an eine Vertheidigung der Festung nicht zu denken, oder wenigstens einen Angriff von Spanien für so nichtssagend zu halten scheint, daß es sich nicht der Mühe und Kosten verlohne, das Fehlende und Verfallene wieder herzustellen.

Wie alle spanische Posten um drei Uhr Morgens ausfahren, so auch die Diligence von Perpignan. Um halb fünf Uhr langten wir auf der letzten französischen Station in le Bouloy an. Von hieraus hat man einen unbeschreiblich schönen Blick auf die tief hinab mit Schnee bedeckte Kette der Pyrenäen, aus denen sich mächtig das stolze Haupt des Canigou acht tausend sechshundert Fuß hoch erhebt. Der Puignal mit gewölbtem Rücken streckt seine riesigen Glieder nach Westen zu aus, um dem dahinter lagernden Perdu, (achttausend neunhundert Fuß hoch) der mit seinen gespitzten Ohren hinüber lauscht, die Aussicht nach Frankreich nicht zu verdecken.

Nun hebt sich die Straße; immer steiler klimmt sie bergauf, windet sich mühsam an dem schwindelnden Rande der Gebirgsbäche hinauf, welche über Felsblöcke hinab in den Ter eilen — stolpert dann auf rauheren Pfaden bergauf und bergab, bis sie in ziemlich gerader Richtung unter den Kanonen des Kastells Bellegarde bis auf den Gebirgskamm steigt, wo diesseits hinter dem sorgfältig verschlossenen Schlagbaume ein Heer französischer Douaniers und Soldaten, und gegenüber in gleich starker Anzahl spanische Milizen und Schaaren müßiger Zöllner an der niedergelassenen Barriere lauern und über die ehrlichen Leute herfallen, sie mit Päßen und Visitationen chikaniren und mit höflichen und unverschämten Betteleien rupfen und auslachen, während ganze Kolonnen von Schleichhändlern, die sich vorher mit den Argusaugen abgefunden, und ihnen zwar nicht Sand aber doch Geld hineingeworfen haben, zu Fuß und zu Esel, beladen und bewaffnet, rechts und links bei ihnen vorüber in den Schluchten bergauf und bergab ziehen, und systematisch einen Verkehr organisirt haben, der von Vielen, weil man ihn für zuverlässiger als die

Posterpedition hält, statt dieser mit Erfolg zu Privat-Korrespondenzen und Sendungen in das Innere des Landes benutzt wird.

Nach barschen Fragen und klingenden Antworten rollten wir nun nach Spanien bergab, indem sich unsre Gesellschaft um fünf Personen vermehrt hatte. Zwei spinatgrün uniformirte, mit eigelben Aufschlägen geschmückte Lanciers mit roth geflaggten Lanzen und scharf geladenen Karabinern, begleiteten uns in scharfem Trott zu beiden Seiten des Wagens, während drei Infanteristen in grauen Kapotröcken und Leinwandsandalen über die nackten Füße gebunden, mit ihren langen Musketen oben auf der Imperiale Platz genommen hatten. Die Bedeckung wurde auf jeder Station abgelöst, die Kavalleristen mitunter schon auf der Hälfte derselben. Unser Eintritt in die Provinz oder das Königreich Catalonien war nicht allzu freundlich. Der Himmel bewölkte sich, der Canigou zog sich eine Kappe über das Haupt, und die Wiesen hüllten sich in dichten Nebel ein, der uns im Kabriolet bald durchnäßte und schwer auf die Geruchsnerven fiel, während die zur Zeit des Bürgerkrieges hier, wie in ganz Spanien aufgerissenen Chausseen uns so zusammenschüttelten und betäubten, daß wir uns alle sehr auf die Frühstücksstation freuten.

Endlich fuhren wir in die erste spanische Stadt ein. Die Hauptstraße von la Junquera nahm unsre Diligence auf, und wurde dadurch für die Zeit unseres

Aufenthalts für jede Passage vollständig verstopft. Der Himmel hatte sich unterdessen erhellt, und die Sonne leuchtete so klar herab, daß wir ohne Gläser die spanische Unsauberkeit, die uns umgab, wahrnehmen konnten. Alles war hier schmutzig, das Pflaster, die Häuser, die Menschen, die Thiere, mit Ausnahme der schwarzen, an Kettchen von Weibern geführten kurzhaarigen Schweine.

Mitten durch die schlammige Straße bahnte sich ein Rinnstein den Weg, durch welchen klares Wasser floß. An diesem lagen viele schmutzige Männer und Frauen und Haufen schmutziger Wäsche, um sich und die Wäsche zu waschen. So reingewaschene Wäsche und Menschen lagen und hingen weiterhin zum Trocknen auf Steinen, Sträuchern und Misthaufen, und für eine spanische Stadt sah es ländlich genug aus. Die Steuerbeamten geboten uns, im Wagen sitzen zu bleiben, zündeten mit Ruhe ihre Papiercigarren an, und stiegen dann zu uns in den Wagen, indem sie die Summe vorschrieben, die wir zahlen mußten, um nicht in den Schmutz mit unsern Sachen hinabzuklettern, und sie auf offener Straße auszupacken. Obgleich durch die Zahlung die Sache sehr kurz abgemacht war, so erschienen doch nach einander ein Halbdutzend dieser Raubvögel, welche Geld für die Mühe verlangten, die sie und wir gehabt haben würden, wenn unsre Sachen wirklich revidirt worden wären.

Es war in la Junquera alles so unbehaglich und

unappetitlich, daß ich auf das Frühstück verzichtete, und mich mit dem Mittagsessen vertröstete. Die Bespannung wurde nun spanisch. Vor unsern Wagen legte man zwei Pferde und sieben Maulthiere. Die Erstern, die an die Deichsel gespannt waren, hatten Kreuzleinen, die Maulthiere, die zu zwei, zu drei und vorn wieder zu zwei gingen, wurden nicht gelenkt. Das Geschirr war ziemlich zerlumpt, die Kopfgestelle mit Quasten, Büschen und Troddeln von Wolle und Sammt, in blau und rother Farbe geziert, und mit Klingeln und Schellen versehen. Die Maulthiere waren schön, groß, stark, von kräftigem Knochenbau und sämmtlich schwarz. Den Schweif trugen sie in vielen schmalen Flechten, um die Rübe eng gewunden, und oben mit einer rothen Bandschleife befestigt. Den Maulthieren und Pferden war Hals, Rücken und Brust bis zur Mitte des Körpers, wo die Stränge liegen, ganz kurz abgeschoren, angeblich, damit sie weniger von der Hitze leiden sollten. Der Kondukteur fuhr vom Bock; auf dem vordersten Gespann ritt der Zagal oder Vorreiter, ein in diesem Lande eigenthümlich stehender Charakter, dessen Habitus und Manieren von Barcelona bis Cadix immer dieselben sind. Der Zagal ist vierzehn bis sechzehn Jahr alt, schlank, gewandt, lustig und durchtrieben. Er geht barfuß oder in Sandalen, trägt weiße leinene oder kurze enge blaue Sammthosen, eine runde braune, mit wollenen bunten Tressen besetzte Jacke, eine rothe Mütze, darüber einen mit schwarzen Quasten besetzten spitz zulaufenden Sammthut und die, keinem Spanier fehlende Capa. Diese besteht aus einem buntstreifigen wollenen Zeuge, unten nach Art eines Sackes zusammengenäht, um den linken Ellenbogen darin zu tragen, wenn das Ende des Mäntelchens über die Schulter geworfen wird; im Regen wird die zusammengeheftete Spitze wie eine Kapuze über den Kopf zugestülpt, oder der Kopf durch einen in der Mitte befindlichen Schlitz gesteckt, so daß das Zeug nach vorn und hinten glatt herunterfällt. Nachts wickelt man sich fest hinein, wie in eine Decke.

Das Hauptmerkmal des Zagal ist seine nie ruhende Beweglichkeit. Bald sitzt er auf dem Vorderpferde, dann springt er hinab, schwingt sich auf das zweite Gespann, trabt eine Strecke zu Fuß nebenher, ruft jedes Thier beim Namen, schlägt auf das eine, lobt das zweite, spielt mit dem dritten, neckt das vierte, hängt sich an das fünfte, hockt auf dem sechsten. Plötzlich schwingt er sich auf den Wagen, tanzt, pfeift, lacht, singt und schreit wie besessen, läßt sich mit einem Satz von dem Wagenhimmel wieder hinab, und springt während des Fahrens auf die Pferde. Es ist eine Affennatur, und er seinen Sätzen und Kapriolen nach auch äußerlich für ein solches Thier zu halten. Man fährt bergab ventre à terre, bergauf sehr langsamen Schrittes, auf ebener Erde abwechselnd Schritt und Galopp, so daß man im Ganzen nicht so rasch vorwärts kommt, als wenn man im regelmäßigen Trabe bliebe. Die Stationen sind kurz. Die Gespanne erwarten die Diligence überall auf der Straße; die Umspannung erfolgt so rasch, daß die Soldaten kaum Zeit haben hinauf und hinab zu klettern. Wir durchfuhren fruchtbare Gegenden. Das Land war ziemlich hügelig. So weit es bestellt werden konnte, war es sorgfältig bebaut; das Getreide stand hoch, rein und üppig.

In der berühmten Ebene von Ampurdan waren hin und wieder Parthien von Oliven, Platanen und Obstbäumen, zwischen denen einzelne schwarze Cypressen einsam in die Höhe starrten; auf den Bergen drängten sich dicke Fichten, Korkeichen und Pinien. In der Nähe der Dörfer sah man Weinberge, Blumengärtchen und Hecken von Canna indica und Aloestauden.

Die Landstraße war sehr belebt. Tartanen mit vier Rädern und zwei Pferden, und Galeeren mit zwei Rädern und einem Pferde flogen bei uns vorüber; dies sind Plau- oder Planwagen, von außen mit Säulen, Figuren und Blumengehängen auf das bunteste und geschmackloseste bemalt. Von innen sitzt man auf zwei Bänken sich gegenüber, und steigt von hinten hinein. Anfangs hielt ich diese Fuhrwerke, deren Gespann, Lenker und Passagiere auf das Abentheuerlichste ausgeputzt waren, und sich durch Schreien und Lachen schon von Weitem bemerklich machten, für herumziehende Schauspielertruppen, bis ich mich überzeugte, daß sich dies Schauspiel überall wiederholte, und das öffentliche Auftreten des Spaniers, seine Physionomie, sein Blick, seine Tracht, sein Gang, seine Stellungen, die hinbrütende Ruhe, die aufflackernde Leidenschaftlichkeit, der Pathos in seiner Rede und seine Gesten, ihm eine natürliche Anlage zur dramatischen Kunst gewähren, so wie die Natur der Pyrenäenhalbinsel und deren Mannigfaltigkeit, an Berg und Thal, Hitze und Kälte, Fruchtbarkeit und Sterilität, Land und Wasser und deren prächtige Bauwerke römischen, maurischen und gothischen Ursprungs, einen immer wechselnden malerischen Hintergrund für die Bühne abgeben. Berücksichtigt man demnächst, wie sich kaum irgendwo mehr als in Spanien die Extreme des Lebens so nahe berühren, Reichthum und Armuth, Sitteneinfalt und Rohheit, Bigotterie und Verachtung der Religion und ihrer Diener, der Fleiß und die Gewerbethätigkeit Cataloniens gegenüber dem privilegirten Müßiggange der Andalusier, die geistige Regsamkeit in Valencia und der Stumpfsinn in Galicien, dazu der Hochmuth und Titelsucht des Adels, unter dem das Geschlecht der Colibrados das Verbreitetste und Mächtigste gewesen und bleiben wird, die Genußsucht des Volkes in öffentlichen Festen, Tanz und Stiergefechten, die Bürgerkriege mit ihren Gräueln, das Mißtrauen und die Erbitterung aller Parteien gegen die Regierung: so dürfte dies Land und Volk vorzugsweise geeignet und berufen sein, den vorhandenen reichen dramatischen Stoff dramatisch zu bearbeiten, und nicht aufhören die Rollen auf dem Welttheater zu besetzen.

In Figueras, einer Feste ersten Ranges, das heißt, bevor sie in den jetzigen desolaten Zustand gesunken war, wurde der Wagen gewechselt, und den Passagieren eine Stunde Zeit vergönnt, um zu essen, sich auszuruhen und die Stadt in Augenschein zu nehmen. Es war Jahrmarkt, und auf dem durch hohe Häuser umgebenen Hauptplatz ein solches Gedränge, daß die zahllosen spitzen rothen Mützen von Weitem wie ein ungeheures Bund Schwefelhölzer erschienen. Mit Ausschluß der ausdrucksvollen Physionomien der Männer, der glänzenden Augen der Weiber, des Naturzustandes der Kinder ist mir in dem Gewühl von Menschen und Eseln, in welchem sich letztere durch Passivität offenbar am anständigsten benahmen, nichts aufgefallen, was ich nicht auf tausend anderen Märkten gerade ebenso gefunden hätte. Rauchen, Trinken, Spielen und Zanken waren auch hier die Hauptelemente der Lust. Zum Tanzen war es zu heiß, zum Singen zu laut, zum Prügeln zu eng und zum Liebäugeln zu hell. Behaglich war es nicht sich durch die Menge zu winden, denn der Stolz des Spaniers, Untergebenen, Schwächeren oder Fremden gegenüber, ist überall derselbe, mag er in das enge Hofkleid des Vornehmen eingeknöpft, an den Degen des Offiziers gespießt, in die Robe des Beamten gehüllt, oder auf der offenen nackten Brust hinter der Bettlerjacke getragen werden. Ich weiß in der That nicht, ob die Anatomie des menschlichen Körpers, oder die Scheere und Nadel des Schneiders sich das Verdienst aneignen, diese erhabene sich er- und überhebende menschliche oder vielmehr göttliche Eigenschaft zu solcher Höhe in Spanien ausgebildet zu haben. Entweder muß der spanische Brustkasten hohler, die Rippenwölbung höher und die Brust selbst auswüchsiger construirt sein, so daß der Spanier den Kopf hintenüber werfen und fast verlieren muß, und die übrigen armen Menschen nur mit halbgeschlossenen Augen von oben ab bemerken kann, (d. h. wenn er nicht zufällig auch körperlich kleiner als sein Gegner, und dieser nicht vor Anbetung in die Knie oder die Erde gesunken sein sollte,) oder der Kleiderkünstler weiß die Falten des Mantels (Capa) so geschickt zu legen, daß das Kleid unfehlbar den großen Mann macht. Dies Sprichwort ist ohne Zweifel spanischer Herkunft. Der Spanier ohne Mantel ist nicht viel anders als der Hund ohne Schwanz; ihm den Mantel nehmen, hieße ihn seines Charakters, seiner Individualität, seiner Kraft und Grandezza berauben, und ihn moralisch tödten. Das Talent, den Mantel klassisch zu tragen, ist dem Spanier angeboren; er ist der Prototyp des Mantelträgers, wie er sein sollte, und ich zweifle nicht, daß die meisten Kinder in Spanien im Mantel geboren werden.

Die Hauptkunst besteht in der Art wie der Mantel getragen, das heißt, der rechte Zipfel desselben über die linke Schulter geworfen wird. Dabei sind vier Dinge zu beobachten:

A. Daß sich im Fassen oder Werfen der Rand des Mantels sechs Zoll breit umlegt, und von der Schulter hinten hinab ein Strich des buntfarbigen Futters herabhängt;

B. daß der Mantel, wenn er über die Schulter geworfen,

a. Kinn und Mund verdeckt,

b. noch Raum gewährt, um eventualiter die Nase hineintauchen zu können, damit man bei aufsteigendem Gewitter, Blitz und Donner aus dem rollenden Auge und zuckenden Braunen leuchten und drohen sehen, und

c. wenn es einschlagen sollte, den Kopf darüber verlieren und nur den Hut auf dem Mantel conserviren kann.

C. Muß die Bausche und Falte auf der Brust weit genug sein, damit

a. wenn der Frosch sich aufblasen will, er Platz genug behält, um den Stier zu beherbergen, und

b. in gesteigerten Affekten die Faust darunter zur Gestikulation Platz hat

um sie entweder nur ingrimmig zu ballen, oder zu Püffen vorzubereiten, oder sie mit der ultima ratio, der unfehlbaren Navaja (sprich Navacha) Messerklinge, zu überzeugenden Demonstrationen zu bewaffnen.

D. Muß der Faltenwurf des Mantels so schön und fließend sein, daß auf seine Harmonie die Bewegung des Körpers durchaus nicht störend wirkt.

Dies Mantelstudium beschäftigt vorzugsweise die spanische Jugend, die erst durch Beendigung desselben zur Mündigkeit promovirt. Der Reiche im Sammtmantel befolgt obige Regeln mit derselben Sorgfalt, als der Eckensteher und Hafenarbeiter mit seiner Mana (Mannia), und es ist wahrhaft komisch, den entblößten Bettler zu beobachten, wie er, nach empfangenen Almosen die Falten seines über die Schultern geschlagenen Lumpens ordnet und plättet. Ein zweites National-Institut ist die Papiercigarre, die Haupt-, ja bei Vielen die einzige Beschäftigung des Tages, der Wahn des Jahres und des Lebens. Die Art und Weise, die Bedächtigkeit und Peinlichkeit, mit der das Tabacksblatt aus der Tasche genommen, in der Hand mit den Fingern zerrieben, ein Papierblatt aus dem zu diesem Behuf immer vorhandenen Büchelchen ausgerissen, der Taback in dasselbe gedreht und befeuchtet wird, wie man den Feuerschwamm sucht, findet und zündet, die Cigarre ansteckt, dann raucht, kostet, sie im Munde bewegt und dreht, bis man die bequemste Lage dafür gefunden, langsam den glimmenden Schwamm ausdrückt, die Beine übereinander, die Arme untereinander schlägt, den Kopf nach einem Ruhepunkte suchen läßt, und sich nun in dem dolce far niente rauchend berauscht — Ach! diese Lust empfinden nur Opium schmauchende Türken oder kauende Chinesen, oder eigenhändig gedrehte Papiercigarren rauchende Spanier. In diesem alleinigen Punkte herrscht in Spanien Gleichheit und Einigkeit unter den Ständen. „Le suplico“ oder „Sirvase“ oder „Con permiso“ sagt der Vornehme oder der Offizier, während er einen Eseltreiber anhält, und seine Cigarre an der des Letzteren anzündet; muchas gracias (mutchas grassias) oder viva mil anos dankt der Eckensteher, nachdem er sich unbefangen von einem Vorübergehenden, sei er vornehm oder gering, Feuer erbeten und erhalten hat.

Sonstige Objecte, die man ihrer näheren Bezeichnung nach, als aus Spanien stammend oder damit in Verbindung stehend im Auslande kennt, erfreuen sich eben nicht ganz besonderer Achtung — als da sind: spanische Reiter, spanische Stiefel, spanische Kragen, spanischer Wein und spanisch-Bitter. Auch die Redensart „es kommt mir spanisch vor“ deutet eben nicht auf einen besonders angenehmen Zustand.

Doch kehren wir in's Wirthshaus und an die table d'hôte von Figueras zurück. — Die Häuser in den spanischen Städten sind nach italienischer Art gebaut; die Dächer ziemlich flach, mit Ziegeln gedeckt, oder mit Platformen versehen, um Betten, Matten und Menschen zu sonnen, frische Luft zu schöpfen, und in den Sommernächten oben zu schlafen.

Weitläufige Einfahrten, breite Steintreppen, hohe Flure, luftige Zimmer mit Balkonthüren, Fußboden von Cement oder Stein, dichte Reisstrohmatten vor den Fenstern, kurz Alles auf eine möglichst kühle Existenz in einem heißen Klima berechnet.

Das Charakteristische in der Bauart besteht in dem Patio, der Vorhalle, welche von der Straße und von innen, nach Art der maurischen Gebäude ihr Licht erhält, mit einer Fontaine und Blumen geschmückt ist, und in der schönen Jahreszeit Wohn- und Eßzimmer der Familie bildet. Jedem ist der Einblick in das häusliche Leben der Hausbewohner gewährt, denn das Thor nach der Straße ist stets offen, und nur Abends durch ein zierliches Eisengitter geschlossen.

Man kann sich wohl vorstellen, daß es einen eignen Reiz gewährt, Abends durch die Straßen zu wandeln, überall stehen zu bleiben und in das Familienleben zu blicken, wo man hier die Bewohner um die Abendtafel, dort am Spieltisch, da zu geselligem Vergnügen versammelt, oder zu ernstem Gespräch vereinigt findet. Bald hört man die schreienden Töne der Cither, oder zu den knackenden Kastagnetten sieht man die Mädchen sich im graziösen Bolero drehen, oder die Baile nacional tanzen, bald trifft man den Beamten in seiner Arbeit vertieft, bald einen heiteren Kreis lieblicher Mädchen mit Scherzen und Spielen sich belustigend. Und Niemand kümmert sich darum, ob man von außen her beobachtet wird, denn es ist einmal die Sitte so.

La comida, das Mittagsmahl war servirt. Das Tischtuch war jüngst mit schwarzer Seife gewaschen, und noch feucht, Servietten fehlten. Schüsseln, Gläser, Messer und Gabel reizten weniger zum Appetit, als das entbehrte Frühstück und die Aussicht vor Abend nichts mehr zu erhalten.

Es erschien sopa die Suppe und zwar caldo bouillon, dann pecho de carnero, Hammelbrust, und puchero, ein in Wasser gekochtes Gemengsel harter Erbsen, Bohnen, Kartoffeln, Reis, Mohrrüben, Petersilie und Kohl, ein Gericht was niemals auf der Tafel fehlt. Dann kam hueros estrellados, Setzeier pescado de mar, Seefisch und eusalade, ein Salat von pidias, Bohnen a pio, Sellerie, esparragos Spargel, den sich Jeder selbst auf seinem Teller präparirte und nach Belieben sal Salz, mostaza Mostrich, accite Oel und vinagre Essig mischte. Nun erschien volateria Geflügel, mit setas Champions und ternera Kalbsbraten. Den Nachtisch bildeten quesa und manteca, Käse und Butter, dulces Konfekt, pasas Rosinen, almendra Mandeln und narauja Orangen. Man trank vino tinto, Rothwein mit Wasser vermischt, und zahlte zwei Piecetten, etwa einen Gulden, setzte sich in den Wagen und fuhr mit elf reich geschmückten Maulthieren, stets mit der Militair-Eskorte, im stärksten Galopp die Alameda oder Hauptpromenade hinab, aus dem Thore hinaus, durch Feld und Wald, durch ausgetretene Gebirgswasser, über Höhen und

Ebenen gen Gerona, wo wir bei trübem Himmel um fünf Uhr einpassirten, und noch Zeit fanden, die uralten prächtigen Kirchen, das Gefangenhaus, die schöne antike Brücke über den Ter, die Promenade und sonstigen Merkwürdigkeiten in Augenschein zu nehmen.

In der Fontana doro ist man gut aufgehoben. Französische Meubles, Spanische Küche und Englische Bezahlung.

Um drei Uhr Morgens ging es weiter. Das Frühstück almuerzo wurde in Palafolls eingenommen, wo sich eine Gesellschaft angenehmer und gebildeter Leute zusammenfand, unter denen sich besonders zwei junge Offiziere auszeichneten, welche sich in mehreren Sprachen auszudrücken wußten, mit den politischen Verhältnissen sehr vertraut waren, und mir mit großer Zuvorkommenheit eine interessante Uebersicht über den Zustand Spaniens, der Regierung und deren Mängel mittheilten. Der Weg zog sich nun hart an der Meeresküste hin, und folgte den felsigen Windungen derselben über Catella, Arenys de Mar nach Mataro, in dessen Hafen für die spanische Marine einige kleine Fahrzeuge gebaut werden. Alle diese Küstenstädte bilden eben so viel kleine Festungen, indem sie sich an die überaus steilen Felsen lehnen, und die unbequeme Straße sich mühsam hinauf und zwischen Klippen hindurch windend, gerade hindurch führt, und durch zwei Geschütze und die festen Felsenthore vollständig gesperrt werden kann.

Auf der Höhe sieht man die ganze Küste entlang noch die wohlerhaltenen, von den Mauren erbauten Wartthürme, von welchen herab die ausgelaufenen Schiffer und Fischer vor seeräuberischen Ueberfällen gewarnt wurden. In den Städten, die wir passirten, saßen vor, oder in allen Thüren Frauen und Mädchen, welche Spitzentücher klöppelten, nähten und strickten. Die Straße war sehr lebendig; überall begegneten uns Frachtwagen, Karren mit Holz und Steinkohlen, beladene Saumthiere, Lastträger und Fuhrwerke mit Reisenden. Hier und da deuteten Fabrikgebäude auf die lebendige Entwickelung der Gewerbethätigkeit, welche Catalonien vor allen anderen Provinzen Spaniens vortheilhaft auszeichnet; die Städte Masnou und Badalone verriethen schon die Nähe der Hauptstadt. Viele Landhäuser und Gärten mit schönen Thoren und vergoldeten Eisengittern, zierliche Equipagen, Elegants auf schweren spanischen Rossen und der Staub auf der von hier ab sehr breiten, schlecht unterhaltenen Kunststraße mehrten sich, bis der Letztere den Sieg davon trug, unsre Rappen in Grauschimmel, unsre Haare zu weißen Perücken und sämmtliche buntgeschmückte Menschen in graue Nebelgestalten umwandelte.

Hoch über Barcelona erhob sich das Fort Montjuich auf einem Felsen, dessen grüne Matten und scharfe Umrisse aus weiter Entfernung sichtbar sind, und dessen Fuß vom Meere bespült, den schönen Hafen der Hauptstadt von Catalonien, des mächtigen Barcelona, begränzt. Catalonien, früher zum Königreich Aragonien gehörig, jetzt die Departements Barcelona, Tarragona, Gerona und Lerida enthaltend, dehnt sich in einer Breite und Länge von etwa vierzig Meilen aus, zählt vierzehn größere, zweihundert achtzig kleinere Städte, und eintausend achthundert Dörfer. Trotz der Gebirge, welche nördlich von den Pyrenäen herab, und südlich von der iberischen Kette heraufsteigen, ist das Klima mild, der Vegetation günstig, und das Land keinesweges, wie man sonst wohl ausgesprochen, unbebaut und vernachlässigt, sondern fleißig bestellt.

Zur Zeit der Römer schon zeichnete sich diese Provinz Tarraconensis, und ihre Hauptstadt, das jetzige Tarragona, durch gewerbliche Thätigkeit aus, und auch unter der darauf eintretenden Herrschaft der Westgothen, und später unter den Arabern, wie nach der Eroberung durch Carl den Großen, blühten Handel und Gewerbe, Künste und Wissenschaften und Gastfreiheit, und ritterlicher Sinn herrschte neben Freiheit und Selbstständigkeit, bis Philipp V. die ihr bis dahin bestätigten Fueros aufhob, und ihre Lebensadern durch unbillige Beschränkung des Handels und der Fabriken durchschnitt. Allein das Land hat sich damals nicht verblutet; neues Leben strömte durch seine Glieder, an den Küsten, in den Häfen, auf den Flüssen und in den Städten entwickelten sich Segel, regten sich Äxte, ertönten Hammer und Ambos, flogen die Weberschiffchen, schnarrten Maschinenräder, und arbeiteten Pferde und Maulthiere, um nach allen Richtungen hin die Erzeugnisse des Landes zu verfahren. Die Betriebsamkeit Barcelonas war stets ein musterhaftes Beispiel für die Provinz, und trotz der Prüfungen und Verluste, welche die Stadt erlitten, trotz der Drangsale während der Belagerung im spanischen Erbfolgekriege, während der Vertheidigung Minas und nach der Einnahme des französischen Invasionsheeres und der Opfer, die es in den mehrjährigen letzten Bürgerkriegen gebracht — findet man überall reges Leben. Dampfmaschinen, Kanonengießerei, Fabriken in Wolle, Baumwollen und Leinen-Waaren, Maschinenbaucreien, und der lebhafte Verkehr nach außen, erheben Barcelona mit Einmalhundert und achtzig Tausend Einwohnern zu einem eben so wichtigen Handels- als Kriegsplatze. Leider hat in neuerer Zeit die Unsicherheit des Hafens durch bedeutende Versandungen, denen man nicht kräftig genug entgegenarbeitet, sehr zugenommen. Ist es nun ein gewisses Selbstgefühl und Uebergewicht, das die Provinz in dem Bewußtsein des durch eigne Anstrengung und Thätigkeit erworbenen Reichthums über das Mutterland errungen zu haben glaubt, oder ein unabhängiges und Freiheitsgefühl, das abgesehen von den allgemeinen Landesinteressen eine selbstsüchtige isolirte Stellung erstrebt, oder ist es endlich das Mißtrauen gegen die Regierung, welche ihre materiellen Interessen nicht allein nicht schützt, sondern trotz Bitten, Klagen und Drohungen im Begriff zu sein scheint, den vielbefürchteten Handelstraktat mit England abzuschließen, und durch die zollfreie Einfuhr der englischen Baumwollen- und sonstigen Manufaktur-Waaren die ganze Gewerbthätigkeit Cataloniens zu lähmen, da eine Concurrenz mit England die Auflösung der spanischen Fabriken zur Folge haben müßte: — genug, es herrscht in Barcelona eine Verstimmung und Unzufriedenheit, die sich aller Orten öffentlich in einer Art und Weise Luft macht, daß man nicht daran zweifeln kann, wie der Abschluß jenes englischen Handelsvertrages das Signal zu revolutionairen Bewegungen sein, und man auf eine Losreißung vom Mutterlande hinwirken, und den Versuch machen wird, entweder das alte Catalonien zu einem selbstständigen Königreich zu erheben, oder ihm eine republikanische Verfassung zu geben.

Schon das Schleifen der Festungswerke, in so weit dieselben gegen die Stadt hätten benutzt werden können, war ein sprechendes Zeichen der Denkungsweise der Einwohner von Barcelona; und entscheidende Demonstrationen, einmal herbeigeführt, werden die Absichten Cataloniens, so weit die vorhandenen Mittel reichen, schnell genug bethätigen. Was jenen Handelsvertrag anbetrifft, so theilen allerdings nicht alle Provinzen die Ansicht Cataloniens darüber; Valencia, Murcia und Andalusien, durch Lage, Bergwerke und die Schätze des Bodens, auf Entwickelung der Industrie angewiesen, ziehen es vor, von den ihnen ohne Mühe und Arbeit im Ueberfluß zuwachsenden Früchten zu leben, das, was sie nicht verzehren können, zu veräußern, und in Faulheit und Müssiggang das Leben hinzubringen, statt durch Fleiß und Betriebsamkeit ihre Lage zu verbessern. Theils die Aussicht, ihre Kleider ohne eigne Opfer billiger kaufen zu können, theils die Hoffnung, daß der englische Handelsvertrag eine Erhöhung der Preise der von Spanien bezogenen Produkte, namentlich der Weine, Wolle, Orangen rc., zur Folge haben werde, wobei sieben Millionen Spanier, die ganze Zahl der Landbebauer gewinnen, während eine Million Catalonier verlieren würden, theils Gleichgültigkeit gegen die Nachbarprovinz lassen den englischen Handelsvertrag auch von einer vortheilhaften Seite erscheinen. Hierzu gesellt sich endlich noch der Neid über die Fortschritte und Wohlhabenheit Cataloniens, wie denn die einzelnen Provinzen sich überhaupt so schroff in Tracht, Gewohnheiten und in der Aufrechthaltung ihrer eigenthümlichen Vorrechte von einander sondern, daß sich die Nachbarn in der Regel feindselig gegenüber stehen. — Politisch handelt aber gewiß die Regierung nicht, die Fortschritte der Industrie und Gewerbethätigkeit auf solche Weise offenbar zu unterdrücken, und diejenigen Unterthanen dem Verderben preis zu geben, die einen besondern Schutz erwarten müßten, und deren gebirgiges Land nicht so viel producirt, um neben dem Unterhalt seiner Bewohner die Bedürfnisse derselben aus dem Verkauf seiner Erzeugnisse im rohen Zustande zu sichern, die also auf industrielle Bestrebungen zur Selbsterhaltung angewiesen sind.

In keinem Lande habe ich von allen Menschen, in allen Stunden, an allen Orten so rücksichtslos auf die Regierung schimpfen hören, wie in Spanien. In den Kaffeehäusern, an der Table d'hote, im Theater, auf der Parade stets derselbe Refrain.

„Was kann man von einer Regierung erwarten, an deren Spitze nur Schufte und Hundsfötter stehen, die keine andre Tendenz haben, als die Kassen zu bestehlen, sich und die Ihrigen zu bereichern, und wenn sie ihren Raub in Sicherheit gebracht, sich zurück zu ziehen!"

Diese Phrase habe ich von Offizieren, von Beamten, von Kaufleuten und Grundbesitzern unzählige Male wiederholen gehört.

Da ist kein Minister, der in diesem Punkte in der Meinung als Ehrenmann daständе, da rechnet man Jedem nach, was er früher war, und was er früher hatte, da zählt man an den Fingern her, was er von den säkularisirten Klostergütern, von den Klosterschätzen, Gallerien und Bibliotheken, für sich zurückbehalten, oder in dem von ihm selbst geleiteten Verkaufe für sich oder seine Verwandten erstanden, da nennt man die unglaublichen Summen, welche Beamte ohne Vermögen im Spiel gewagt und verloren, oder ihren Töchtern zur Ausstattung mitgegeben haben. Mendizabals Vermögen berechnet man auf mehr als zwei Millionen, und noch mehr, was er schon durchgebracht; auch Arguelles Schätze kennt man ihrem Ursprunge nach, denn sie sollen aus Klostergütern, die auf seinen Vorschlag zur Bestreitung der Kriegskosten eingezogen wurden, bestehen.

Selbst Espartero wurde in dieser Beziehung angegriffen, wie man überhaupt der Meinung war, daß er Soldat, aber kein Geschäftsmann sei, dazu auch aller Talente ermangele, und von seinen Umgebungen, namentlich vom Grafen Linage, geleitet werde.

Und wo sind nun diese Güter und Einkünfte geblieben, die den dritten Theil des Grund und Bodens von ganz Spanien und nach der Versicherung des damaligen Finanz-Ministers Arguelles um ein Drittheil mehr, als das gesammte Staatsgut betragen haben sollen, und die Einkünfte des Clerus, die sich bloß aus den liegenden Gütern auf Ein und achtzig Million Piaster, etwa Siebenzig Million Thaler, beliefen!

Wer hat sie eigentlich gekauft, was betrug der Erlös, und wo sind die Summen dafür geblieben? Schulden, nichts als Schulden in den öffentlichen Kassen, und Mangel an Credit in der ganzen Welt. Uebernommene Verpflichtungen werden nicht erfüllt, Versprechungen nicht gehalten, Besoldungen nicht regelmäßig gezahlt, die Schuldcapitalien nicht verzinst, und doch bei aller gewissenlosen Verschwendung, bei den unsinnigen Verträgen und lächerlichen Bedingungen, unter denen man die kostbarsten Kupfer-, Silber- und Bleibergwerke durch Ausländer ausbeuten läßt, trotz dem stehen dem Lande noch unerschöpfliche Mittel und reiche Quellen zur Wohlhabenheit und zum Ueberfluß zu Gebot, wenn man es der Mühe werth hielte, durch eine vernünftige Verwaltung, durch Uneigennützigkeit Vertrauen zu erwerben, auf die gleichmäßige Entwickelung der geistigen und materiellen Interessen hinzuwirken, und den moralischen Werth der Nation zu heben, statt durch die Immoralität der Regierung und der Beamten, durch die Vernachlässigung des Unterrichtswesens, und die Verachtung der Religion und ihrer Diener verderblich auf das Volk zu wirken, und dasselbe immer tiefer zu erniedrigen.

Erschreckend ist und wirkt der Zustand der katholischen Kirche in Spanien. Die Bande, welche dem Volke vom Clerus um Auge und Ohr gelegt, die Fessel, in welche Geist und Herz geschlagen war, das unsichtbare Band, an welchem es gegängelt wurde, sie sind nicht allein lose geworden, sondern abgestreift, zerrissen, zerbrochen und zertreten; Auge und Ohr hat die wahren Absichten, die gleißnerischen Reden der Priester, den Abgrund, an den sie das Volk geführt, erkannt, die frei gewordenen Glieder haben ihr Joch abgeschüttelt, die Stützen fortgeschleudert, das lastende Gewicht, welches Aberglaube, Trug, Wunder und Furcht auf sie gethürmt, abgeworfen, und ihre eigne

Kraft versucht. Zeigt doch das Thier seinem Peiniger, der es mißhandelt und mit Füßen tritt, die Zähne, und fällt über ihn her, wenn es die Ketten zersprengt, und den Maulkorb abgestreift hat, warum nicht der Mensch, wenn er zum Bewußtsein und zur Erkenntniß gekommen, und sich überzeugt hat, daß man ihn in Dummheit und Stumpfsinn gewaltsam erhielt, ihn blendete und betäubte, ihn wie ein unfreies, hülfloses Wesen behandelte, bloß darum, damit er nicht merken sollte, wie er geplündert, verwahrlost und geschändet wurde, und wie der Clerus die Gottheit und ihre Gnade und Strafe mißbrauchte, und letztere abhängig erscheinen ließ von der eignen Machtvollkommenheit und Unfehlbarkeit.

Das Volk hat ein furchtbares Gericht gehalten. Es hat an den Pfeilern der Kirche gerüttelt, daß die Gewölbe zusammengestürzt sind, und den Altar mit dem Priester davor und dem Allerheiligsten darauf zerschmettert haben, und nur Trümmer, Asche und Moder zurück geblieben sind.

Die Klöster sind aufgehoben, geplündert und zerstört. Die leeren, übrig gebliebenen Räume sind zu Kasernen, Gefängnissen, Fabriken, Magazinen und Theatern eingerichtet, die Mönche und Nonnen sind verjagt, verhöhnt und verachtet. Gegenstand des allgemeinen Hasses und der Verspottung, fristen sie ihr elendes Dasein von dürftigen Almosen, die man ihnen, wie Knochen den Hunden, vorwirft. Das Gouvernement hat die Verheißungen, ihre Pensionen auf Lebenszeit, aus dem aufgehobenen Klostervermögen zu gewähren, angeblich aus Mangel an Fonds bisher nicht erfüllt, und der Alcade in Barcelona hat mich versichert, daß mehrere Klostergeistliche in dieser Stadt vor Hunger gestorben wären.

Im Theater del Liceo, dem vormaligen Augustiner-Kloster, habe ich die tollsten Farcen, in denen der Hanswurst, oder der von allen Seiten Gefoppte im Mönchsgewande erschien, gesehen — auf der Rambla bettelten Priester im Ordenskleide, und vom Exerzieren heimkehrende Rekruten machten sich laut lustig über zwei solche Jammergestalten, die mit erbettelten Kohlköpfen an den Häusern fortschlichen.

Es war allerdings an der Zeit, und nothwendig, daß das Volk einen freien Blick zum Himmel hinauf erzwang, und die Scheidewand umstürzte, welche Bigotterie und Aberglauben dazwischen künstlich genug errichtet hatten, so daß es Nichts sehen konnte, und im Dunkeln saß, und sich an den Erzählungen begnügen mußte, die ihm von den draußen im Lichte wandelnden Priestern zugingen — aber die Menschen haben entweder den Himmel mit auf die Erde herabgerissen, oder er ist ihnen zu hoch, um ihn ohne Leiter erreichen zu können, oder sie sind, zu lange an Finsterniß gewöhnt, jetzt geblendet von dem hellen Lichte, und tappen herum, um sich nach und nach daran zu gewöhnen.

Sie suchen den Himmel nicht in den Kirchen, denn diese fand ich stets leer; sie fragen darnach nicht bei den Priestern, denn man schämt und scheut sich, mit ihnen zu verkehren; sie fragen darnach nicht bei dem Pabste, denn alle Communication mit dem Oberhaupte der katholischen Kirche ist abgeschnitten, und bei Galeerenstrafe verboten; sie streben darnach nicht durch Fasten und Entbehrungen, denn diese sind als unbequem aufgehoben, auch nicht durch Geduld und Nächstenliebe, denn sie sind leidenschaftliche Spanier und Egoisten.

Es ist ein trostloser Zustand für ein Volk, wenn ihm der Glaube fehlt, und der schnödeste Indifferentismus herrscht — da kann man nur mit Besorgniß in die Zukunft blicken, und eine Hülfe von oben erflehen.

Die Stadt Barcelona hat keinen eigenthümlichen Charakter. Nach dem Hafen zu sind die Straßen breit, und so wie mehrere Plätze und die Rambla mit drei-, vier- und fünf-stöckigen Häusern besetzt. Man geht, so lange gutes Wetter ist, sehr bequem, längs der Häuser auf Marmortrottoirs, regnet es aber, so ist man wirklich von allen Seiten gleichzeitig von Wasser und Schmutz angegriffen. Auf dem Straßendamme ist, so lange der Regen dauert, Alles im Galopp; Wagen, Reiter, Soldaten, Frauen, Kinder mit und ohne Mäntel oder Schirme. Alles jagt rücksichtslos an einander vorbei, und versorgt die an den Seiten bedächtig Wandelnden auf's Reichlichste, während die Dächer, welche mit keinen Gossen versehen sind, ihren Vorrath vollständig auf dieselben absetzen.

Das Lustigste sind aber die Strömungen, welche von der Straße in die Häuser, oder von diesen auf die Straße eilen. Alle Höfe in Barcelona liegen entweder einige Fuß über, oder um eben so viel unter dem Niveau der Straße, je nachdem hier oder dort unterirdische Abzugskanäle vorhanden sind. Liegt die Straße höher, so wird man beim Regen durch den heftigen Andrang des Wassers förmlich hineingeschwemmt in die tieferen offenen Thorwege, liegt der Hof aber höher, so führt die Wasserstraße ganze Berge von Eier- und Apfelsinenschaalen, Kohlstrünken, Kehricht und Scherben hinaus, welche sie dort ablagert, um unseren Lauf zu hemmen, und unser Geruchsorgan in Thätigkeit zu erhalten.

Die Promenaden (pases) mit Fontainen geschmückt und mit Ruhebänken versehen, die Rambla und die Wälle, welche den Hafen umgeben, sind breit, gut erhalten, und fleißig besucht, besonders in den Abendstunden, wo die Beleuchtung Nichts zu wünschen übrig läßt, und zahlreiche Patrouillen die Stadt nach allen Richtungen durchstreifen. Besonders malerisch ist der Blick vom Arsenal aus, über das weite Hafenbassin, in die offne See, in welche sich jenseit des hohen Festungsberges der Llobregat ergießt, dessen Strömung man noch weit in das Meer verfolgen kann.

Barcelona hat prächtige Kirchen, aus allen Jahrhunderten, bis in die Zeit der Araber hinauf. Die schönsten und großartigsten sind gothischer Bauart, und unter diesen zeichnet sich vorzüglich die Kathedrale, in der Großartigkeit ihrer Verhältnisse, wie in der Reinheit und Zierlichkeit des Styls, und in dem Reichthum, in der Abwechselung der Ornamente und Skulpturen aus. Die spanischen Kirchen machen einen tiefen Eindruck auf das Gemüth. Aus dem blendenden Tageslicht tritt man in die ungeheueren dunkeln Hallen, so daß das Auge sich erst an die Dämmerung gewöhnen muß, um bis zu den schlanken Gewölben hinauf zu reichen. Es sind wenige Fenster vorhanden, und diese gemeiniglich vermauert oder durch Läden verschlossen, so daß das Licht nur durch Lucarnen', welche oben in oder über den Gewölben in Kuppeln angebracht, aber den Tag über durch rothe oder gelbe Vorhänge verhüllt sind, gedämpft eindringen kann. Es beschränkt sich die Beleuchtung dann also fast ausschließlich auf die ewigen Lampen vor den Altären, und einzelne grüne Streiflichter, die sich durch die offenen Seitenpforten des Kreuzganges in die Kirche stehlen, und in den Collateralen an den Beichtstühlen und Bretschemmeln herum lauschen. Diese Dämmerung, in der man die Physionomien der auf und ab Wandelnden kaum erkennen kann, die Gesänge, welche ohne Begleitung von vergitterten Chören herab ertönen, und die Klänge der herrlichen Orgeln, welche durch die dunkeln Gewölbe schweben, würden das Gefühl mächtig ergreifen, und zur Selbstbetrachtung und zum Gebet fortreißen, wenn nicht abwechselnd Tanz- und Opermelodien recht schneidend die ernste Stimmung verscheuchten. Gern weilte ich in dem vom Kreuzgang umschlossenen Orangengärtchen an den beschatteten Fontainen, und freute mich der herrschenden Stille, der prächtigen Bildhauerarbeiten, schlanken Säulen, der Monumente mit ruhenden Rittern, und der Beleuchtung, wenn das Sonnenlicht schräg über das Kirchendach in den tiefen Garten hineinfiel, und einen Theil der Blätter durchsichtig erscheinen ließ, die Früchte vergoldete, die höchsten Spitzen des beweglichen Wassers wie sprühende Funken erglänzen ließ, und drüben an der entgegengesetzten Wand durch die beweglichen Schatten der Bäume schlüpfte, bald an den Stämmen derselben hinabglitt, bald über das schwankende Blätterdach fortzitterte.

Die schönsten öffentlichen Gebäude sind die Börse, das Polizei-Offizium, das Gouvernementshaus und der Gerichtshof — Audiencia. Das Letztere hat herrliche Gewölbe, Treppen und einen Reichthum an zierlichen gothischen Steinarabesken, Rosetten und Reliefs.

Die Gasthöfe sind gut, und die Fonda de los quatro naciones hat in ganz Spanien den Ruf eines Hotels erster Klasse, und die besondere Annehmlichkeit, daß sieben Kellner sieben verschiedene Sprachen reden, mithin der Reisende nicht leicht in Verlegenheit gerathen kann.

In den Theatern ist man nie sicher, Plätze zu bekommen, da diese fast sämmtlich von Abonnenten in Beschlag genommen sind, und es darauf ankommt, ob Billets zurückgesandt, und der Kasse wieder zur Disposition gestellt sind. Die Eintrittspreise sind äußerst gering. Im Teatro Liceo zahlt man für Parquet drei Reo oder funfzehn Sous oder sechs Silbergroschen.

Der spanische Fünf-Franken Thaler enthält fünf Piecetten, die Piecette zu ein und zwanzig Sous enthält vier Reo zu acht Quarto.

Im Teatro principal und Teatro de la cruz sind die Preise etwas höher. Ich sah D. Juan d'Austria, Guzman den Großmüthigen, la batelera de pesagos, und la Maria del puchero, und mehrere Lustspiele. Die Bühnen sind klein, das Orchester schwach, die Decorationen mittelmäßig. Gesten, Mienen, Augen und Augenbrauenspiel outrirt, wie in Italien, doch wird in tragischen Momenten weniger gebrüllt und mehr geweint als dort, insbesondere deuten in sentimentalen Stücken die Damen das Zarte, Rührende und die unterdrückte Tugend durch ein unausgesetztes Greinen an, was mit bewundernswerther Consequenz von der ersten Scene bis zum Schlusse durchgeführt wird, und erst mit dem Tode endet.

Mehr interessirten mich die Tänze. Es wird kein Stück gegeben, wo nicht intermedio baile nacional, im Zwischenakt ein Nationaltanz aufgeführt würde.

Es wechselt der Baile mit der Cachouka und dem Fandango, und diese werden zu zweien oder zu vieren, stets mit Castagnetten getanzt. Die Melodie wird pizzicato durchgespielt, die größte Stille ist auf die lauteste Conversation des Zwischenaktes eingetreten, Alles hat sich gesetzt, die Hüte wieder abgenommen, die Gläser geputzt, und tief Athem geschöpft.

Der Vorhang fliegt auf — da stehen sich beide, Tänzer und Tänzerin gegenüber, unbeweglich, den linken Arm in die Seite gestemmt, den rechten nachlässig herabhängend. Beide im reichsten andalusischen Kostüm. Er mit Schnallenschuhen, seidnen Strümpfen, kurzen engen Hosen mit farbigen Kniebändern, in der bunten goldgestickten Seidenweste, der braunen silberbesetzten, mit Schulterquasten reich verzierten, runden Sammtjacke, den seidnen Gürtel Foja (Focha) umgeschlungen, Netz und Hut oder Barett auf dem Kopfe.

Sie, die Tänzerin im Hütchen oder Blumenkranz, einen weit ausgeschnittenen, in Gold und Silber gestickten Mieder, kurzen, mit Flittern gestickten Rock, und seidnen Strümpfen.

Beide Theile der Musik werden nun mit ganzem Orchester noch einmal durchgespielt; gegen Ende des zweiten Theiles erhält das Tänzerpaar Leben; Arme, Kopf, Hals und Oberleib bewegen, biegen und wiegen sich, und mit dem vollen Takte ist Alles entfesselt, Alles in Aufregung, das Blut siedet, das Auge rollt, die Brust hebt sich, Leben und Gluth, Sinken und Steigen, Suchen und Finden, Fliehen und Folgen, Fallen und Halten im ewigen Wechsel, aber Alles mit Grazie, immer im Takte, immer in zierlichen Stellungen. Dann fällt der Vorhang, und nun ist des Rufens und Klatschens kein Ende.

Der Tanz ist lüstern, die Idee desselben unzweideutig, die einzelnen Pas und Bewegungen nicht zart, aber dessenungeachtet das Ganze durchaus nicht unanständig, weder in der Auffassung noch Ausführung, und indezent fand ich nur die Tänzerinnen im Teatro principal, welche in einem von zwei Paaren getanzten Fandango in auffallend kurzen Röcken erschienen, und nicht, wie sonst, weiße, sondern diesmal fleischfarbene Tricots über den weißen Strümpfen vom Knie ab, blicken ließen.

Komisch, aber doch nicht ohne Zierlichkeit, ist eine häufig wiederkehrende Tour, in welcher die Tänzerin sich gebückt um den Tänzer bewegt, und ihn mit den Castagnetten, fast den Fußboden berührend, lockt. Während der Dauer des Tanzes sind die Arme entweder abwechselnd, oder beide zugleich in Bewegung, und diese stets biegsam und gerundet.

Die Mehrzahl der Zuschauer im Parquet bestand aus Offizieren, die ihrem Gesichte wie ihrem Benehmen nach, fast zu jung für ihren Rang erschienen. Sie ließen ihr Uebergewicht und ihre Unfehlbarkeit sehr fühlen, und nahmen nicht die mindeste Rücksicht auf die übrigen Zuschauer, die ebenfalls für ihr Geld dort waren. Ihr Betragen war in der That mehr als naiv; sie knuften sich scherzweise ab, kitzelten sich, nahmen sich heimlich die Degen oder Mützen, die sie versteckten, ja, man sollte es kaum glauben, sie zupften sich, und vielleicht war dies noch der beste Witz, gegenseitig die Ordensbänder ab. Dieser Spaß konnte ziemlich lange fortgesetzt werden, denn die jungen Busen waren für die Schlachten, denen sie beigewohnt, und für die Gefechte, an denen sie nicht thätigen Antheil genommen, so reich mit Bändern und weißen und rothen wollnen Sternen geziert, daß die Madrider Ordenskommission unglaublich viel zu thun gehabt haben muß.

In Barcelona steht viel Militair, und zwar von verschiedenen Truppengattungen. Die Soldaten sind klein, die Haltung nicht sehr militairisch, sondern bequem.

Die Uniform der Infanterie erinnert, mit Ausschluß der Unterkleider, an die französischen Soldaten; hellgraue Ueberröcke mit gelben, grauen und rothen wollenen Epauletts; Czakos mit geraden Schirmen und Messingblech-Insignien, und weißes Lederzeug. Die Gewehre waren ziemlich schlecht geputzt, die Bajonette stecken am Säbel. Die Schildwachen ziehen vollständig bepackt auf den Posten, Tornister und

Patrontasche haben einen Ueberzug von weißer Leinwand, am Ersteren befindet sich das bunte Abzeichen des Bataillons.

Nachts nehmen die Posten einen kurzen grauen Tuchkragen über, der mir sehr zweckmäßig erscheint, da er den Soldaten sammt seinem Gepäck gegen Regen schützt, warm hält, und die Bewegungen nicht erschwert. Alle drei Stunden wird abgelöst. Die Kasernen fand ich reinlich, aber nicht sehr ordentlich, die Verpflegung ziemlich dürftig. Es standen auch Jäger in grasgrüner Uniform in der Stadt, die auf dem Marsch ihre Büchsen über oder an die Schulter, mit der Kolbe nach oben hängen, und Dragoner in rothem Collet, mit schwarzen Unterkleidern, an denen blanke Silberstreifen sich stattlich ausnahmen. Die Lanciers mit dunkelblauen Hosen und gelben Doppelstreifen, gelben Collets und gelben Helmen mit langen Schnabelschirmen, sahen Kanarienvögeln nicht unähnlich.

Die Pferde der Kavallerie waren groß und von starkem Knochenbau, meiner Ansicht nach zu schwer, und ziemlich abgemagert.

Mehrere Kavalleristen ritten auf großen Maulthieren, welche zu dem Geschütze und überhaupt zu allen Militairbespannungen benutzt werden.

Die Militairmusik war besser, als ich erwartet hatte; grüne Serpents mit furchtbaren Schlangenköpfen, welche den zahnbesetzten Rachen aufsperren,

Pauken und Trommeln mit grauem Tuch überzogen, und türkische Musik spielen dabei eine wichtige Rolle; jedes Musik=Corps hat zwei Halbmonde, deren Schellen und Glocken verschieden abgestimmt sind, und welche bald gedreht, bald geschüttelt werden. Jede Compagnie hat eine kleine Standarte und zwei Fahnen=Unteroffiziere zum Richten. Die Offiziere tragen, mit Ausnahme der Paraden, im Dienst dunkelblaue Ueberröcke, Pantalons und als Abzeichen des Ranges zwei goldne Epauletts, und das Eine entweder auf der rechten oder der linken Schulter als Unterscheidungszeichen des Fähnrich vom Lieutenant.

Die Steuer= und Grenzbeamten sind militairisch organisirte Veteranen=Compagnien, eben so bestechlich als unverschämt. Bei meiner Ankunft untersuchte man, außer meinem Koffer, auch meine Taschen, durchblätterte mein Portefeuille und nahm mir meine versiegelten Adressen ab, die mir jedoch noch an demselben Abende von der Post mit vielen Entschuldigungen, und der Versicherung zugestellt wurden, daß die Zollbeamten wegen Ueberschreitung ihrer Amtsbefugnisse einen Verweis erhalten hätten.

Die Polizei war überall auf den Beinen, und auch Gendarmen sah man häufig. Die Letzteren könnten in ihrem Dienstkleide unbedenklich als Fra Diavolo auf die Berliner Bühne treten, denn dort muß man Schnitt, Stoff und Verzierungen des Räubers, wie er im letzten Akt erscheint, vom Kopf bis zum Fuße der spanischen Gendarmerie-Uniform, die allerdings eben so abenteuerlich, als für ein Theaterkostüm geschmackvoll ist, nachgebildet haben.

Die Marktpolizei wurde mit vieler Energie gehandhabt.

Die Ordnung, die Sonderung auf dem Mehl-, Gemüse-, Fleisch- und Fischmarkte, die Reinlichkeit, die überall herrschte, waren musterhaft. In der Mitte des Marktes hatte der Beamte sein Bureau, und daneben große und kleine Wageschalen, die in steter Bewegung waren, und wenn nicht volles Gewicht verkauft war, die sofortige Confiscation der Waare zur Folge hatten.

Weder Männer noch Frauen machten sich in Barcelona durch einen besondern Typus der Physionomien, durch Schönheit oder Häßlichkeit, Gang, Tracht oder sonstige Eigenthümlichkeiten besonders bemerklich. Nur wenige hübsche Frauen habe ich gesehen; die Meisten gingen unverschleiert, den Fächer in steter Bewegung. Auch an der Tracht war nichts auffallend als die schwarze Farbe. Die Catalonierinnen, die sich, wie alle Spanierinnen, nicht schnüren, haben schlechte Taillen, und ziemlich große Füße.

In Equipagen wird kein großer Luxus getrieben; manche verbrauchte, unmoderne Rumpelkasten von uns würden hier Paradestücke sein.

Der Kaffeehäuser, Conditoreien und Zuckerbäckereien giebt es in Spanien sehr viele und höchst elegante, obwohl die Gesellschaft stets sehr gemischt ist, und sich durchaus ungenirt benimmt.

Abends nimmt man Chokolate und Gefrornes, Nachmittags Chokolate und Marasquino, vor Tische Chokolate und Wasser, Morgens zum Frühstück Chokolate, Weißbrod und Butter (pan blanco y manteca). Die Chokolate wird an einem saubern Kamin im Hintergrunde des Zimmers gekocht, geqnirlt, und in der blechernen Maschine siedend aufgetragen, dazu das Weißbrod mit Butter, Beides über Kohlen mehr erhitzt und flüssig gemacht als geröstet, eine Karavine mit Wasser, eine Tasse, eine Serviette und eine Zeitung — Alles auf einem Cabaret, sauber und wohlfeil. Die Chokolate hat einen würzigen und aromatischen Geschmack, und muß schlechterdings so gekocht sein, daß eine zähe Haut darüber befindlich ist.

Bei den Restaurants werden die Speisen gangweise aufgetragen, und jeder ißt, was ihm beliebt. Die Küche ist gut, und weder Gemüse noch andere Gerichte, welchen das vortreffliche Oel statt der Butter zugesetzt wird, verlieren dadurch an Wohlgeschmack, und es ist eine Uebertreibung, wenn man behauptet, in Spanien bekäme man Nichts als Zwiebeln zu essen; mir sind sie au naturel nirgends in einigermaßen reputirlichen Gasthäusern vorgesetzt worden, als zerschnitten unter dem Salat, und da sich ein Jeder denselben nach Belieben selbst präparirt, so kann er davon nehmen, oder sie liegen lassen, und gekocht findet man Zwiebeln an

Ragouts und Hammelfleisch in England wie in Frankreich, wo man sich doch gewiß auf die Zubereitung der Fleischspeisen versteht.

Unter den öffentlichen Anstalten, die ich an der Hand unsers Consuls, des sehr gefälligen Herrn von d'O... besuchte, erwähne ich der Schulen (esquela) des Irrenhauses (casa de locos) und des neuen Untersuchungs- und Detentions-Gefängnisses (carcel) als Institute, deren Anlage, innere Einrichtung und Beaufsichtigung keinesweges den Vorstellungen entsprechen, die wir von der zweckmäßigen Organisation solcher Institute hegen.

Die Schullocale waren in der Regel dunkel, feucht, und ohne Höfe; der Besuch, da ein Schulzwang nicht besteht, schwach, die Lehrmethode, so weit ich dies beurtheilen konnte, lediglich mechanisch und unzweckmäßig, weil sonst die Fortschritte der Kinder bis zum zwölften Jahre bedeutender hätten sein müssen, und die Lehrer selbst, meistentheils Geistliche, und wie man mir versicherte, vollständige Ignoranten. Auch über die spanische Jugend ist das Licht der Aufklärung, jedoch leider zu früh und zu grell, hereingebrochen. Das frühere Bücherverbot, welches sich ohne Unterschied auf alle Werke erstreckte, deren Inhalt zu Selbstbelehrung, Nachdenken und Schärfung des Verstandes führte, ist aufgehoben, die Lektüre ist frei, und die moderne französische Literatur, welche die Sittenlosigkeit vertritt, und die menschlichen Leidenschaften und das Laster in den glänzendsten Farben schildert, ist eilig über die Pyrenäen geflogen, und hat sich überall in Spanien eingenistet, und wo ihre Sprache nicht verständlich war, haben ihr dienstfertige Spanier Zungen und Federn geliehen, und die allgemeine Verbreitung französischer Werke in spanischer Sprache befördert. Der Hauptreichthum der spanischen Buchhandlungen besteht in diesen, doch habe ich auch ganz neue Ausgaben der spanischen Klassiker, und Geschichtswerke in eleganter Ausstattung, selbst mit zierlichen Illustrationen, aus den hiesigen Officinen hervorgegangen, angetroffen, und mehrere Buchdruckereien besucht, in denen eine Menge Arbeiter beschäftigt waren.

Unter den Buchhandlungen zeichneten sich diejenigen aus, welche die gelesensten Zeitungen publiciren, nämlich „el Constitucional," „la ley" und „el liberal Barcelones" von Piro, Villardell und Devesa redigirt.

Das Irrenhaus liegt unfern des Kapuziner-Hospitals an dem kolossalen Gemäuer, welches ganz aus Knochen erschlagener Mauren errichtet wurde, und bildet zwei Häuserreihen, rechts den Aufenthalt für die Frauen, deren Einhundert und achtzig vorhanden sind, links den für Männer, deren ich Dreihundert und achtzig antraf. Zwischen durch geht eine Straße, welche dem neugierigen Publikum das Vergnügen verschafft, die Gemüthskranken hinter den Gittern der Halle zu sehen, und sie zu necken, und die Gesänge,

Wehklagen und das furchtbare Brüllen und Kreischen der Rasenden recht deutlich zu vernehmen.

Die Kranken sind nach Klassen getheilt und verpflegt. Die erste findet unentgeldliche Aufnahme, die zweite zahlt täglich zwei reo, die dritte vier reo, die vierte sechs reo, oder vier und ein halb, acht und drei viertel und dreizehn Silbergroschen. Für Bekleidung sorgt die Anstalt eben so wenig, als für abgesonderte Zellen. Alles, was nicht im Zustande der tollsten Raserei sich befindet, und deshalb in dunkeln Kammern eingesperrt, oder auf dem Hofe an eine Art Hundehütte angeschlossen wird, hält sich in zwei großen schwarz angestrichenen, mit Stein gepflasterten kahlen Gewölben, die durch große Eisengitter vom Hofe und der Straße abgesondert sind, auf. Hier sind Vornehme und Geringe, Wohlgekleidete und Nackte, Schwermüthige und Tolle, Freie und mit Handschellen Geschlossene. Wer sitzen und schlafen will, kann sich in Ermangelung von Stühlen und Matratzen auf den Fußboden setzen und legen. Fast alle betteln die Fremden an, und der Aufseher besorgt Jedem alles, was er bezahlt, gestattet auch, daß man von außen nach Belieben Geld, Branntwein, Briefe, Kohl, Fische, Knochen u. s. w. durch das Gitter reicht, und sich amüsirt, wie diese Gegenstände zerrissen, verschlungen, oder sich gegenseitig an die Köpfe geschleudert werden, worüber denn Streit und Prügelei entsteht, was für die menschenfreundlichen Zuschauer ein Hauptspaß ist.

Ein physisches Heilverfahren findet nicht statt, würde auch selbstredend bei dieser Einrichtung unfruchtbar sein, denn wer bei seinem Eintritt noch nicht ganz verrückt war, muß es im längeren Zusammenleben mit den Uebrigen werden. Der Arzt der Anstalt ist verpflichtet ab und zu zu gehen, die körperlich Leidenden, und solche, die sich in epileptischen oder Anfällen von Raserei selbst verwundet haben, zu verbinden, so wie ein Geistlicher genöthigt ist, in Sterbefällen zu assistiren.

Ich war in Avignon und in Marseille verletzt durch die mangelhaften Einrichtungen der Asiles des aliénés de St. Lazare et de St. Joseph, mir genügten die Irrenheilanstalten in Lyon und Montpellier nicht einmal, und was sollte ich sagen über diese Höhlen des Elends, des Jammers, des Ekels und Abscheus?

Noch furchtbarer habe ich den Zustand der Gemüthskranken nirgends getroffen, nicht einmal in Konstantinopel, wo Jeder, gleichviel ob tiefsinnig, epileptisch oder wüthend, für sein ganzes Leben an eine Kette zu Vier in einem Raume an die Wand geschmiedet bleibt, denn man gönnt ihnen dort wenigstens Ruhe, überläßt die Kranken sich selbst und nicht dem Spotte und Uebermuth der Neugierigen. So scheint also im christlichen civilisirten Europa, Barcelona den Triumph zu feiern, sich unmittelbar an Konstantinopel anschließen zu dürfen, und dies in seiner Menschenliebe sogar noch übertroffen zu haben.

Unter den Krankheitsgeschichten der Rasenden, die man mir erzählte, will ich die von zwei Mädchen wiedergeben, von denen die Eine 24 Jahr alt, aus Mataro gebürtig, seit zehn Jahren, und die Zweite aus Murviedro, dem alten Sagunt, siebenzehn Jahr alt, Conception mit Namen, seit zwei Jahren in einem trostlosen Zustande sich in der Anstalt befanden.

Die Erste hatte einen dringenden Liebhaber entschieden zurückgewiesen, dessen Eifersucht und Rachegefühl entbrannte, als er erfuhr, daß das Mädchen Besuche eines andern jungen Mannes annahm, und jeden Morgen, wenn sie mit Tagesanbruch die Laden ihres Zimmers, welches nach dem Garten hinausging, öffnete, an den Zweigen eines Baumes, die bis zum Fenster reichten, einen Kranz oder Blumenstrauß befestigt fand, und in Empfang nahm. Am Morgen nach einer abermaligen Zusammenkunft hing der begünstigte Liebhaber, statt des Kranzes, furchtbar verstümmelt vor dem Fenster seiner Geliebten.

Die Zweite begünstigte im Einverständniß mit der Mutter, aber gegen den Willen des Vaters einen unbemittelten Liebhaber, und gestattete ihm Besuche in ihrem Garten, welcher mit einem dichten Kaktusgehäge umgeben war. Die Aufmerksamkeit des jungen Mannes hatte eine Stelle ausfindig gemacht, durch welche er kriechend hinaus und hinein gelangen konnte.

Hier erwartete ihn in einer Nacht der entrüstete Vater mit einer Axt, und erschlug ihn, als er im Begriff war den mühsamen Rückweg anzutreten. Er ließ den Leichnam liegen, und führte am nächsten Morgen die Tochter selbst zu ihrem Geliebten.

Beide Mädchen sind nach dem traurigen Wiedersehen nicht wieder zur Besinnung gelangt.

Das seit zwei Jahren beendete, an der südlichen Spitze der Stadt belegene Untersuchungs- und Detentions-Gefängniß ist ein mächtiges Gebäude, war früher ein Kloster, das mit vielen Kosten erweitert und zu seiner jetzigen Einrichtung umgebaut wurde, und nächstens eine noch größere Ausdehnung durch den Anbau eines Flügels erhalten soll, da der vorhandene Raum für das Bedürfniß nicht ausreicht.

Das Ganze, welches vier Stockwerke hoch ist, bildet ein Quarée, indem von beiden Seiten des Hauptgebäudes zwei parallel vorspringende Flügel an ihren Endpunkten durch eine hohe Mauer verbunden sind. Die Lage ist frei, und hoch, dem Meere nahe, von wo es fortwährend durch frische Luftströmungen bestrichen wird. Eine Wache, zahlreich besetzt, versieht bei Tag und Nacht den äußeren, und wenn es nothwendig wird, auch den innern Dienst. Der Verantwortlichkeit wegen kommandirt jedesmal ein Offizier die Wache. Die Mossos de la esquadra, unsre Gendarmen, in dunkelblauen, Scharlach gefütterten und mit weißen Börten besetzten langen Mänteln sind zum innern ambukanten Dienst kommandirt.

Das Gefängniß ist zur Aufnahme von Untersuchungsgefangenen bestimmt, welche während der Dauer der Untersuchung, und bis zur Rechtskraft des Erkenntnisses letzter Instanz darin verweilen, um, wenn sie zum Tode verurtheilt sind, von hieraus das Schaffot zu besteigen, oder falls ihnen Gefängnißstrafe zuerkannt ist, in das Pönitentiarum oder Präsidio in der hiesigen Nord-Citadelle abgeführt, oder falls sie zu den Galeeren kondemnirt sind, nach Tarragona, Alicante, Carthagena oder nach Ciudad in Afrika eingeschifft zu werden. Sechs bis siebenhundert Köpfe sollen etatsmäßig im Gebäude aufgenommen werden können; ich fand Sechshundert acht und siebenzig Gefangene anwesend, und unter ihnen nur zwei und zwanzig Frauen, was ein günstiges Licht auf die Moralität des weiblichen Geschlechts wirft, da sich dies Verhältniß wie eins zu dreißig in den übrigen spanischen Gefängnissen wiederholt. Es herrscht in dem ganzen Gefängnisse die größte Ordnung und Ruhe, die peinlichste Sauberkeit, die frischeste Luft und eine seltene Humanität in der Behandlungsweise der Gefangenen, von der wir keine Vorstellung haben, da sie aus einem Principe entspringt, welches wir in unserer Criminalgesetzgebung nicht anerkennen. Liegen bei uns, bei der Feststellung des objektiven und subjektiven Thatbestandes, so viele verdächtigende Thatsachen gegen irgend ein Individuum vor, daß nach der Criminalordnung dessen Verhaftung gerechtfertigt erscheint: so wird der Angeschuldigte zwar vom Untersuchungsrichter noch nicht für schuldig anerkannt, jedoch während der Dauer des Untersuchungsarrestes im Gefängnisse nach der Hausordnung als solcher behandelt, d. h. er wird vor Allem isolirt, und zwar nicht allein nach außen hin, sondern auch von etwaigen Complicen, und, soweit es überhaupt nach Verhältniß des ihm zur Last gelegten Verbrechens der Raum zuläßt, aller Möglichkeit der Kommunikation mit Andern beraubt. Man nimmt ihm Geld und überflüssige Sachen ab, man läßt ihn nur ausnahmsweise und stets in Gegenwart von Beamten mit Angehörigen, und dann auch nie über die Untersuchung, sondern lediglich über dringende Familienangelegenheiten sprechen, versagt ihm Genüsse, welche die Gefängnißkost und Ordnung nicht gestattet, und verhindert Kommunikation mit anderen Gefangenen.

Anders in Spanien. Nemo praesumitur malus. Ist ein Verbrechen verübt, und kann sich die Justiz trotz allen möglichen Sträubens der Verhaftung des Verbrechers nicht entziehen, weil man den Räuber mit dem Raube auf der That ertappt, oder drei Zeugen den Mord verüben gesehen, (denn in Spanien wird nur durch die eidliche Aussage dreier Zeugen eine Anklage und das Verbrechen konstatirt) so wird der Angeschuldigte dingfest gemacht, und im Carcel detinirt, falls er keine Kaution zu erlegen im Stande ist.

Die Kaution ist nur unzulässig, wenn der Verhaftete sich eines Majestäts- oder eines mit der Todesstrafe belegten Verbrechens schuldig gemacht hat. Aber trotz seiner Detention, trotz der dringendsten Verdachtsgründe, ja selbst ungeachtet des eignen freien Geständnisses seiner Schuld, wird er als ein Unschuldiger angesehen und behandelt, bis der Richter in letzter Instanz den Spruch über ihn gefällt hat. Bis dahin läßt man ihm im Gefängnisse jede Freiheit. Er trägt sein Geld und sein Cutello (Messer) bei sich, er ißt und trinkt was er verlangt und bezahlen kann, er lebt mit allen Gefangenen gemeinschaftlich bei Tag und Nacht, er beschäftigt sich wenn er Lust hat wie und wie lange er will, er ist müßig und schläft, wenn es ihm beliebt, er sieht und spricht die Seinigen, die ihn täglich im Gefängniß besuchen, und ihm zutragen was sie wollen. Er kann durch die Fenster nach außen hin, besonders nach der, in gleicher Höhe, etwa zwanzig Schritt entfernten Terasse, welche als öffentlicher Spaziergang benutzt wird, ungehindert korrespondiren, kann mit seinen Complicen nach Belieben verkehren, und das alles in konsequenter Schlußfolgerung des oben erwähnten Grundsatzes. Selbst für den Fall der ausnahmsweise in den wichtigsten Penalsachen angeordneten Isolirung, bieten auch die hierzu bestimmten Gefängnisse die bequemste Gelegenheit dar, um sich durch die dünnen Wände, die leichten Stubendecken oder die offenen Fenster bequem mit den Nachbarn unterhalten zu können. Diese Einzeln-Gefängnisse liegen neben einander auf der Platform des Daches, und haben eine freie Aussicht über die sie verbindende Gallerie, die Stadt und den Hafen.

Die innere Einrichtung des Hauses hat manches Lobenswerthe. Die Säle sind hoch und geräumig, hell und luftig. Die Schlafzimmer desgleichen, in reiner trockner Luft gehalten. Die hölzernen Bettladen haben eiserne Füße; das Lager besteht darin aus zwei Matten, aus Reisstroh und einer Decke. Fast in allen Zimmern sind Steinbassins und Reservoirs mit frischem Wasser zum Trinken und Waschen; die Küche, die Badezimmer, das Waschhaus sind vortrefflich in Ordnung, und die Latrinen durch Luftzüge und fließendes Wasser in vorzüglicher Reinlichkeit erhalten. Die großen offenen Höfe mit Kolonnaden umgeben, bilden den Tag über den Hauptsammelplatz der Gefangenen, welche in dichten Gruppen die in der Mitte der Höfe befindliche Fontaine umlagern, oder unter den Hallen schwatzen, rauchen, lachen, spielen oder schlafen. Zu diesem Behuf trägt jeder Gefangene seine Reisstrohmatte mit sich herum, und bedient sich ihrer zum Ruhen, oder zusammengerollt als Sessel, wie oft und wo es ihm beliebt.

Von Beaufsichtigung hierbei ist wenig oder gar nicht die Rede, denn es sind im Ganzen für die Administration und Kontrolle nur sechs Beamte angestellt. Dessenungeachtet hört man selten von Widersetzlichkeiten oder von Angriffen und Conspirationen wider die Aufseher.

Strafen kommen selten oder gar nicht vor. Schläge dürfen unter keinen Umständen ausgetheilt werden; Widerspänstige werden auf einige Stunden in dunkle Zellen gesperrt.

Eine Hausglocke giebt das Zeichen zur Eintheilung des Tages. Morgens sechs Uhr muß Jeder sich gewaschen haben, und den Schlafsaal verlassen, um acht Uhr Abends werden die Gefangenen in letzterem wieder eingeschlossen. Sie nehmen täglich zwei Mahlzeiten ein; die eine elf und ein halb Uhr, die zweite um fünf Uhr. Das Essen ist gut zubereitet und besteht in kräftigem Brod, Suppe und Gemüse, zweimal in der Woche Fleisch, dafür werden sechs reo, etwa zwei und ein halber Silbergroschen täglich pro Kopf vergütet.

Im Gefängnißgebäude befinden sich auch die Instruktionszimmer mit sichtbaren und verborgenen Schubfenstern, für die im Nebengemach anwesenden Zeugen, um die Identität des Verbrechers feststellen zu können, auch ist der Audienzsaal darin enthalten, wo öffentlich der Spruch durch die Geschworenen gefällt wird. Die Richter sitzen in rothen Talaren, auf roth gepolsterten Bänken an roth behängten Tischen. Dies war früher die Kirche des Klosters; an der Stelle des vormaligen Altars, steht jetzt ein roth ausgeschlagener Thron mit weitem Baldachin.

Die in die oberen Stockwerke führenden Treppen sind alle von Stein, und auf den Korridoren mit starken Eisenpforten geschlossen. Alle Thüren im Hause haben große runde Löcher, um den Katzen Gelegenheit zu geben, überall das zahlreiche Ungeziefer von Ratten und Mäusen verfolgen zu können.

Es werden zu diesem Zweck etatsmäßig zwölf Katzen gehalten, die des Wiedererkennens wegen sämmtlich englisirt sein müssen.

In der obersten Etage befindet sich ein geräumiges Gemach und Alkoven, in welchem die zum Tode verurtheilten Verbrecher, acht und vierzig Stunden lang, unmittelbar vor der Hinrichtung mit ihrem Beichtvater eingeschlossen werden, um sich mit Ruhe und Resignation in ihr Schicksal fügen, und auf den Tod vorbereiten zu können. Außer einem Altar befinden sich darin nur zwei Betten, zwei Stühle, ein Tisch und ein Objektivträger der Aerzte. Das Licht fällt von oben hoch herab, und kann durch rothe und grüne Vorhänge mittelst Drahtzüge gemildert werden.

Auf dem Wege zum Richtplatz wird der Inquisit vom Beichtvater begleitet, der mit ihm auf offenem Wagen fährt. Die Todesstrafe ist der Strang, außer beim Militair, und bei den, mit Waffen in der Hand ergriffenen politischen Verbrechern, welche erschossen werden. Die Verbrecher werden nicht an einem Galgen in die Höhe gezogen, sondern es wird mittelst einer Kurbel die Kehle an einen hinter dem Verbrecher befindlichen Pfahl zusammengeschnürt. Das Todtenkleid ist gelb, wenn die Strafe wegen entehrender Verbrechen, wegen Raubes, Mordes, oder qualificirten Betruges zuerkannt war, politische Verbrecher werden in weißen Sterbehemden gerichtet. Die Leichen werden auf einem bestimmten Friedhofe eingescharrt, wenn die Anatomie sie nicht reklamirt, der auch die sämmtlichen in Hospitälern aufgenommenen Bedürftigen verfallen.

Das Gefangnenlazareth war auch in besonders guter Ordnung und mit Einhundert Betten auf's Vollständigste eingerichtet, acht Krankenwärter schliefen oder rauchten in behaglicher Muße ihre Cigarren. Der Apotheker mit zwei Gehülfen schien auf einen Ausspruch des Arztes zu harren, der mit den Armen auf dem Rücken, an der Seite des Chirurgus, mit großen Schritten die Säle durchmaß, einige Hm's und A's hören ließ, und dazwischen einmal nach rechts und dann wieder links ausspuckte, was sich ein dienstfertiger Wärter zu Nutze machte, und immer hinter ihm herlief, die Flecke abwischte, und weißen Sand darüber streute.

Ueber welche wichtige Gegenstände nachgesonnen wurde, oder worauf all die Menschen warteten, oder was sie eigentlich zu thun hatten, konnte ich nicht begreifen, denn im ganzen Lazareth befand sich schon seit fünf Monaten kein einziger Kranker.

Mitten auf der, dem Hauptgebäude gegenüber stehenden großen Mauer befindet sich ein Glashäuschen in Form eines Vogelbauers, rund, mit grünem Kupferdach, und einem Durchmesser von sechs Fuß, bei einer Höhe von neun Fuß. Auf dem Dache glänzt ein vergoldetes Kreuz.

Der Glaspavillon ist so gelegen, daß er von allen in den Hof führenden Fenstern, gegenüber- und rechts von den Männern, links von den Weibern wahrgenommen werden kann, und enthält in seinem Innern einen kleinen Altar, an dem ein Geistlicher alle Sonntage für die und vor den Gefangenen Messe liest.

Dies die Beschreibung des Untersuchungsgefängnisses, das sich in Spanien eines gewissen Rufes erfreut, und in so fern nicht mit Unrecht, als durch den Bau selbst einem dringenden Bedürfnisse zu einer Zeit abgeholfen wurde, wo die innere Gährung, wie die äußeren Bewegungen während des Bürgerkrieges kaum erwarten ließen, daß die städtische Verwaltung ihre Aufmerksamkeit auf diesen Gegenstand richten, und so bedeutende Mittel, als geschehen, dazu anweisen und verwenden würde. Auch die Zweckmäßigkeit der baulichen Einrichtung, und die Art der Unterhaltung verdient allerdings eine belobigende Anerkennung. Erwägt man aber den oben geschilderten Zustand der Gefangenen, so wie, daß die Criminaluntersuchungen langsam geführt werden, und oft zwei Jahre dauern, während welcher Zeit die Verhafteten detinirt bleiben, so wird man leicht begreifen, daß es keine bequemere und gründlichere Schule des Lasters und der Verbrechen geben kann, als solche durchaus ungehinderte fortdauernde Kommunikation der Verbrecher untereinander, wie nach außen hin, und daß wir uns glücklich schätzen müssen, ein Princip nicht anzuerkennen, dessen Idee schön, edel und gerecht ist, dessen Verwirklichung auch unter der Voraussetzung der Vollkommenheit und Tugendhaftigkeit aller Menschen anwendbar, ja nothwendig sein müßte, dessen praktische Ausführung in Betreff der Behandlung der Criminalgefangenen während der Untersuchung dagegen, auf den Gang derselben, und die Beweisführung und auf die Anerkennung des Rechtszustandes und die Nothwendigkeit der Aufrechterhaltung desselben, nur nachtheilig wirken kann. Denn erstens wird die Verurtheilung seltner, dagegen die Freisprechung des Verbrechers häufiger eintreten, hierdurch also der Glaube und das Bewußtsein leiden, daß der Begriff des Rechts, nicht allein ein menschlicher, sondern auch ein göttlicher sei, daß dem Unrecht und Verbrechen die Strafe als Wiedervergeltung folgen müsse, und daß die Ruhe und Sicherheit der bürgerlichen Gesellschaft erheische, den Verbrecher unschädlich zu machen, und ihn zu züchtigen. Diese Nothwendigkeit ist, wie die Erfahrung und die Untersuchungsakten vielfach gezeigt, im menschlichen Herzen tief begründet, und die meisten Verbrecher, mit Ausnahme solcher, deren verstocktes Gemüth und bodenlose Verderbtheit alle besseren Gefuhle erstickt, und sie für Reue und den Vorsatz der Besserung nicht mehr empfänglich gelassen hat, erkennen sie an, und erblicken in der Strafe und dem Tode eine Sühne für das verübte Unrecht, unterwerfen sich ihnen mit Demuth und erwarten sie oft mit Sehnsucht. Es wird ferner auch durch die häufigen Freisprechungen in dem Betheiligten und den übrigen Mitgefangenen, die über die Schuld desselben nicht zweifelhaft sind, die Ansicht über die Mangelhaftigkeit der Gesetze, des Instruktionsverfahrens nnd die Unfähigkeit des Richters begründet, und der freigesprochene Verbrecher findet darin eine Aufforderung zu neuen Vergehen, da ihm auch für die Zukunft die Hoffnung bleibt, ungestraft aus späteren Untersuchungen hervorzugehen.

Zweitens liegt in der Anwendung jenes Princips auf die Behandlung der Untersuchungsgefangenen während ihrer Detention eine gewisse Inkonsequenz, denn soll bis zum Zeitpunkt, wo in letzter Instanz trotz aller früheren Indicien erst das Schuldig ausgesprochen wird, der Verbrecher als unschuldig behandelt werden, wozu ihn denn überhaupt verhaften, ihn nicht vielmehr ganz frei lassen? da ja in der Verhaftung, in der Nothwendigkeit sich seiner Person zu vergewissern, die Annahme der Möglichkeit seiner Schuld, und zwar in so dringender Art ausgesprochen ist, um die Beraubung seiner persönlichen Freiheit, also des theuersten Gutes, und die amtlich und öffentlich durch die gefängliche Einziehung angedeutete Verdächtigung seines Rufes, seiner Ehre und seiner Handlungsweise rechtfertigen zu können.

Wenn aber Inkonsequenzen an und für sich nachtheilig wirken müssen, weil sie ein Schwanken in der Verwaltung, eine Ungewißheit des Systems, also ihres Fundaments bedingen, und dadurch dem Wesen der Sache wie ihrer Gestaltung im wirklichen Leben schaden, so dürfte es als eine besondere Verpflichtung für die Regierung betrachtet werden, dergleichen in der Rechtspflege zu vermeiden, die sich völlig frei von Willkühr erhalten, und die Grundsätze ihrer Handhabung so scharf ausprägen, und so unerbittlich strenge und beharrlich zur Ausführung bringen muß, daß daran nichts zu deuteln und zu ändern, daß der Begriff des Rechts im engsten Sinne aufrecht zu erhalten ist, und der alte Wahlspruch erfüllt werde „fiat justitia et pereat mundus."

V.

Das Korrektionel- und Peninsular-Gefängniß in Valencia.

Gleich nach Sonnenaufgang ließ der Balear seine eisernen Ankerketten vor dem Hafen von Valencia in die Tiefe hinab rollen, während drüben vom Grao her die Kanonen donnerten, und dazwischen der Westwind die fernen Klänge der berühmten Glocke auf der Migueleta herüber trug. Dunkelblaue leichte Wellen eilten rasch der Küste zu, um sich nach der frischen Nacht an dem Busen der Huerta zu wärmen, die sich in unbeschreiblicher Pracht ausbreitete, in der Ueppigkeit der südlichem Vegetation, in dem Farbenschmelz der Blüthenzeit; in dem malerischen Wechsel von Höhen und Ebenen. Der Frühling hatte seine Blumen über den grünen Teppich verschwenderisch ausgestreut, während die Getreidefelder schon im kräftigen Wachsthum prangten, Orangen und Citronen in voller Reife der Lese harrten, und den ewigen Sommer verkündeten. Hin und wieder erblickte man Städte in der Niederung, oder erhoben sich Kirchlein aus dem dichten Grün, in welchem ihre Dörfer versteckt lagen.

Ueber dem Grao breitete sich mit seinen Thürmen und Thoren Valencia la Hermosa stolz und weit in den Garten hinaus; die Kreuze und Kuppeln und die Fenster warfen uns funkelnd das blendende Sonnenlicht, das sie beschien, zurück, und über das dunkle Meer und das Land von lebendigem Grün spannte sich hoch und klar in durchsichtigem Lichtblau das Himmelszelt.

Wir hatten Zeit uns an dem Anblick vor uns zu weiden, und unsre Geduld zu prüfen, denn zwei volle Stunden vergingen, bevor die Offiziere der Sanitad an Bord kamen, unsre Pässe in Empfang nahmen, und uns frei gestatteten an's Land zu gehen. Am Hafen standen Tartanen und Galeeren zu einem oder zwei Pferden oder Maulthieren bereit, während ihre Führer über uns und unsre Sachen herfielen, und letztere so lange herumzerrten, bis der Sieger sie in seinen Wagen in Sicherheit gebracht hatte. Endlich saß auch ich fest und gut, und jagte durch die unansehnliche Hafenstadt, auf der Chaussee nach dem, eine halbe Meile entfernten Valencia dahin. Die Alameda, mit schönen und hohen Bäumen bepflanzt, verräth durch den unerträglichen Staub und die schnurgerade Richtung die Nähe der Hauptstadt, während Klima, Vegetation und Trachten mich nach Afrika zurück versetzten. Trotz der frühen Morgenstunde und der Jahreszeit war die Hitze im höchsten Grade lästig; Fächerpalmen von großer Schönheit waren rings durch die Reisfelder und Weingärten zerstreut, und der luftige Anzug, der Fez, die nackte Brust, die bis zu den Knien reichenden Leinenhosen, die bloßen Arme und Beine, die Capa oder der Burnus verriethen wie die Hautfarbe und die Gesichtszüge der Menschen die maurische Abkunft; so wie man in dem Dialekt und der harten Aussprache des j, welches wie ein nicht schnarrendes r klang, die arabische Mundart wieder erkannte.

An der Straße standen hin und wieder Chaumieren und niedliche Villen. Breite Wassergräben, deren Ränder durch Cement befestigt waren, und dadurch das Nachstürzen vermieden, und Ausbesserungen überflüssig machten, liefen am Wege hin, und wurden durch die Feldgräben, welche in Folge des zweckmäßigen fruchtbringenden Bewässerungssystems der Felder stets gefüllt waren, mit hinreichendem Zufluß versehen. Die weithin sich ausdehnende Wasservertheilung ist auch ohne Zweifel mitwirkende Ursache, daß das dreihundert Fuß breite Bett des Guadalaviar, an seinem Ausflusse Turia genannt, fast ganz trocken lag, so daß es einen eigenthümlichen Anblick gewährte, vom tiefen leeren Flußbette aus, durch die wunderschönen gewölbten Bogen der vier prächtigen Brücken nach Valencia hinüber zu schauen.

Ich konnte die Zeit nicht erwarten, einzufahren in die Hauptstadt des alten maurischen Königreichs, welches der Cid il Campeador im Jahre Eintausend vier und neunzig für den König von Kastilien erobert, das aber nach seinem Tode, trotz der tapferen Vertheidigung durch Chimene, des Helden Gattin, wieder verloren ging, bis es Jakob von Aragon im Jahre Eintausend zweihundert acht und dreißig den Mauren für immer entriß, und es zu einer Provinz von Aragonien umschuf.

Endlich trafen wir an dem kolossalen Thore ein, von wo aus die Festungswerke sich reich montirt, übereinander erheben. Nachdem wir im Innern unsre Karten vorgezeigt, den Visitatoren unsern Tribut gezahlt, bei der großartigen Cigarrenfabrik, dem ursprünglich zur Aufnahme der Douane bestimmten Gouvernementsgebäude, in welchem gegen Viertausend junge Mädchen mit der Fabrikation dieses wichtigen und unentbehrlichen Luxusartikels beschäftigt sind, vorbei, die Gartenpromenaden mit ihren dick bestaubten Blumenbosquets, Bassins, Volieren und Statuetten entlang gefahren waren, befanden wir uns bald mitten in der weltberühmten großen Stadt mit ihren Einmal hundert dreißig Tausend Einwohnern. Valencia la Hermosa! welch bezeichnender Name! Valencia, der Schauplatz der Kämpfe des ruhmgekröntesten spanischen Helden, welch ein klassischer Boden! Valencia besungen von allen Dichtern, bewundert, vergöttert, wegen seines milden Himmels, wegen der balsamischen Düfte, welche die Luft erfüllen, wegen seiner goldenen Früchte, wegen seiner mondhellen Nächte, wegen seiner schmachtende Ständchen bringenden säuselnden Ritter, und seiner liebeathmenden Schönen, Valencia der Zaubersitz der Minne und Poesie, Valencia! wie hast Du mich mit süßer Sehnsucht nach Dir erfüllt, und wie bitter hast Du mich getäuscht!

Es ist nicht meine Sache zu nicolaisiren, mir den Genuß, und andern die Freude zu versalzen durch milzsüchtig Stöhnen, durch Tadeln und Achselzucken.

Ich nehme Alles wie es ist, von jedem das Beste, bin bald zufrieden gestellt, und lasse mich nicht leicht verstimmen; aber ich habe eine lebendige Phantasie, mich entzückt das Schöne, ich ergreife es mit Heftigkeit, ich finde einen großen, reinen und nachhaltigen Genuß darin zu reisen, Länder und Völker kennen zu lernen, Kunst- und Naturschönheiten zu bewundern, aber ich überspanne, wenn ich viel von einer Sache gehört und gelesen, oft meine Vorstellung von derselben, in einem Grade, der den Uebergang zur Täuschung erleichtert, und sich dann augenblicklich Luft machen und entschädigen muß, durch prosaische Vergleiche und durch Ironie.

So war es mir auch vor Jahren in Schaffhausen ergangen, wo ich den Rheinfall zufällig nicht wasserreich antraf, und meine übertriebene Vorstellung von der Höhe des Sturzes im ersten Augenblick so getäuscht sah, daß ich mir einbildete, der eigentliche Rheinfall werde noch weiter unten anzutreffen sein, und dies sei nur ein unbedeutendes Vorspiel zu demselben.

Aehnlich ging es mir in Valencia, wo ich immer

noch nach etwas Absonderlichem suchte, als ich schon Alles gesehen, wo ich langsamer ging, als ob ich erwartete, daß mir etwas Wunderbares in den Weg treten müsse, wo ich aus jedem Fenster einen Engel, aus jeder dunkeln Halle einen Teufel, aus jeder gothischen Kirche den Cid hinausschauen zu sehen, an jedem Springbrunnen ein Abenteuer zu erleben hoffte. Von All dem wurde Nichts gereicht; aber nicht einmal mäßige Ansprüche fand ich erfüllt. Ich habe Valencia bei Tage und bei Mondschein gesehen, bin durch alle Gassen, alle Kirchen und Klöster, und in den äußeren Umgebungen der Stadt umhergelaufen, ich habe aber nichts als die nackte Prosa angetroffen.

Das Steinpflaster von Valencia ist von der Art, daß man sich dreist in die Gothaer Lebensversicherungsgesellschaft einkaufen mag, wenn man zu Pferd oder zu Wagen den Weg durch sämmtliche Straßen der Stadt machen sollte.

Diese letztern würde man, mit wenigen Ausnahmen, bei uns jämmerliche Gassen und Gäßchen tituliren, und unter ihnen spielen die Sackgassen eine Hauptrolle. Diese engen, winkligen, verzwickten Straßen sind so schmal, daß in den wenigsten derselben zwei Wagen einander ausweichen können; die Balcons erleichtern die wechselseitige Communication auf die bequemste Weise. Liebende Wesen können sich über die Gasse hinüber ohne Aufregung die Hände reichen, und wenn sie sich etwas weit aus den Fenstern strekken, auch wohl küssen, oder wenn sie sich verzürnt haben, einander die Haare ausraufen. Der Leitern bedurften verliebte Seladons schwerlich, um das Object ihrer heißen Wünsche zu entführen, denn die Belle-Etagen, wo diese muthmaßlich logirten, sind so niedrig, daß ein einigermaßen langer Ritter, besonders wenn der Schuhmacher ihm die Absätze nicht vergessen hatte, oder er auf seinen gehorsamen Diener trat, bequem mit der Nase ins Fenster reichen, sie also mit einem gewissen Coup de main hinaus spediren konnte, wenn ihre Decenz dies verantworten wollte, und die Schöne es nicht etwa vorzog, sich ihrem Auserwählten auf den Kopf, oder in den immer fertigen spanischen Mantel zu placiren.

Die Troubadours mit ihren Mandolinen müssen auch eine schöne Musik vollführt haben, wenn sie damals nicht besser verstanden die Guitarre zu kneifen und Liebe zu girren, wie die jetzigen Elegants von Valencia, auch müssen damals die Schönen der Nachbarschaft oft zweifelhaft gewesen sein, welcher von ihnen denn eigentlich das Ständchen, das man doch deutlich von allen Seiten in den engen Gassen gehört haben muß, gegolten. Daß es bei und nach solchen Nachtmusiken häufig Händel gegeben, finde ich sehr natürlich, denn ein winselnder Ritter, welcher mit ausgespreitzten Beinen in der Gasse gestanden, vorn in den Armen die Guitarre wiegend, während hinten, ächt spanisch, die Schwertspitze eine bis anderthalb

Ellen durch den aufgehobenen Mantel hinausguckte, mußte nothwendig die Passage vollständig gesperrt haben, so daß Diejenigen, die nicht Zeit oder Lust hatten, ihn bis zu Ende zu hören, genöthigt waren, ihn höflichst umzurennen, oder unhöflich ihm durch die Beine zu kriechen — von freundschaftlichen Rippenstößen und artigen Titulaturen gar nicht zu reden. — Von den gerühmten balsamischen Düften habe ich in der Stadt wenigstens nur in so weit, Dank sei der Löblichen Polizei dafür gezollt, profitirt, als ich auf den Gassen und Märkten Felle trocknen, todte Katzen, faule Fische und diverse Abgänge ihrer Auflösung in Staub entgegen harren sah.

Ich habe Valencia nur im Frühling gesehen; wenn die gräßliche Gluth der Sonne, die ich damals empfunden, für Frühlingsmilde gehalten wird, so habe ich kein Verlangen, im Monat Juli den Besuch zu wiederholen, und würde mich es wenig wundern, wenn dann die Fremden, wenigstens die weichgeschaffenen Seelen unter ihnen, an der Sonne zergehen, und wie die Butter in Schläuche und Därme gefüllt werden.

Die mondhellen Nächte haben bei den schmalen Gassen und hohen Häusern den Vorzug, daß man ohne Straßenlaterne gar nichts sehen kann, als hier und dort einen hell beleuchteten Kirchthum, der zufällig über die Dächer in die Straße hineinschaut, und ich war Zeuge einer gewiß absichtslosen Bewegung zweier anständigen stillen Gesellschaften in einer Gasse an einem solchen sogenannten mondhellen Abend, die in der Dunkelheit gütiger Weise aneinander rannten und sich gleich so fest und heftig verwickelten, daß man aus dem Brüllen, Stampfen und den Gestikulationen nicht unterscheiden konnte, ob hier ein allgemeines Stiergefecht statt finde, oder sich einige anständige Leute höflich um Verzeihung bäten. Kurz, ich konnte in Valencia nicht recht zum Enthusiasmus kommen. Wie mit der Stadt, so ging's mir mit den Menschen. Der erste Valencianer, dessen Bekanntschaft ich machte, war ein junger Dichter Vincents Boix, welcher so eben die Erstgeburt seiner Muse nach Barcelona gefahren, sie unter den Preßbengel des Buchhändlers Serafin Veguer, in der calle oucha gefördert, mit Druckerschwärze getauft, in Velin und Pappband mit goldnem Schnitt gekleidet hatte, und nun glücklich auf dem Balear nach seiner Vaterstadt zurückkehrte. Er war ein gebildeter junger Mann, welcher seine Studien in Toledo und Salamanca beendet, viel gelernt, aber wunderbare Begriffe vom Leben und der Welt, die ihm bisher fremd geblieben, in sich aufgenommen hatte. Er schwärmte nur für Poesie und Valencia. Der Dichter mußte seiner Meinung nach edel, tugendhaft und für das Erhabene begeistert, und dann der glücklichste, freieste und gefeierteste Mensch sein, der Held und Abgott seines Valandes werden. — Valencia war nach seiner Ueberzeugung der Inbegriff alles dessen, was zu einem Paradiese auf Erden gehört. Nichts hielt den Vergleich mit Valencia aus, Alles erschien dagegen trivial und unbedeutend, und die zu glühend gewählten Farben des Gemäldes, das er mir entwarf, waren wohl hauptsächlich die Ursache, daß sie so außerordentlich schnell nachdunkelten. Ueber sein Dichtertalent kann ich nicht absprechen, er theilte mir mehrere Proben seiner Muse in seiner Ueberschwenglichkeit mit, deren Inhalt ich wohl übersetzen und verstehen konnte, deren poetischen Werth ich jedoch nicht zu beurtheilen vermag. Einige seiner Bekannten, welchen sein Selbstvertrauen und die Geltendmachung seines Talents unbequem zu sein schien, machten sich über ihn und seine Leier etwas lustig, und meinten, daß ihr einige Saiten fehlten, und daß er den armen Pegasus so abstrapazirt und mißhandelt habe, daß ihn der Regidor von Valencia wegen Thierquälerei zur Verantwortung ziehen werde. Vincents Boix gab mir manche interessante Notizen, und bewies sich in dem Anerbieten, mich vom Schiffe aus bis zur Stadt zu begleiten, und dort in seiner Wohnung mit den nöthigen Adressen zu versehen, sehr gefällig, jedoch laborirte auch er, wie ich mich überzeugte, an den Erbfehlern der Valencianer, an Egoismus und Eigennutz. Wir nahmen im Grao eine Galeere zusammen, in die ich außer mich selbst nur Stock und Tasche packte, während er außer sich und seine Muse, die sich so breit machte, daß weiter Niemand neben uns Platz gefunden hätte, drei Koffer hinein schleppte, welche die erste Auflage seiner Gedichte, außerdem wahrscheinlich bedeutende Contrebande enthielten, wie ich aus der Innigkeit, mit der er dem Thorbeamten vier Piecetten (für einen Dichter gewiß eine eben so verschwenderische Ausgabe, wie für einen spanischen Zöllner eine unerwartete Einnahme) in die Hand drückte, schloß. Außer dieser ungleichartigen Vertheilung ließ er auch den Fuhrmann, nicht wie die übrigen Passagiere, am Thore halten, sondern nahm ihn eine Viertelstunde weit in die Stadt, bis an seine Wohnung mit, um dort die Koffer abzusetzen, wofür nicht allein noch ein doppelter Satz bezahlt wurde, sondern er bei der Berechnung des Betrages, mich auch das Doppelte zahlen ließ, und mich demnächst als Zugabe beim Wechseln noch um eine Piecette übervortheilte, was ich zwar höchst naiv, aber keinesweges dichterisch fand. Seine Wohnung war übrigens für einen Poeten der neueren Zeit gleichfalls bezeichnend — nämlich leer, und das, was sich darin vorfand — Stroh. In mächtigen Räumen, in denen alle neun Musen zugleich schwärmen und sich tummeln konnten, und nebenbei für Courbetten, Gambaden und Volten des Pegasus noch Platz genug blieb, geschmückt mit schweren defekten Gipsornamenten, den Glanz vergangener Größe andeutend, mit ungeheuern, bis an den Boden reichenden Fenstern, welche in der Ferne die schönsten Aussichten gewährten, aber leider zu hoch waren, um Blumen und Orangen aus dem darunter liegenden Garten pflücken zu können — befand sich ein kalter Estrich von Stein, auf dem der Dichter nicht wandeln wollte, und deshalb einen Teppich von Stroh darüber gebreitet hatte. Von Strohflechten waren die Stühle, und der Sopha, auf welchem der Dichter zu sitzen, von Strohmatten das Lager, auf dem er zu ruhen, von zierlicher Stroharbeit der Hut, den er auf dem Kopfe zu tragen pflegte. Tout comme chez nous. Auf dem mit Büchern überladenen Schreibtisch standen zwei große Krüge mit Wasser, ein kleines Schälchen mit Tinte, und eine Korbflasche mit Rosoli.

Die Gothaer Feuer-Assecuranz-Gesellschaft würde ihn wahrscheinlich zurückgewiesen haben, da die Gefahr für die leichtfangenden Möbel in der Nähe der dauernden Gluth seiner Begeisterung nicht unbedeutend war.

Die zweite Bekanntschaft, welche ich in Valencia machte, war die des Herrn Consul P., der mir im ersten Augenblick nur ein an Steinbeschwerden leidender, die Mütze in der Stube nie abnehmender, mit Geldgeschäften sehr in Anspruch genommener, graulicher Comptoir-Mann zu sein schien, in dem ich aber alsbald auch bedeutende Talente, wie die eines Puristen, eines Polizeiagenten und eines Politikers zu erkennen Gelegenheit und die freudige Ueberraschung hatte.

Nachdem ich bei ihm eingetreten, mich mit einer höflichen Verbeugung, den Hut in der Hand, seinem

Schreibtische genähert, und das Zeichen zum Sprechen abgewartet hatte, wurde mir dies etwa nach zehn Minuten mit einem barschen ¿que me pregunta, was giebts? ertheilt (hierbei bemerke ich, daß die Spanier das Fragezeichen zu Anfang der Frage, und zwar verkehrt setzen.)

Ich. Monsieur!

Er. Hable mas recio! — lauter!

Ich. Schreiend — Monsieur!

Er. ¿Sabe el español — Können Sie spanisch?

Ich. Algo entiendo y hablo — ich spreche und verstehe nur wenig.—

Ich bat, französisch mit ihm sprechen zu dürfen, trug ihm mein Anliegen, das berühmte Correctionshaus durch seine Vermittelung besehen zu dürfen, vor, und nannte ihm mein Vaterland, Namen und Stand.

Er schüttelte ungläubig den Kopf darüber, daß man eine so weite Reise machen sollte, um Gefängnisse und Gefangene zu besuchen, und brummte mehrmals no vale la pena — verlohnt sich nicht der Mühe, dazwischen — fuhr dann plötzlich vom Stuhl in die Höhe, lehnte sich weit über den Zähltisch, und schlug mich mit den Worten: „Votre passeport?“ zu Boden.

Ich hatte den Paß am Thore deponirt, setzte ihm dies auseinander, und überreichte eine französische Visitenkarte.

Mr. de M. . . conseiller de régence de Sa Majesté le Roi de Prusse, etc. etc.

Nachdem er sie gelesen, und wieder gelesen, entspann sich folgendes examen rigorosum.

Er. Vous vous appellez M....?

Ich. Oui, Monsieur.

Er. Prussien?

Ich. Oui, Monsieur.

Er. Conseiller de régence?

Ich. Oui, Monsieur.

Er. N'y a-t-il plus de Roi en Prusse?

Ich. Oui, Monsieur.

Er. Mais, point de régence? —

Ich. Oui, Monsieur.

Nachdem ich ihm nun auseinandergesetzt, daß man den Titel Regierungs-Rath nicht anders als geschehen, ohne unverständlich zu werden, übersetzen könne, daß ich der Meinung, wie in dieser Uebersetzung kein Grund liegen könne, meine Bitte abzuschlagen, da ich fremd, und der Consul ganz eigentlich dazu da sei, um in ähnlichen Fällen sich der Preußen anzunehmen; nachdem ich ihm ferner begreiflich zu machen gesucht, daß und warum man sich auch für die Gefängniß-Administration interessiren könne, nahm er seine Mütze ab, rief einen Commis herbei, instruirte ihn, wie und wohin er mich führen solle, indem er seine Begleitung wegen des heutigen Posttages ablehnte, und dabei mit einigem Nachdruck andeutete, daß er von Preußen kein Gehalt beziehe, und lediglich auf die Sporteln für das Visiren der Pässe angewiesen sei, — zu denen ich freilich keinen Beitrag geliefert hatte.

Sollte es der Würde der Regierung nicht angemessen sein, ihren Consuln ein Aversionalquantum zu bewilligen, und das Visiren des Passes nicht zu besteuern, da ja der Paß selbst vom Minister ausgefertigt, von den betreffenden fremden Gesandten visirt, und in der Heimath bezahlt, eine ausreichende Legitimation sein dürfte, um damit die vorgezeichnete Reisetour ungefährdet verfolgen zu können, und nicht außer den fremden Behörden, auch überall noch an die eignen Consuln für das Visiren Summen zahlen zu müssen, die an manchen Orten mehr betragen, als der Paß selbst gekostet hat?

Ich machte mich nun mit meinem Führer auf, um bei der Lonja de feja, einer großartigen gothischen, mit den zierlichsten Steinarbeiten geschmückten Halle, worin die Seidenhändler feil halten, bei dem maurischen torre Sardena, der hohen Migueleta und den Thürmen mit goldglasirten Ziegeln vorbei, nach dem Corrections-Hause zu gelangen, und gestehe, daß mir in Valencia der Besuch dieser Anstalt, und der wundervolle Murillo im aufgehobenen Carmeliterkloster den größten Genuß gewährt haben.

Im Jahre Eintausend achthundert und fünf und dreißig wurde das schönste und größte Kloster von Valencia, das der Augustiner mit seinen Umgebungen, Gärten und Aeckern, von der Stadt zur Errichtung eines Zuchthauses überwiesen, und dem Obersten Don Emanuel Montesini die Organisation und die Leitung des Instituts übertragen.

An der seltnen Zuvorkommenheit, mit der ich als Fremder ohne alle Empfehlung von der Direction aufgenommen, und mit allen Details der Anstalt und ihrer Verwaltung bekannt gemacht wurde, könnten sich manche unsrer vaterländischen Anstalts-Vorsteher ein Beispiel nehmen, und ich halte es für meine Pflicht, hierbei dankbar auch des zweiten Directors, des Major Thomas Cauo, Erwähnung zu thun, der sich den ganzen Tag hindurch ausschließlich meiner Belehrung unterzog.

Man glaubt beim Anblick des schönen Gebäudes in ein Palais zu gelangen, oder wenn man die Wachen hinter dem blank polirten Eisengitter passirt, und einen hoch gewölbten, auf maurische Art mit bunten Porzellan-Kacheln geschmückten, und mit Marmorfliesen gepflasterten Corridor durchschritten hat, in eine öffentliche, sorgfältig unterhaltene Anlage zu treten. Denn rings herum ziehen sich in edlem Styl hochgewölbte, weinumrankte Arkaden und Hallen um einen reizenden Garten, in welchem hohe Myrthen, Oleander, Orangen, Citronen und Cypressen zu den anmuthigsten Gruppen vereinigt, eine zierliche Fontaine beschatten, deren Silberstrahl spielend einen goldnen Apfel in die Höhe treibt, und deren Ueberfluß aus bronzenen Greifenköpfen in kleine Marmorrinnen fließt, welche in vielfachen Windungen den Rasen und die Nelkenbosquets durchziehen, und den Jasmin- und Fliederlauben Kühlung zuführen.

Niemand ließ sich blicken, denn es war zur Zeit der Arbeitsstunden, und man vernahm nur das Summen der fleißigen Bienen, und von drüben aus den Seitenflügeln her, das gleichmäßige Scharren und Klappen der Webestühle. Dieselbe Sauberkeit, welche im Corridor, in den Sprech-Geschäfts- und Wohnzimmern der Directoren und Beamten herrschte, fand ich in den ungeheuren Gebäuden und Höfen überall wieder, auf den Gängen und in den Sälen, auf den Treppen, in den Arbeits- und Vorrathskammern, auf dem Boden und in den Kellern.

Die Organisation und die Disciplin der Anstalt sind ganz militairisch. Dem Obersten und Major stehen zwei Adjutanten zur Seite; ein Fourier, ein Kaplan, ein Arzt und Chirurg bilden die höheren Beamten. Je hundert Gefangene sind zu einer Brigade vereinigt, welcher ein Corporal (Capataz) vorsteht, außerdem sind ihm fünf Gefangene, die sich durch Fleiß und Führung besonders auszeichnen, als Unteraufseher zur Assistenz zugeordnet, welche für Aufrechthaltung der Ordnung und Reinlichkeit in den Schlaf- und Arbeitssälen, beim Vertheilen des Essens, beim Waschen und bei den öffentlichen Arbeiten der Gefangenen, verantwortlich sind.

Es befanden sich Eintausend einhundert ein und

zwanzig Gefangene in der Anstalt, und außerdem vier und sechzig verwahrloste Kinder, deren Unterricht, Handarbeiten und Spiele zwei Geistliche mit vieler Hingebung leiteten. Ich habe in keinem Lande eine Strafanstalt gesehen, in welcher mir der Ausdruck der Gesundheit, der Zufriedenheit und des willigen Gehorsams bei den Gefangenen ohne Unterschied so entschieden entgegengetreten wäre, wie hier.

Sobald der Director in den Sälen erschien, machte Alles Platz, stand von der Arbeit auf, nahm die Kopfbedeckung ab, und grüßte, die Fingerspitzen an die Stirne legend. Ohne andre Aufseher als ihre eignen Strafgenossen, arbeiteten alle Gefangenen, je nach der Beschäftigung, durch hohe Eisengitter gesondert, in offnen Hallen und geräumigen Zimmern, welche mit Nummern und der Bezeichnung der darin getriebenen Arbeit versehen sind.

An den weißen Wänden der Schlafsäle liegen zusammengerollt die Strohmatratzen, Decken, Kleider und Eßgeschirre jedes Einzelnen (den Löffel trägt jeder bei sich) unter dem nummerirten Riegel seines bestimmten Platzes; die Nummern der Brigaden und Corporalschaften sind an die Wände geschrieben, an denen sich in mächtiger Frakturschrift Sittensprüche befinden, deren wiederholtes Lesen dazu dienen soll, ihren Inhalt den Gefangenen recht einzuprägen.

Es stand zum Beispiel

„La Calumnia y la mentira
de Dios provocan la ira. —

An einer andern Stelle

„Quien su bien usurpa al Dueño
ne espere tranquile tueño. —

Alle möglichen Arbeiten werden in der Anstalt gefertigt; ich fand Schuhmacher, Schneider, Sattler, Tischler, Klempner, Sandalenmacher, Strohflechter, Schmiede und Haspeler in voller Thätigkeit. In langen Reihen standen Arbeitsstühle, auf welchen Kattun, Wolle, Baumwolle, Leinen und Dammast gewebt, Shawls, Seide, und der schönste Sammt in allen Farben und Mustern, mit Silber- und Gold-Dessins, Teppiche, Pistolen, portative Dampfkuchen und selbst Wagen angefertigt wurden.

Alle diese Fabricate werden in einem besondern Gewölbe aufgestellt, und von der Direction zu festen Preisen öffentlich verkauft; und die Waaren sind so gut, die Preise so mäßig, und die Nachfrage so bedeutend, daß das Verkaufslocal nur einmal wöchentlich geöffnet, und dann auch das Meiste in der Regel sogleich verkauft wird.

Diejenigen Gefangenen, welche kein Handwerk erlernt, aber gesunde Arme und Beine haben, werden zu öffentlichen Arbeiten, namentlich zu Straßen- und Kanalbauten verwendet. Unter ihnen sind etwa Einhundert, als der Flucht verdächtig, oder ausdrücklich zur Kettenarbeit verurtheilt, geschlossen.

Die Hausordnung gebietet, daß die Gefangenen das ganze Jahr hindurch Morgens um fünf Uhr aufstehen, und sich Abends acht Uhr niederlegen. Es wird darauf gehalten, daß jeder Einzelne sich an dem großen Wasserbecken reinigt, und von Zeit zu Zeit seine Kleider wäscht. Die Anstalt besitzt kein Inventarium von Kleidungsstücken; Jeder trägt was er mitgebracht hat, oder es wird ihm aus seinem Ueberverdienst das Fehlende ergänzt. Die Arbeit dauert täglich nur acht Stunden, der Ueberrest des Tages wird mit häuslichen Verrichtungen, Privatarbeiten und Unterricht zugebracht, oder der Ruhe gewidmet. Die Kost ist nahrhaft, gut gekocht, und ausreichend. Es werden täglich zwei Mahlzeiten gehalten; Mittags um halb zwölf und Nachmittags fünf Uhr. Jeder erhält dann ein und ein halb Quart dicke Reis- oder Bohnensuppe, und auf den Tag ein und ein halb Pfund gutes weißes Brod. Fleisch wird nur zum Osterfest ausgetheilt. Das allgemeine Getränk ist Wasser.

Die Kosten berechnen sich auf vierzehn Quartos pro Tag und Kopf, das sind etwa vier Silbergroschen, also auf acht und vierzig Thaler auf's Jahr, wovon ein Drittheil dem Gefangenen als Arbeitsverdienst zu gut gerechnet wird, so daß etwa zwei und dreißig Thaler pro Kopf bleiben, worin die Administrations- und Kosten für Medizin und Unterricht mit inbegriffen sind, welche Summe jedoch größtentheils durch den Arbeitsverdienst der Gefangenen aufgebracht wird, so daß der Zuschuß aus öffentlichen Kassen höchst unbedeutend ist.

Ueber jeden Einzelnen wird ein besonderes Conto geführt, und seine Arbeit, wenn sie im Freien geleistet wurde, abgeschätzt, bestand sie in einer handwerksmäßigen Beschäftigung, verkauft, und der Erlös nach Abzug der, von der Administration vorgeschossenen Kosten des Materials in drei Theile getheilt. Der erste Theil kommt alsbald dem Arbeiter zu gut, um sich kleine Bequemlichkeiten, wie Kleidung, Werkzeug, Seife, oder den sehr beliebten Taback zu verschaffen; das Kaufen von Eßwaaren und Getränken ist jedoch durchaus unstatthaft. Der zweite Theil wird dem Gefangenen bis zur Entlassung reservirt; der dritte bleibt für die Bestreitung der Ausgaben der Administration.

Da die letztere durchaus keine baare Vorschüsse dem Gefangenen bewilligt, so erhält er auch für die abgelieferten Arbeiten seinen Antheil erst, wenn dieselben wirklich verkauft sind, es sei denn, daß er früher die Anstalt verläßt, in welchem Fall ihm eine billige Entschädigung gewährt, und die Arbeit auf Rechnung derselben veräußert wird. Die Behandlung der Gefangenen ist im höchsten Grade human. Geprügelt wird niemals. Arbeitsunlust und Renitenz wird durch einsames Gefängniß in dunkeln Zellen bestraft. Ich fand in denselben nur einen Einzigen.

Von heftiger Widerspenstigkeit, thätlicher Widersetzlichkeit gegen Aufseher und Beamte, von Verbindung zu Erzessen und Revolten hat noch kein Beispiel statt gefunden, und nach Ausweis der Listen von Eintausend achthundert sechs und dreißig — bis Eintausend achthundert ein und vierzig beträgt die Anzahl der Rückfälligen bisher etwa acht Prozent, ein Resultat, welches gewiß als ein höchst glückliches bezeichnet werden kann.

Die Kirche, in welcher täglich um sechs Uhr Morgens Messe gelesen wird, das wohl eingerichtete Hospital, die mit einem hübschen Laboratorium und einem reich gefüllten Herbarium ausgestattete Apotheke, die Küche und das Badehaus, die in jedem Flügel über fließendem Wasser angebrachten geruchlosen Latrinen könnten vielen ähnlichen Instituten zu Mustern dienen. Die Sterblichkeit ist äußerst gering, und beschränkt sich jährlich auf drei bis vier Todesfälle. Den Schulunterricht ertheilen aus freien Stücken drei Geistliche. Was das Lesen und Schreibenlernen anbetrifft, so müssen Alle, ohne Unterschied, daran Theil nehmen. Die übrigen Lehrgegenstände, Religion, Geschichte, Geographie, Zeichnen, selbst Mathematik werden nur den Jüngeren gelehrt, doch steht es den Aelteren frei, an dem Unterricht Theil zu nehmen. Diese Erlaubniß wird von so Vielen benutzt, daß der Raum nicht ausreicht, um alle Lernbegierigen zu fassen.

Die großen Gemüsegärten der Anstalt, welche nicht allein den eignen Bedarf sichern, sondern durch Verkauf ein Beträchtliches einbringen, sind vortrefflich unterhalten, und ich erinnere mich kaum, irgendwo sämmtliche Küchengewächse in so großen Exemplaren, namentlich Kohl, Gurken und Melonen, angetroffen zu haben.

An diesen Garten stößt ein Hof mit weißen und bunten Pfauen, Perlhühnern, türkischen Enten, Tauben, Kaninchen, Hasen und munteren Rehen besetzt.

Dies die Beschreibung der Schöpfung des Obersten Montesini, welche mit Recht die allgemeine Aufmerksamkeit auf sich gezogen, und die Anerkennung der Regierung gefunden hat, weshalb er beauftragt ist, die Zuchthäuser in Carthagena und Granada nach demselben Plane zu reformiren.

Die Detentionszeit in Valencia schwankt zwischen zwei und acht Jahren, und kann nur durch eine Königliche Begnadigung abgekürzt werden.

Die frühere Einrichtung, wonach es dem Gefangenen möglich wurde, seine Strafzeit durch Fleiß zu verkürzen, indem man ihm für je fünf Tage, an denen er fleißig gearbeitet, einen Tag an der Strafzeit erlassen hatte, ist als ein Mißbrauch seit mehreren Jahren aufgehoben.

Es bestehen in Spanien überhaupt, außer den Untersuchungsgefängnissen, drei verschiedene Arten von Detentions-Anstalten; nämlich:

1. Correctionel-Gefängnisse.
2. Peninsular-Gefängnisse,

je nachdem für leichtere Vergehen eine Haft

von einem bis zwei Jahren, oder für schwerere Verbrechen eine Strafzeit von zwei bis acht Jahren zuerkannt ist.

3. Die Deportation auf die Galeeren nach Carthagena, Alicante oder nach Africa, und zwar bis zu zehn Jahren.

Lebenslängliche Gefängnißstrafe wird nach spanischen Gesetzen niemals zuerkannt.

Ganz wie das Gefängniß in Valencia sind die Anstalten in Sevilla und Toledo eingerichtet, und stehen jenem in Nichts nach. Bei der Mangelhaftigkeit der Rechtspflege in Spanien, bei dem Zustande der Auflösung, welcher dem mehrjährigen Bürgerkriege folgte, bei der Untüchtigkeit der Regierung, und der Leidenschaftlichkeit des spanischen Charakters muß die geschilderte Trefflichkeit der Gefängnisse im hohen Grade überraschen, da sie ihren Zweck erfüllen, ohne das vollständige Isolirungs-System von Philadelphia, ohne das Schweigen bei gemeinsamer Arbeit wie in der Auburnschen Einrichtung, ohne ein sonst beliebtes Prügelsystem adoptirt zu haben.

Was kann man mehr von einer Correctionsanstalt verlangen, als was sie in Valencia bietet? die Aufrechterhaltung der Hausordnung, Reinlichkeit, gute Kost, humane Behandlung, fleißige Arbeit, Ueberverdienst, Unterricht und Gelegenheit zur gottesdienstlichen Erbauung, und als erfreulichen Erfolg, daß die Strafe und Detention gute Früchte getragen, und die Verurtheilten gebessert habe, die auffallend geringe Anzahl von Rückfälligen, eine Probe der Wirklichkeit, welche die künstliche Berechnung problematischer Systeme sicherlich überwiegt. Ob bei den hier obwaltenden Verhältnissen ein Isolirungs-System dieselben günstigen Resultate hervorgebracht haben würde, mag dahin gestellt bleiben; ich bin der Meinung, daß jedes System, bei der gleichen Bevölkerung, der Leitung derselben Männer anvertraut, denselben Erfolg sichern, so wie auch auf der andern Seite ein und dasselbe System der Einrichtung, je nach der Persönlichkeit der Beamten sehr verschiedenartige Resultate herbeiführen wird.

Die Galeeren in Alicante.

In Alicante möchte ich nicht wohnen. Dort würde ich nicht zum frischen Leben gelangen, denn die Natur ist eine Leiche. Sonst entwickelt die Sonnenwärme das organische Leben, aber in Alicante verdorrt sie den Kern, erstickt sie den Keim, und vernichtet in ihrer Consequenz jede Hoffnung auf Erfrischung. Drei Jahre hindurch hat es nicht geregnet, und auch in diesem zittert die glühende blendende Hitze täglich über dem lechzenden Lande, quält Thier und Menschen, die stets in eignem Schweiße baden, und schrumpft die Lebenslust und Fülle zu Runzeln und schlaffen Falten zusammen.

Hoch oben in schwindelnder Höhe über der Stadt liegt das unüberwindliche Castell von Alicante auf jähem Felsen, wie auf dem Haupte eines bleichen Riesen, der seine dürren, nackten Glieder weit ausstreckt über die Ebene, und mit knochigen Armen den Hafen umspannt. Ein Dutzend Palmen, welche einzeln stehend müde über die fahlen Häuser und Mauern blikken, lassen kaum ihre braungrüne Farbe durch den Staub erkennen, von dem nicht Wind, nicht Regen, nicht Thau sie befreit. Sonst erfreut kein Farbenschmelz das Auge, das sich vergeblich anstrengt, um sich nach dem ermüdenden Einerlei der todten Farbe des Ufers, der Berge und Thäler, der Kirchen und Häuser, an frischem Grün zu laben; es bleibt ihm nichts als des Himmels und des Meeres Blau, und die Sehnsucht nach den fernen Gärten und Schneebergen Andalusiens.

Mit den Merkwürdigkeiten von Alicante ist man bald fertig. Die Cathedrale mit dem Monumente des Herzogs von Calabrien, die Alameda, Calle della reina mit ihrer hübschen Fontaine, der Fisch- und Fruchtmarkt, auf dem eine Auswahl mir fremder Fische und Krebse, und frische Datteln in ganzen Haufen vorräthig waren. Dazu interessirten mich die malerischen Trachten der Landleute, welche, da es Sonntag war, aus den benachbarten Orten zur Kirche kamen, ferner die Exerzitien der Nationalgarde, die alle acht Tage zusammen tritt, und dann vier Stunden hindurch übt.

Aus allen Häusern hörte man den ganzen Tag hindurch den Klang der Cither und der Castagnetten, und in den schattigen Höfen, oder im offenen Patio drehten sich Paare im üppigen Fandango, den ich auch von Mädchen unter sich, selbst von Kindern tanzen sah. Es ist, als ob der knackende Ton der Castagnetten elektro-magnetisch auf Arme und Beine wirke, denn bei dem ersten Anklappen beginnt ein Zucken und Taktiren, dem sogleich ein Biegen und Wiegen des Körpers folgt, bis die Paare sich gegenüber stehen, und nun nichts mehr sehen und hören, als sich und die Musik. Trotz der raschen Bewegungen des Tanzes, liegt viel Grazie in der Ausführung desselben, und wenn auch bei dem öfteren raschen Drehen, die ohnedies kurzen Kleider mitunter die bloßen Kniee blicken lassen, so erscheint der Tanz doch niemals unanständig.

Ein beliebtes Sonntagsvergnügen besteht in Spanien in Familienscenen, um sich gegenseitig gewisse Thierchen abzusuchen, die entweder sehr häufig vorhanden sind, oder gewissenhaft gepflegt werden, um das Vergnügen der Jagd um so öfter genießen zu können.

Auch einem Hahnenkampfe sah ich zu. Der Schauplatz war auf einem Hofe. In der Mitte befand sich ein kleiner Circus, etwa sechs Fuß im Durchmesser, und um diesen erhob sich trichterförmig, zwölf Reihen Bänke übereinander zählend, ein Amphitheater. Die

Gesellschaft war wenig gemischt, sondern entschieden unsauber und ordinair.

Zwei Paare sah ich sich gegenseitig todt hacken und kratzen, denn der Sieger überlebt den Besiegten in der Regel nur um wenige Minuten, dann zog ich mich zurück, da ich der Sache und der Umgebung kein Interesse abgewinnen konnte. Ich machte noch die Bekanntschaft zweier Bürger von Alicante, recht verschieden in ihrer Eigenthümlichkeit. Der Eine ein schlichter Deutscher, aus Böhmen gebürtig, Franz Krause, seit fünf und dreißig Jahren allhier etablirt, und mit einer Spanierin verheirathet. Ich folgte der Einladung zu seiner Familie, um einige Liszt'sche und Thalbergische Compositionen von seinem siebenzehnjährigen Sohne, einem Clavier-Virtuosen und Eleven des Pariser Conservatoriums, spielen zu hören. Der Andre, Don Perez Emanuel Marquese Algorfo, ein stolzer Spanier, Kunstsammler und Beschützer, bildet sich ein, Kunstkenner und Kunstjünger zu sein. Mit zuvorkommender Freundlichkeit invitirte er mich, sein Palais in Augenschein zu nehmen, das in großartigen Verhältnissen erbaut, und mit vieler Eleganz eingerichtet, vom Flur bis auf's Dach, in Corridoren, Sälen, Boudoirs, und auf den Treppen ganz mit Gemälden überfüllt war, deren Zusammenstellung so ungeschickt und unpassend, und die mit wenigen Ausnahmen so unter aller Kritik scheußlich waren, daß sie nur durch die Produkte seines eignen Pinsels noch übertroffen wurden, und man den guten Mann bedauern mußte, daß er sich in seinem Stolze und seiner Prahlerei, im Besitz unbezahlbarer Kunstschätze zu sein, im höchsten Grade lächerlich machte.

Ein treffliches Mittagsessen in der Fonda del Sapor entschädigte mich für die Qual, die ich ausgestanden, indem ich zwei volle Stunden hindurch von dem exaltirten, bewundernden Marquese herumgemartert worden war.

Im Saale wurde Billard gespielt, ein Vergnügen, das in Spanien, wie Alles, leidenschaftlich getrieben wird. Die Queues sind hinten mit einem Haken versehen, und das Zählen geschieht durch Kugeln, deren für jeden Spieler eine lange Reihe an einem Drathe aufgezogen sind.

Als ich Nachmittags auf dem Hafendamme herumspazirte, und mir den neuen Leuchtthurm ansah, welcher ganz leicht, aus ungeblendeten Balken erbaut ist, wenig kostet, weil er keines Unterbaues bedurfte, und doch dauerhaft sein wird, da der Wind nirgends einen Widerstand findet, und ungehindert durchstreichen kann, lernte ich einen jungen Arzt Jose Azoa kennen, der am hiesigen Hospitale angestellt, und so eben damit beschäftigt ist, „Preußens Medizinal-Verfassung" ins Spanische zu übersetzen, und das Buch, seines allgemeinen Interesses wegen, herauszugeben.

In seiner Gesellschaft besuchte ich das hiesige Galeerengefängniß, welches seit fünf Jahren eingerichtet ist, und einen guten Fortgang hat.

Der größte Theil der Gefangenen besteht aus Carlisten, welche jedoch nicht als Kriegsgefangene hierher gebracht, sondern wegen Desertion und anderer Verbrechen zu ein bis zwei Jahren condemnirt wurden.

Es waren zweihundert Gefangene in zwei Brigaden, und jede Brigade in vier Escadrons getheilt. Jede Escadron befehligt ein Corporal, jede Brigade ein Sergent. Ein Oberst-Lieutenant ist Director; außerdem sind ein Unterdirector, ein Adjutant, ein Fourier und ein Arzt angestellt.

Die Gefangenen befinden sich sämmtlich in einem ungeheuren, zweihundert vierzig Fuß langen, und eben so breiten Kasematten-Gewölbe. Säulenreihen bilden rings herum eine Art Kreuzgang. Licht und Luft dringt von oben herein. Pritschenartige Erhöhungen laufen an den Wänden entlang, auf welchen Jeder seinen Platz hat; die Nummern der Escadrons und Brigaden sind mit großen Buchstaben an die Wand geschrieben. Die Gefangenen tragen Ringe, welche ums rechte Bein geschmiedet sind. Gefesselt werden nur die der Flucht Verdächtigen. Sie müssen für Kleidung, Wäsche und Schlafutensilien selbst sorgen. Neun Stunden des Tages wird im Freien gearbeitet. Um zwölf und fünf Uhr wird gegessen; jedesmal giebt es ein Quart Potage von Reis, Bohnen und Kartoffeln mit Oel gekocht, und den Tag über zwei und zwanzig Unzen andalusisch Gewicht Brod, etwa ein und ein halb Pfund. Spirituosa sind auf's strengste verpönt. Acht Quartos werden der Administration täglich pro Kopf vergütigt, sechs für's Essen, zwei erhält der Gefangene zur Bestreitung kleiner Bedürfnisse. Für öffentliche Arbeiten erhält derselbe vom Gouvernement täglich ein bis ein und ein halb Real, etwa zwei Silbergroschen, die ihm bei seiner Entlassung ausgezahlt werden.

Die Mußestunden füllen die Gefangenen mit kleinen Arbeiten von Stroh aus, die sie für eigene Rechnung verkaufen. Alle acht Tage ist Gottesdienst. Zu diesem Zweck treten die Gefangenen vor ein Fenster, welches in die Stube des Unter-Directors führt, und wo sich ein Schrank mit einem kleinen Altare befindet, an welchem der Geistliche, von Allen gesehen, im Nebenzimmer Messe liest.

Beichte wird denen abgenommen, die ein besonderes Verlangen danach haben.

Die Latrinen sind reinlich und luftig gehalten. Durch eiserne Gitter sind die Gefangenen von der Küche und der Wache getrennt.

Arbeitsunlust, Widersetzlichkeit und versuchte Entweichung wird mit Peitschenhieben, einsamen dunkeln Gefängniß, und dem Block, in welchem nicht allein die Füße, sondern auch gleichzeitig der Kopf eingeklemmt werden, bestraft.

Die Kranken werden in's Hospital gebracht.

Gegen die Ordnung im Gefängniß ließ sich Nichts erinnern, aber daß aus dem Aufenthalt in demselben noch ein andrer Gewinn als die Einsperrung gefährlicher Menschen gezogen werden sollte, kann eben so wenig behauptet werden, weil die Zeit der Detention zu kurz, von Unterricht, von einer gewiß wohlthätigen Absonderung nach der Individualität der Verbrecher und den verschiedenartigen Beschäftigungen, oder von einer moralischen Einwirkung auf Besserung nicht die Rede ist, und überhaupt kein Interesse für die Detinirten besteht, welche mit wenigen Ausnahmen den entfernteren nördlichen Provinzen, insbesondere Gallicien, Santander und Bilbao angehören, und nach abgebüßter Strafe auch dorthin wieder abgesandt werden.

Das Weibergefängniß in Carthagena.

Seitdem Alfonso I. von Castilien, und sein Bundesgenosse Jacob I. von Aragon in der Mitte des dreizehnten Jahrhunderts das Königreich Murcia von den Mauren eroberten, und besonders seitdem später die Mauren gänzlich aus demselben vertrieben wurden, ist der Boden und die Vegetation, welche bis dahin durch fleißige Bestellung und künstliche Bewässerung sehr gehoben waren, zu ihrer ursprünglichen Natur zurückgekehrt, und die Thäler und Ebenen zwischen den nackten Gebirgen, selbst die Niederung der Segura sind jetzt nur theilweise bebaut, und verdorren immer mehr, so wie die Bewohner, welche sich nächst den benachbarten Andalusiern durch Trägheit und Mangel an Industrie, vor ihnen aber noch durch besondere Rohheit auszeichnen.

Die Bevölkerung nimmt auch in Murcia auffallend ab, obgleich diese Provinz mehr als das Doppelte der jetzigen Zahl der Bewohner leicht ernähren könnte.

Der größte und festeste Seeplatz für die spanische Marine war lange Zeit hindurch Carthagena — aber „fuit Ilion et ingens gloria Teucrum" Asdrubal gründete zwischen dem ersten und zweiten punischen Kriege Carthago nova, und bestimmte diesen wichtigen Waffenplatz zum Hauptsitz der Herrschaft über das spanische Land, und auch die Römer erkannten schon früh die Bedeutung des Hafens und der Stadt.

Durch König Carl II. wurde im Jahre Eintausend siebenhundert mit ungeheuren Kosten Carthagena zum Haupt-Arsenal, Bauplatz und Sicherungs-Hafen der spanischen Marine erhoben. Der Eingang wird von beiden Seiten durch steile Gebirge, welche jeden Versuch der Landung unmöglich machen, und durch eine Reihe von zweckmäßig angelegten Batterien geschützt, welche ihr Feuer so kreuzen, daß man es für unmöglich hält, wie auch nur einzelne feindliche Fahrzeuge der gänzlichen Vernichtung entgehen sollten, während eine zahlreiche Flotte in den wirklich grandiosen Bassins vollständigen Schutz findet.

Die spanische Marine zählte noch vor funfzig Jahren siebenzig Linienschiffe, sechs und vierzig Fregatten und Einhundert kleinere Kriegsschiffe, zusammen mit neuntausend Kanonen ausgerüstet. Die Marine-Truppen bestanden aus Eintausend achthundert Offizieren, funfzehn Tausend Unteroffizieren und Soldaten, und der entsprechenden Anzahl von Matrosen, während jetzt Alles in Staub und Asche liegt, und die jetzige spanische Seemacht wie eine Ironie in Bezug auf ein Land von Spaniens Größe, Lage und Quellen erscheint. Die Anlagen, die Becken, die Magazine, die zur Anfertigung der Schiffstaue erbauten, unendlich langen Gallerien, die große Ankerschmiede, die ungeheuren Pumpwerke, und die hohen Schuppen, unter welchen die abgetakelten Schiffe gestanden, erfüllen den Beschauer mit Staunen und Bewunderung; blickt man dann aber auf den Verfall des Ganzen, auf die verschlammten Bassins, auf die verfaulten Schiffstrümmer, auf die Reste des von Würmern zernagten Bauholzes, auf die zerbrochenen und verrosteten Maschinen, auf die eingestürzten, thür- und fensterlosen Werkstätten, auf die leeren versandeten Schuppen, in denen in goldnen und rothen Buchstaben die Namen der stolzen Schiffe, welche hier gebaut und aufbewahrt wurden, an den Wänden zu lesen sind, und auf die großen Arbeitsplätze, auf denen acht bis zehn Tausend

Handarbeiter beschäftigt gewesen waren, während man sich jetzt mit Mühe durch Disteln, Unkraut und zwischen Trümmerhaufen durchwinden muß — so hat man ein trauriges Bild der Vergänglichkeit weltlicher Macht und Größe.

Doch wie Alles im Leben eine komische Seite hat, so erschien mir auch die Sorgfalt lächerlich, mit der man die zwei verfaulten und verfallenen, im dicken Schlamm der Bassins fest sitzenden alten, längst demontirten Fregatten, an vier mächtige Seile befestigt hatte, als ob man das Gerippe eines wilden Thieres aus Furcht, daß es auch nach seinem Tode noch gefährlich werden, oder wieder auferstehen könne, an Ketten legen wollte. Ich hatte mich eben daran gemacht, ein solches Bild als Vordergrund zu einer Ansicht des Arsenals, über dem sich recht malerisch das Castell und der Alcassar erhob, zu skizziren, als der uns führende Unteroffizier mit einem Fluchworte „Carajo!“ erboßt auf mich zustürzte, die eine Hand auf das Blatt legend, mit der andern meinen Bleistift, wie einen auf seine Brust gezuckten Dolch fortwandte, mir in den Arm fiel, und ausrief: „Um Gotteswillen Señor! Sie machen sich und mich unglücklich, wenn man erfährt, daß Sie diese fortifikatorischen, wohlberühmten Anlagen abzeichnen; es ist dies bei Strafe des Hochverraths verboten, denn Sie wissen vielleicht nicht, wie wichtig Carthagena dereinst war, und daß es eigentlich gar nicht erlaubt sein sollte, es in seinem jetzigen Zustande Fremden zu zeigen, damit die Welt nicht erfahre, wie unbedeutend es jetzt ist; allein die Erzählungen der Reisenden sind unserm Ruhme nicht gefährlich, denn jene lügen in der Regel, darum glaubt ihnen Niemand, aber Zeichnungen wirken nachtheiliger, denn man sieht daraus den wahren Zustand der Dinge, ohne daß man sich den Kopf zu zerbrechen braucht, wie sich derselbe erklären läßt."

Uebrigens, sagte er, die Mütze abnehmend, — sind auch die Geister der Verstorbenen noch furchtbar — und wies bedeutungsvoll nach fünfhundert verrosteten Ankern größter Art, und auf achtzig im Unkraut halb versteckte, ungeheure vernagelte eiserne Kanonen, und flüsterte uns zu, daß in mehreren derselben zweifelsohne noch scharfe Ladungen enthalten wären.

Recht interessant sind im Arsenal die Vorrichtungen, Maste aufzusetzen, was mit großer Schnelligkeit und Sicherheit, mittelst eines ungeheuren, einhundert acht und vierzig Fuß hohen, künstlich schräg auf dem Quai aufgesetzten, durch Stützen und mächtige Seile gehaltenen krahnartigen Mast von südamerikanischem Holze bewerkstelligt wird.

Von den Merkwürdigkeiten Carthagenas habe ich, wenn deren wirklich vorhånden sein sollten, wenig profitirt; es ist ein trauriger, langweiliger und todter Ort. Die mit zwei schöngeschirrten Maulthieren bespannte, muthmaßlich dem sechzehnten Jahrhundert angehörige Kutsche des Gouverneurs, mit den in lauter bunten Borten gekleideten grauköpfigen Dienern, war das Amüsanteste, was mir in den Straßen begegnete, in denen man überall auf eingestürzte Häuser, Kirchen und Klöster stieß.

In der ziemlich traurigen Alameda sah ich einen Geistlichen mit dem Allerheiligsten zu einem Sterbenden eilen, welcher durch einen Zug beladener Maulthiere aufgehalten, und so in die Enge getrieben wurde, daß er in einem Kothhaufen förmlich stecken blieb. Mehrere Vorübergehende standen still, amüsirten sich höchlich, ohne auf den Stand und das Ordenskleid, oder die Monstranz, und den Zweck, den der Priester verfolgte, die mindeste Rücksicht zu nehmen. —

Mein Führer erzählte mir aber, daß die Königin von Spanien gehalten sei, jedem Geistlichen, welchen sie, auf dem Wege zu einem Sterbenden begriffen, auf der Straße träfe, ihren Wagen anzubieten, auszusteigen und zu Fuß bis zum Sterbehause hinterherzugehen. Er versicherte mich, daß die jetzige Königin, wie ihre Mutter, diese Bestimmung stets gewissenhaft erfüllt hätten, wenn nicht etwa der vernünftige Kutscher noch zu rechter Zeit in irgend eine Gasse eingelenkt haben sollte, um die Sammtdecken der Königlichen Kutsche vor den Sandalen des schmutzigen Priesters zu bewahren.

Das Peninsular-Gefängniß, auf dessen Besuch ich mich besonders gefreut hatte, wird so eben nach dem Muster des Valencianischen organisirt, woraus schon hervorgeht, daß man den bisherigen Zustand als ungenügend anerkannt, und dessen Umgestaltung für nothwendig erachtet hat. Etwa sechshundert Gefangene waren detinirt, und schien mir nach dem Lärm und der Ungebundenheit, mit welcher sich dieselben auch in Gegenwart der Wächter benahmen, die Disciplin ziemlich locker gehandhabt gewesen zu sein. Ein großer Theil der Gefangenen hatte den Ausdruck großer Frechheit und Verwogenheit, und schon seit vierzehn Tagen waren die Wachen verstärkt, Posten in die Schlafsäle gestellt, und eine Anzahl der Verbrecher über Nacht gefesselt worden, da man vermuthete, daß sich dieselben der Einführung einer neuen Hausordnung und strengeren Behandlung gewaltsam zu widersetzen versuchen würden.

Ich besuchte ein Gefängniß, in welchem Frauen detinirt waren. Es befanden sich nur sieben Gefangene darin, welche, wie in Spanien überhaupt, auch nur von weiblichen Aufseherinnen gehütet werden. Außer dem Director und Arzt, oder Fremden haben Männer durchaus keinen Zutritt zu diesen Gefängnissen. Die Weiber waren mit Handarbeiten beschäftigt; mehrere hatten ihre Kinder zu sich genommen. Die Lokale waren reinlich, luftig und ordentlich. Die Lebensmittel werden den Detinirten roh verabfolgt und ihnen überlassen, solche zuzubereiten, wie sie Lust haben, deshalb nehmen sie auch Kochgeschirr so wie ihre Betten, eine förmliche Haushaltung und eigne

Arbeiten mit sich in's Gefängniß. Sie werden zu einer andern Beschäftigung als dem Reinigen der Zimmer nicht angehalten, und kommt ihnen der Erlös dessen, was sie arbeiten, ausschließlich zu statten.

Die Führung der Gefangenen ist tadellos; disciplinarische Bestrafungen finden eben so wenig statt, als daß Fälle vorgekommen wären, wo einmal bestrafte Weiber später wieder zur Untersuchung gezogen und zu neuer Haft verurtheilt wären.

Das Polizei-Gefängniß in Malaga.

Aus den Wundern und Zaubergärten der Alhambra und aus dem Paradiese der Sierra Nevada von Granada stieg ich über das Gebirge bei Alhama nach Velez Malaga an die Küste hinab. Eine üppige Natur, überreich an abwechselnden Schönheiten und Fruchtbarkeit. Aber das alte spanische Sprichwort, das man hier häufig wiederholen hört:

quien no ha vista Granada
no ha vista nada.

hat viel Wahres. So schön auch Andalusien durchweg ist, so hält doch Nichts den Vergleich mit der Vega von Granada aus, wo die Nähe der mit Schnee bedeckten Gebirge und die erfrischenden Luftströmungen das südliche Klima abkühlen, und Blumen und Blätter in saftiger Frische sich erhalten, und der klassische

Boden mit seinen Denkmälern an die romantische Vorzeit der Abenceragen erinnert, deren poetische Sagen sich überall an die noch vorhandenen wohlerhaltenen Paläste und Gärten anknüpfen, und noch lebendig im Volke fortleben. Da wo die Gebirge weiter südlich gegen das Meer hin abfallen, und die aus Afrika herüber dringende Gluth der Fruchtbarkeit keine Schranken setzt, ist Alles ein Garten, ein Füllhörn der Natur. Unten in der Ebene wachsen Zuckerrohr und Cochenille, weiter hinauf zwischen Palmen und Orangen die feurigen Weine, Xeres und Malaga und bis in den obersten Regionen Korinthen in überreicher Fülle. Berechnet man zu dieser beispiellosen Fruchtbarkeit die Schätze, welche Andalusien im Schoße der Erde birgt, und welche mit wenig Mühe den reichsten Ertrag an Kupfer, Blei, Eisen, sogar Silber gewähren, so begreift man die Trägheit der Bewohner nicht, welche nicht daran denken, diese Reichthümer gehörig auszubeuten, und ihren Wohlstand schnell und sicher zu heben. Bequem mag es allerdings sein ein Schlaraffenleben fort zu träumen, nicht zu denken und nicht zu sorgen, nur den Genuß zu suchen, und sich in ihm zu berauschen, aber unbegreiflich erscheint es, daß die Regierung sich nicht berufen fühlt, auf die Entwickelung des geistigen und materiellen Interesses eines Volkes und eines Landstriches hinzuwirken, die Alles zu leisten im Stande sind, was die Fortschritte der Zeit begehren, und man muß hoffen, daß auch für

Spanien der Zeitpunkt eintreten wird, wo ein neues Leben sich entwickeln und emporstreben wird, mag es aus dem Volke selbst sich herausbilden, oder durch eine weise und kräftige Hand der Verwaltung gewaltsam geweckt werden. Ich hatte die Reise zu Maulthier zurückgelegt, und zwar sehr rasch, war die mondhelle Nacht hindurch unterweges gewesen, und fühlte mich angegriffen. Nicht die Umgebungen der Weinberge und die weite Aussicht über den ruhigen Spiegel des Mittelländischen Meeres oder die fernen Thürme von Malaga, dessen Kathedrale hart am Ufer sich über die Stadt wie der Dom über Köln mächtig und einsam erhebt, endlich nicht einmal der stolpernde Trott meines matten Thieres vermochte die Müdigkeit von meinen Augen zu scheuchen, welche der dauernde Ritt und die übergroße Wärme hervorgerufen hatten; und herzlich froh war ich, als das Crux de Malta mich in seinen gastlichen kühlen Räumen aufnahm. Höheren Orts war befohlen den Geburtstag der Königin Marie Christine zu feiern, und die Kanonen donnerten laut genug über den Hafen, sonst blieb alles still und nahm keine Notiz von dem Festtage, dagegen lief viel Volks auf dem Konstitutionsplatz zusammen, wo der Grundstein zu Torrijos Denkmal unter großem Jubel gelegt wurde.

Die heimtückische Art, wie man diesen Mann getäuscht und in die Falle gelockt, hatte damals eine allgemeine Erbitterung gegen den Kommandanten erweckt, und es zeigte gewiß von vieler Keckheit, daß man am Tage von Torrijos Hinrichtung mit der öffentlichen Subscription zu einem Monumente für ihn, und die mit ihm gefallenen dreizehn Opfer begann.

Er hatte von Gibraltar aus seinen Adjutanten an den Kommandanten von Malaga, den er seiner Sache ergeben hielt, abgesandt, und angefragt, ob er auf ihn rechnen, und mit zwei Schaluppen in der Nähe der Stadt landen könne. Der General erwiederte, daß dies unbedenklich geschehen möge, und lud den Abgesandten zum nächsten Tage in seine Wohnung, wo er hinter einer Thüre den desfalsigen Entschließungen des versammelten Kriegsraths beiwohnen könne. Wirklich gab sich, mit Ausschluß eines einzigen Hauptmannes, das ganze Offizier-Corps dazu her, in dieser Komödie mitzuspielen, und betheuerte in Gegenwart des Adjutanten, daß bei Torrijos Landung Stadt und Land ihn mit offnen Armen empfangen, und die Truppen sich ihm sogleich mit anschließen würden. Hierauf schiffte Torrijos sich ein, konnte ungünstiger Winde wegen nicht landen, ging endlich oberhalb Malaga am Ausfluß des Guadalorze vor Anker, begab sich in Begleitung von dreizehn Personen fast unbewaffnet, in sorgloser Sicherheit auf die Straße nach Malaga, und lief den ihm entgegengesandten zwei Kompagnieen, die ihn seiner Ansicht nach bewillkommnen sollten, gerade in die Arme, wurde mit seinen Gefährten verhaftet, nach Malaga eingebracht, und am nächsten Morgen sammt seinen Schicksalsgefährten erschossen. Einer derselben, ein Engländer, der das Geld zu dieser Expedition hergegeben, und derselben bloß deshalb sich angeschlossen hatte, um sich die Rückzahlung zu sichern, theilte das Schicksal der Expedition eben so unschuldig, als er dadurch in die Reihe der Vaterlandshelden trat, und seinen ehrenvollen Platz an dem neu zu errichtenden Monumente mit erhalten wird.

Der Kommandant, General Seoane fiel später durch Meuchelmord seiner eigenen Truppen. Der längst gegen ihn gehegte Haß hat ohne Zweifel durch Torrijos Tod neue Nahrung erhalten, und die Rache gegen ihn vorbereitet.

Ein ähnliches Beispiel von Treulosigkeit hatte sich in diesen Tagen der Brigadier der Aduanas (Douaniers) zu Schulden kommen lassen. Seitdem man die Veteranen-Kompagnien aufgelöst, und aus ihnen militairisch uniformirte Douanen-Brigaden gebildet und sie mit Pferden und Booten ausgerüstet hatte, um dem an allen Küsten überhand nehmenden Schleichhandel energisch entgegen zu treten, wurde die Schmuggelei erst recht ins Große getrieben, und es bedurfte nur eines persönlichen kontraktlichen Uebereinkommens zwischen dem Schleichhändler und dem kommandirenden Offizier der betreffenden Douanen-Abtheilung, um diesen zu vermögen, an einem bestimmten Tage mit seinem gesammten Corps eine Exkursion nach einer Seite hin zu unternehmen, welche derjenigen entgegengesetzt war, von der aus eine Kolonne von Frachtwagen heimlich über die Zollgrenze geschwärzt, oder ein Schiff mit unversteuerten Waaren in irgend eine sichere Bucht laufen und ungefährdet ausgeladen werden konnte. So hatte der Douanen-Kapitain von Malaga vor wenigen Tagen eine bedeutende Summe von einem Kapitain erhalten, der sich dadurch die steuerfreie Ausschiffung seiner von Gibraltar kommenden Kontrebande beim Castello de Frangerola erkauft zu haben glaubte. Dessenungeachtet überfiel er den Schiffskapitain, als er den größten Theil der Ladung gelöscht hatte, konfiscirte die Waaren, legte auf das Fahrzeug Beschlag, und wollte seinen Gefangenen nach Malaga führen, der den Galeeren nur dadurch entging, daß er unterweges von dem felsigen Ufer herabstürzte, und das Genick brach. Ob er dies Mittel wählte, weil es ihm erträglicher schien, als die Schande und die strenge Gefangenschaft, oder ob er von seinen Transportanten hinabgeworfen wurde, weil man seine Aussagen hinsichts des getroffenen Abkommens und der geleisteten Zahlung fürchtete, mag dahin gestellt sein. Die Leiche, die man nach der Stadt geschleppt, und auf den Anger geworfen hatte, um sie demnächst irgendwo in ungeweihter Erde zu verscharren, schwieg und klagte ihre Verräther nicht an, die sich nach ihrem reichen Fange einen guten Tag machten.

Der Geburtstag Marie Christinens ging so ganz

still denn doch nicht vorüber, sondern gewährte mir das Vergnügen einer kriegerischen Expedition, und zwar eines Militairangriffs auf das Nonnenkloster der Büßerinnen, welcher gänzlich mißglückte, indem die Söhne des Mars unter unglaublichem Jubel des Volkes, von den kampfeslustigen Büßerinnen, die sich fest verbarrikadirt hatten, von den Fenstern aus mit allerhand Unappetitlichkeiten begrüßt, und genöthigt wurden, ihren Versuch durch ihren lächerlichen Rückzug und den Hohn der Zuschauer zu büßen.

Sämmtliche Klöster Malagas waren auf Arguelles Vorschlag aufgehoben, und ihre Güter eingezogen, die sehr beträchtlich waren. Von den sieben und vierzig Tausend Nonnen, die zu jener Zeit sich in den spanischen Klöstern befanden, lebte der vierte Theil in denen von Andalusien, wo fast zweihundert Nonnenklöster vorhanden waren. Nur in seltenen Ausnahmen wurden Frauen unentgeldlich in Klöstern aufgenommen. Sie mußten sich entweder durch ein Capital, oder durch eine sichere Rente einkaufen, oder liegende Gründe dem Kloster als Entschädigung überweisen, welches dann die Alimentation und sonstigen Unterhalt der Aufgenommenen aus den Zinsen oder Capitalien, oder aus dem Ertrage der verpachteten oder administrirten Grundstücke bestritt, so daß gewissermaßen ein lästiger Kontrakt zwischen den Betheiligten bestand, indem die Einen gekauft und bezahlt hatten, was die Andern zu leisten verbunden waren.

Dies Verhältniß konnte das Gouvernement bei Einziehung des Klostervermögens nicht ignoriren, erklärte sich also auch bereit, den Nonnen für die entzogene Verpflegung im Kloster entsprechende Pensionen pünktlich auszahlen zu wollen. So wurden die Klöster aufgehoben, die Bewohner hinausgejagt, die Gebäude anderen Zwecken überwiesen, aber den Klostergeistlichen und Nonnen unter dem Vorgeben, daß es an Geld fehle, bis auf diesen Tag noch nicht das Mindeste ausgezahlt.

Bei dieser Gelegenheit entsetzte man den Erzbischof von Malaga, zog sein Einkommen von etwa einer Million Francs ein, und ließ ihn, wie die Mönche und Nonnen, in der Stadt hungern.

Aus drei Nonnenklöstern, die zu Magazinen und Kasernen benutzt wurden, waren die Bewohnerinnen bald vertrieben, aber die Büßerinnen wollten ihre Zellen nicht räumen, bevor ihnen die verheißenen Pensionen nicht gesichert wären; sie behaupteten sich deshalb im Kloster, sieben und achtzig an der Zahl, Junge und Alte, und ernährten sich nothdürftig von Handarbeiten, und mit den Gaben, die ihnen freiwillig gespendet wurden. So ging die Sache, bis ein Nervenfieber viele von ihnen auf's Krankenlager warf, und diese arbeitsunfähig machte, während die Uebrigen als Pflegerinnen eben so wenig ihrem bisherigen Verdienste nachgehen konnten. Dadurch stieg die Noth auf's Höchste, und die Unglücklichen wären dem Verderben preis gegeben gewesen, wenn nicht die menschenfreundlichen Bewohnerinnen Malagas theils durch reichliche Geldspenden, theils durch Naturalien, theils aus dem Erlöse einer Lotterie weiblicher Handarbeiten, und einer von Dilettanten aus der ersten Gesellschaft aufgeführten italienischen Oper „der Barbier von Sevilla" das jammervolle Dasein der Nonnen gefristet hätten. Die Regierung that nichts, als sich über den Skandal, den ihr Benehmen herbeigeführt hatte, und die Spöttereien, die daran geknüpft wurden, zu ärgern, und das Anerbieten eines Juden, für eine geringe Summe das Kloster zur Anlegung einer Knochenmühle auf mehrere Jahre zu pachten, mit Freuden anzunehmen, und den frommen Schwestern anzubefehlen, sofort die Wohnungen zu räumen. Dies geschah nicht. Dem zweiten Befehl folgten Drohungen, und endlich die Ankündigung der Exmission, zu der die Polizei, in der gegründeten Besorgniß, daß das Volk Parthei für die Nonnen nehmen würde, ihre Assistenz verweigerte. So rückte denn, in Folge vorhergegangener Ankündigung, eine Kompagnie Soldaten vor das Kloster, wo sie von der versammelten Jugend Malagas, welche auf den Mauern und Bäumen hockte, und auf den Ausgang harrte, mit einem Zetergeschrei empfangen, und von den Klosterfenstern aus, als sie die verrammten Thüren forciren wollten, mit den oben angedeuteten Ingredienzien gesalbt wurden. Zur Gewalt fehlte es an Instruction, und ich glaube, man würde ihr, Seitens der Zuschauer, Gewalt entgegen gesetzt haben, weniger der Sache wegen, als um einen scheinbar gegründeten Vorwand, den Schutz der unterdrückten Kirche zu Reibungen mit dem Militair und dem Gouvernement zu benutzen. Die Neckereien nahmen schon so überhand, daß nur die größte Ordnung und die feste Haltung des abziehenden Militairs Excesse verhindern konnte.

Stadt und Umgegend besah ich in Gesellschaft des Herrn S., eines Landsmanns, der mir sehr viel Freundliches erwies, und trotz der drückenden Hitze das Kastell, die Alkassaba, und sonstige Merkwürdigkeiten zeigte.

Malaga besitzt eine schöne Alameda, mit Statuen und Fontainen und einer Doppelreihe der schönsten Häuser geziert, in denen ich besonders die Patios mit vieler Eleganz und mit auserwähltem Geschmack verziert fand. Auch große Plätze hat die Stadt, welche durch ein wahres Chaos von engen und winkligen Straßen verbunden sind. Unter den Kirchen zeichnet sich die Kathedrale nur durch ihre grandiosen Verhältnisse aus, da der Styl weder rein, noch consequent in den Einzelnheiten durchgeführt, auch das Innere, trotz goldner Säulenkapitäle, zu einfach gehalten ist. Die Länge des Kirchenschiffs soll vierhundert siebenzig, die Breite zweihundert zwanzig, die Höhe des Gewölbes einhundert funfzig Fuß betragen, was mir übertrieben zu sein schien. Merkwürdig ist die Kapelle Encarnacion mit dem Monumente Ferdinands und Isabellens, und besonders die umfassende Aussicht vom Thurme. Der mehrfarbige Fußboden, und eine wunderschöne Orgel, gefielen mir im Innern am besten, so wie mir die mit grellen Farben angestrichenen, in Stein gearbeiteten Scenen aus der heiligen Geschichte am meisten mißfielen. Die Kathedrale hat ein sehr schönes gothisches Seitenportal, und der Eingang über eine sehr prächtige breite und hohe verzierte Treppe ist großartig. Zu den merkwürdigsten Gebäuden der Stadt gehört das große Zollhaus am Hafen, und der Leuchtthurm mit seinem regelmäßig wechselnden Lichte.

Der Gemüse- und Fruchtmarkt, welcher während des Sommers in dem trocknen Bette des Guadaljore abgehalten wird, interessirte mich wegen der Mannigfaltigkeit und Menge der vorhandenen Gegenstände, und der schönen Kostüme der Landleute. Die andalusische Tracht ist höchst malerisch und kleidsam, da der Menschenschlag im Allgemeinen unter den Spaniern der schönste ist. Die Männer tragen einen breitkrämpigen, spitz zulaufenden schwarzen Sammthut, mit dikken runden Sammtquasten. Der Hals ist offen, und über einer buntseidenen, mit silbernen Knöpfchen geschmückten kurzen Weste, ist eine runde blaue Jacke mit zwei Ohren in der Taille gezogen, deren Kragen und abgestumpfte Ecken, so wie mitunter auch die Schultern mit farbigen gewirkten Borten besetzt sind.

Die Knöpfe sind von Silber oder Messing, und hängen an kleinen Kettchen herab. Die Unterkleider sind eng, reichen an die Kniee, und sind an der Seite mit kleinen silbernen Knöpfchen zugeknöpft. In Ermangelung von Tragebändern ist um den Leib ein bunter Gürtel (Faja) von Seide oder Wolle geschlagen. Ueber die Schuhe sind braune Lederkamaschen gezogen, welche fast bis an die Kniee reichen, mit vielen kleinen Schnallen an den Außenseiten geschnallt, und mit großer Sauberkeit und Kunstfertigkeit ausgenäht und gesteppt sind; die zweite, dritte und vierte Schnalle von unten werden nie zugeknöpft, sondern bleiben immer offen. Einen blauen, braunen oder bunt gestreiften Mantel trägt der Andalusier über der Schulter, so wie ihm die Navajá nie fehlt, und ein Messer, je nach dem Geschmack des Besitzers, einfach oder die Klinge damascirt, das Heft verziert, lang oder kurz, und besonders geeignet gleich jeden Streit zu schlichten, steckt in der rechten Hosentasche. Bei Meinungsverschiedenheiten spielt diese scharf und zweischneidig geschliffene Klinge, welche oft bis sechs Zoll lang ist, eine große und entscheidende Rolle. Man kommt überein, wie weit die Spitze mit einem Riemen umwickelt werden soll, ob einen viertel, halben oder dreiviertel Zoll. Nachdem man sich geeinigt, die Klinge umwunden, und die Jacke abgeworfen hat, hackt, sticht, stößt und kratzt man aufeinander los, und sind auch die Wunden selten tödtlich, so ist es doch nicht auszulassen, daß die Kämpfer nicht sehr bald mit Blut bespritzt und vielfach gespickt sind. Die Leidenschaft des Spaniers soll bei den Andalusiern am ungezügeltesten und rasendsten ausbrechen, und die neuere Zeit hat durch den überhand nehmenden Genuß des Weins und Branntweins dazu beigetragen, die angeborenen Affecte künstlich zu steigern. Die Folgen sind nicht ausgeblieben, und die Anzahl der Ermordungen hat auf eine schauderhafte Weise überhand genommen. Aus amtlicher Quelle weiß ich, daß in Malaga selten ein Tag vergeht, wo nicht irgend Jemand in den Straßen ermordet gefunden wird, und so unwahrscheinlich es auch klingen mag, so ist es authentisch, daß nach den Polizeilisten allein in dem Monat April dieses Jahres ein und vierzig Mordthaten in der Stadt angezeigt waren. Ist nun freilich in den seltneren Fällen Raub oder Eigennutz das Motiv des Verbrechens, sondern hauptsächlich Eifersucht, Wuth, Neid oder politische Verfolgung, so deutet die Sache selbst doch auf einen erschreckend sittenlosen Zustand, nicht minder auf eine beispiellose Schlaffheit der Polizei und der Rechtsverwaltung.

Hierüber herrscht auch in Malaga nur eine Stimme, und die krassesten Beispiele von Lässigkeit, Unentschlossenheit, Feigheit, Partheilichkeit und Willkühr, mit der Polizei-Beamte verfahren, übersteigt alle Begriffe von einer schlechten Verwaltung. Falsches Zeugniß, Meineid, Bestechung und Furcht vor der Rache der Angehörigen des Verbrechers sind die Motive der Freisprechung oder schleunigen Freilassung der Verbrecher, um durch die Entfernung des Angeklagten das Untersuchungsverfahren alsbald zu sistiren.

In der Regel kehren aber nach kurzer Zeit die Entwichenen zurück, und leben in sorgloser Unbefangenheit unter den Augen ihrer Ankläger und Richter fort, welche Letztere sich wohl hüten, durch neue Einziehung des Verfolgten von Amts wegen, sich selbst in den Anklagezustand zu versetzen. Man hat mir in den Straßen Individuen gezeigt, welche mehrere Mordthaten begangen haben sollen, aber von Allen zu sehr gefürchtet wurden, um auch nur zu wagen, Beweise gegen sie zu sammeln.

Das hiesige Peninsular- (Correctionel-Gefängniß) ist in diesem Jahre aufgelöst, und sind die Gefangenen nach Granada übersiedelt worden. Das Gefangenenhaus selbst, was ich mir besah, und in welchem gerade die neu ausgehobenen Rekruten eingesperrt und bewacht waren, um sie an der Desertion zu verhindern, glich eher einer Räuberspelunke oder einem Gefängnisse aus der Zeit der Inquisition, welches durch seine Einrichtung und Moderluft, Furcht, Abscheu und Verzweiflung erwecken sollte, als einer Detentionsanstalt für Menschen, welche eine Reihe von Jahren dort verlebt hatten.

Bis jetzt hatte ich in Spanien noch kein Polizeigefängniß besucht. In Begleitung eines angesehenen

Einwohners von Malaga, trat ich in das hiesige ein, und war herzlich froh, demselben nach kurzem Aufenthalt den Rücken wenden zu können. Weder auf dem Hamburger Berge, noch in London in Surrey, noch in Marseille am Quai, noch in Neapel am Hafen, oder in Constantinopel in Dimitri, wo ich einen Blick in die berüchtigten Schifferkneipen, den Sitz der ungezügeltesten Rohheit, der entfesselten Leidenschaft und Gemeinheit geworfen, um den Ausdruck des Lasters in den Physionomien zu studiren, habe ich den Abscheu und Widerwillen empfunden, der mir hier unter Menschen entgegentrat, welche von den Vollstreckern der weltlichen Macht für begangenes Unrecht eingezogen waren, um das gezogene Schwert der Gerechtigkeit über sich zu erblicken, und seinen Fall als Strafe zu erwarten. Der Eindruck, den die Scenen und Gruppen, welche ich erblickte, auf mich hervorbrachten, war der eines Tollhauses, mit dem Unterschiede, daß man sich dort unter beklagenswerthen Unglücklichen, schuldlos an ihrem Schicksal, hier aber unter dem Auswurf der Menschheit, stolz auf seine Verbrechen, dort unter willenlosen Unzurechnungsfähigen befand, während hier Personen vereinigt waren, welche auf den Namen vernünftiger, der Ueberlegung fähiger Menschen Anspruch machten. In einem mit mephitischen Dünsten angefüllten, fast dunkeln Raume, von Rauch oder Schmutz fast schwarz gefärbt, tobten und rasten Einige in schäumender Wuth, schrien und verfluchten sich und die Welt, schwuren Rache allen Lebendigen, mit der geballten Faust sich selbst, oder Mitgefangene, oder die kahlen Wände stoßend; dann wieder Gruppen des herzzerreißenden Jammers, Frauen und Kinder und Angehörige auf den Knieen, weinend, betend und lamentirend, als ob es sich darum handle, auf ewig von den Ihrigen, und vom Leben Abschied zu nehmen; dann folgten Statuen gleich, einzelne Gefangene unbeweglich, leblosen Blickes, vor sich hinstarrend, gleichgültig über das eigne Schicksal wie über das Treiben ihrer Umgebung; hieran schlossen sich Gruppen des Frohsinns und der Heiterkeit, Guitarre und Tambourin, Musik, Gesang und Tanz. Lustig klappten die Castagnetten zum wirbelnden Baile, hoch schäumte der Becher zur lachenden Lust, weithin rollten die Würfel, über welche sich die halbnackten Spieler mit gieriger Hast stürzten. Die Weiber wurden nicht geschont, man riß sie in den Taumel hinein, und ein viehisches Wiehern übertäubte das Kreischen und Schreien, und belohnte die Urheber der rohen Scherze. Diese Scenen fanden vielen Beifall, um sie drängten sich die müßigen Zuschauer, und selbst die Wachtmannschaften traten hinzu, riefen Bravo, tanzten, tranken, spielten und prügelten sich mit.

Es funkelten bei den ausgebrochenen Streitigkeiten Augen und Klingen, und zum größten Amüsement der Aufseher hatte man uns zur Zielscheibe diverser Mandel- und Apfelsinenschalen gemacht, die meine Galle überlaufen ließen, während mein Begleiter mich heimlich anstieß, mit dem heitersten Gesicht von der Welt in die Taschen griff, und mit einem laut lachenden „Carajo!" eine Orangenschale vom Gesicht abstreifte, und eine Hand voll kleiner Münze auf den Tanzplatz warf, worüber Alles herfiel, und uns Zeit ließ, uns in Sicherheit zu bringen. Draußen angekommen, wischte er sich den Schweiß von der Stirn, schimpfte auf die schlechte Ordnung und die Nichtswürdigkeit der Behörden, die nicht einmal in einem Gefängnisse für bessere Zucht sorgen wolle, sondern solch Treiben beschönige und beschütze, und versicherte, in seinem Leben kein spanisches Gefängniß mehr betreten zu wollen, da es Glück genug für uns sei, mit heiler Haut hier den Ausgang gefunden zu haben.

In diesem Polizeigefängniß findet eine Verpflegung der Verhafteten nicht statt; hat Einer Nichts, und sorgen auch Andere nicht für ihn, so läßt man ihn halb verhungern, und jagt ihn dann hinaus.

Das unverantwortliche Benehmen der Wachtmannschaften entspricht der militairischen Haltung überhaupt, denn hier vor dem Gefängniße, wie oben in der Festung gingen die meisten Soldaten, selbst auf dem Posten barfuß, oder mit Leinwandsandalen umher, setzten auch wohl ihr Gewehr bei Seite, um zu trinken oder zu plaudern.

Wie wohl that mir nach jenem Besuch ein Gang in's Freie, und eine Fahrt in die Umgegend nach dem kleinen Paradiese Retiro, wo man sich in den dunkeln Schatten der Oleander, Rosen und Orangengehäge, an den plätschernden Cascaden und erfrischenden Fontainen geborgen sieht gegen die Hitze des Tages. Die Fabrikanlage des reichen Herodia, die neue Arena zu Stiergefechten, und die Gärten des aufgehobenen Capuzinerklosters mit den weitläuftigen Begräbnißstätten, habe ich nicht zu besuchen verabsäumt.

Die Einrichtung der spanischen Begräbnißplätze ist bemerkens- und nachahmungswerth. Zur Zeit, wo das gelbe Fieber wüthete, und die Bevölkerung Spaniens decimirte, glaubte man, daß die Krankheit durch den unvorsichtigen Transport und die sorglose Aufbewahrung von Todten ausgebrochen und verbreitet wäre, welche auf der Reise von Tanger nach Malaga am Fieber erkrankt, gestorben waren, und in ihrer Heimath gelandet wurden, um in geweihter heimischer Erde zu ruhen. Seit dieser Zeit verordnet ein Gesetz, daß die Särge in steinerne Mauerblenden, welche in langen Reihen übereinander fortlaufen, hineingeschoben und vermauert werden. Nach fünf Jahren öffnet man diese Blenden, nimmt die Särge heraus, und vergräbt sie. Selbst in Familienbegräbnisse dürfen Leichen nur beigesetzt werden, nachdem sie zwei Jahre in den Mauerblenden, und zwar in der Reihenfolge, wie der Tod sie aufgerufen, vermauert gestanden haben.

Einen Tag habe ich in der Familie des Don Fernando G. sehr angenehm zugebracht. Einer der wohlhabendsten Einwohner der Stadt, besitzt er ein sehr schönes Palais mitten in der Alameda, dessen elegante Einrichtung und Gastlichkeit mich eben so ansprach, als die Liebenswürdigkeit seiner Gattin und seiner beiden ältesten erwachsenen Töchter. Die jungen Damen haben eine vorzügliche Erziehung genossen, und kultiviren unter verschiedenen Talenten die Musik in einem für Dilettantinnen seltenen Grade der Vollkommenheit. In einem geräumigen, höchst geschmackvoll decorirten Salon fand ich einen trefflichen Flügel, und zwar zu nicht geringer Ueberraschung, in Breslau gebaut. Das erste Concert, was Donna Inez vortrug, war von Tauberts Composition, die erste Gesangspiece, mit der Donna Isabella uns erfreute, Schuberts Erlkönig, — und deutsche Musik, wie man mich versicherte, in Malaga geschätzt und bevorzugt. Ein solennes Mahl ließ die Leckerbissen der spanischen Küche und Weine die Revue passiren, während ein freier Ton und Takt der Gesellschaft, und wahrhaft herzliche Gemüthlichkeit, Heiterkeit und zuvorkommende Aufmerksamkeit für den Gast, die Zeit eben so schnell wie angenehm vorübergehen ließ.

Die Frauen von Malaga sind berühmt ihrer Schönheit wegen; ob ihre Augen schmachtender, oder die Kleinheit der Füße anziehender, oder die Schlankheit der Taille bewundernswürdiger sind, lasse ich dahin gestellt sein, obgleich der letztere Punkt bei dem Umstande eine ganz besondere Anerkennung verdient, daß die Spanierinnen sich hierzu keiner Hülfsmittel bedienen. Fächer und Schleier, die beredten Zeichen der Damen, sah ich in steter Thätigkeit, in den kleinsten Bewegungen und Wendungen des Körpers, Anmuth und edle Haltung, ein Capitel, dessen speziellere Bearbeitung ich Jüngeren überlassen muß.

Eines Gefühls dauernder Dankbarkeit der hiesigen Einwohner muß ich noch erwähnen. Der jetzt verstorbene Fürst Sulkowski aus dem Großherzogthum Posen hatte mir mehrmals und gern von dem Ausdruck der Erkenntlichkeit der Stadt Malaga erzählt, die er im französischen Kriege gegen ausdrücklichen Befehl Napoleons von Plünderung verschont hatte. Auf meine Erkundigung hiernach erhob sich Alles zugleich, um im innigsten Dankgefühle und in ehrendster Anerkennung des Fürsten zu gedenken, dessen Tapferkeit und ritterlicher Sinn damals eben so bewundert wurden, als sein liebenswürdiges Wesen, seine Bälle, sein Tanz und sein Glück bei den Damen.

C VI Seite 257

VI.

Die Civil- und Criminal-Gefängnisse zu Lissabon. Cadea do cova de Moura.

Sechs und dreißig Stunden, nachdem ich von Sevilla aus den Guadalquivir bei St. Lucar verlassen hatte, liefen wir auf dem englischen Dampfschiffe Sesostris, Kapitain Evans, im Tajo ein. Kurze Windstöße von Nordwest her hatten schon unsere Umschiffung von Cap Vincent, der Westspitze von Algarve, erschwert, und verzögerten später auch die Wendung um Cap Espichel, auf dessen Höhe das Castell von Cezimbra, eines der berühmtesten Schlösser von Estremadura, mehrere Meilen weit von der See aus erblickt wird. Die Sandbarren, welche der Tajo ablagert, und die Dünen, welche sich längs der ganzen portugiesischen Küste hinziehen, und die Einsicht in das Land, ausgenommen wo es seine felsigen Gestade hoch erhebt, und senkrecht hinabfallen läßt, wie bei Mafra, Peniche, Mondego hindern, lassen nur in wenigen Häfen die Landung zu, und nöthigten uns, bis an das äußerste Ende des rechten Ufers der Mündung des Stromes, nach dem Fort St. Juliao, hinzulaufen, und dann hart am Ufer einzufahren in Eins der Wunder der Welt, in den Hafen Lisboa.

Anfangs, gestehe ich, erwartete ich mehr als ich sah. Rechts und links in der Meeresstraße, denn so muß man den salzigen Tajo bis drei Meilen oberhalb der Hauptstadt bis nach Poboa und Alverca zu bezeichnen, wechselten höhere und niedere felsige Ufer; sanfte Höhen in der schönsten Pracht saftiger Weiden, und blühender Saaten zogen sich zu unsrer Linken wellenförmig bis gegen die Gebirge hin, die sich nördlich höher und höher bis zu den unwegsamen Kämmen der Sierra Estrella erheben. Einzelne Castelle und Batterien beherrschen überall die Wasserstraße. Das Königsschloß Belem mit seinen uralten Thürmen im Meere, eilte an uns vorüber; links winkte uns Ajuda, rechts blickte vom hohen Felsplateau Almada herab, bis vor uns von seinen vier Hügeln das vielbesungene Lissabon, von Marmorquais umsäumt, aus den Wellen auftauchte, und Straßen, Gärten, Kirchen und Schlösser hell und blendend über einander thürmte. Die blanken Fenster der zahllosen Häuser winkten uns hinüber. Die Glocken begrüßten uns mit ihren Klängen zur morgenden Feier des Jahrestages der Constitution, und im Mastenwalde der Dampf-, Kriegs- und Kauffartheischiffe umschwärmten uns zahllose Barken und Gondeln. Welches Drängen und Menschengewühl auf der großen Marmortreppe am Zollhause, auf den offnen Plätzen und Promenaden, welche die Aussicht nach dem Hafen haben!

Seit dem Erdbeben von Eintausend siebenhundert fünf und funfzig hat sich Lissabon aus der furchtbarsten Zerstörung zu seinem jetzigen Glanze wieder erhoben, und obgleich damals zwischen dreißig und vierzig tausend Menschen ihr Leben einbüßten, so ist doch seitdem die Bevölkerung wieder auf dreimal Hunderttausend Seelen gestiegen; ein seltsamer Contrast gegen die geringe Volkszahl des Königreichs, welches bei einem Flächeninhalt von fünf Tausend Quadratmeilen nur vier Millionen Menschen ernährt.

Lissabon ist eine schöne Stadt. Die Lage am Meere, die Abwechsselung von Höhen und Thälern, von Feld und Wald in der Umgegend, die Gärten, die Vorstädte, die Gebirge von Cintra und Mafra, die Vegetation, das milde Klima, der reine, ewig blaue Himmel, alles das ist herrlich. Aber zum Begriff des Schönen, wenn es nicht isolirt dastehen, sondern zugänglich sein soll, gehört eine Harmonie mit seinen unmittelbaren und mittelbaren Beziehungen, ein Anschließen, eine Verbindung der innern und äußeren Verhältnisse. Um sich in Lissabon wohl zu fühlen, müßte nicht allein Stadt und Land, sondern auch das Volk, dessen Charakter und Leben, die Regierung und ihr System uns zusagen, allein in dieser Hinsicht schwindet der Eindruck, den der äußere Anblick hervorruft, bald, und weicht einem Mißbehagen, was sich bei näherer Prüfung der dortigen Verhältnisse, der Triebfedern, der Machinationen, und ihrer eigentlichen Zwecke, der Mittel, welche zur Erreichung egoistischer Pläne benutzt werden, der Willenlosigkeit und Schwäche des Volkes befestigt. An eminenten Persönlichkeiten, die das Volk lenken könnten, fehlt es ganz, und es scheint nur da zu sein, um zu dem fortwährenden Wechsel, mag er sich heilsam oder verderblich gestalten, Viva zu schreien, zu jauchzen und zu hoffen, daß der neueste Umschwung der Dinge der wahrhaft segenbringende, und daß der Held des Tages der wahre Erretter sei, der es von dem Uebel der Vergangenheit und Gegenwart erlösen, und den ersehnten und verheißenen Zustand der Glückseligkeit herbeiführen werde. Das portugiesische Volk ist dumm und indolent, aufgeblasen und träge, weder zum Bewußtsein seiner selbst, noch zu einem gewissen Selbstvertrauen gereift, sklavisch abhängig von den Launen dessen, der sich eigenmächtig aufwirft, um es als Marionetten in seinen Dramen zu verwenden.

Die Portugiesen in Lissabon haben durchaus keinen Typus, um sie von den Einwohnern von tausend andern Städten nur unterscheiden zu können. Gesichtsbildung, Haltung, Tracht, Gewohnheiten, haben nichts Eigenthümliches, und wenn man Baumwolle in den Ohren trüge, würde man eben so gut glauben können, man sei in einer bedeutenden Stadt des südlichen Deutschlands, Frankreichs, in Italien oder in Spanien.

Wenn das Volk einen indifferenten, so machen der Hof und die Regierung einen entschieden unangenehmen Eindruck.

Es fehlt Portugal nicht an Hülfsmitteln. Das Land producirt nicht allein für den eignen Bedarf, sondern noch hinreichend zu bedeutender Ausfuhr, allein das Volk ist faul, und die Regierung schlaff. Sie thut Nichts, um die Quellen der Gewerbethätigkeit zu eröffnen, die vorhandenen Güter und Mittel zu benutzen, und das Nationalvermögen zu vermehren. Im Gegentheil hat sie die Nationalgüter vergeudet, und die Revolutionen haben den Ueberrest derselben verzehrt. Der Werth dieser Güter betrug Einhundert vierzig Millionen Crusaden, wovon jetzt etwa noch im Werthe von vierzehn Millionen vorhanden sind. Der Brand, welcher im Jahre Eintausend achthundert und sechs und dreißig am hellen Tage das Schatzgebäude auf dem Platze del Roscio in Asche legte, und drei Archive mit den sämmtlichen Belägen über die verpfändeten, verliehenen, verpachteten Domainen und Capitalien, und damit jede Möglichkeit vernichtete, den Umtrieben und Betrügereien auf die Spur zu kommen, die man Jahre lang getrieben hatte, um den Staat planmäßig zu bestehlen, soll ziemlich hoch gestellte Personen zu Mitwissern und Urhebern gehabt haben. Kurz, der jetzige Zustand der Finanzen weist eine Staatsschuld von Einhundert vierzig Millionen Crusaden an England nach, von der kaum die Zinsen regelmäßig gezahlt werden können, und eine National-schuld von funfzig Millionen, und dies in einem Lande, in welchem alles Streben nur dahin geht, Habsucht, Ehrgeiz und Eigennutz der Großen zu befriedigen.

Die jetzige Revolution hat eigentlich nichts Wesentliches bewirkt, sie wird Nichts erreichen, und das jetzige System sich nicht halten. Es mag allerdings den nordischen Mächten angenehmer erschienen sein, daß durch die letzten Bewegungen die Aristokratie und Pairie wiederum an's Ruder gelangt zu sein scheint, aber man täuscht sich vollständig über die Ursachen und die Nothwendigkeit dieser Reform. Die Vermittler der Revolution waren keineswegs von der Nothwendigkeit einer Reform der Verwaltung durchdrungen, wohl aber von der traurigen Erkenntniß, ihren persönlichen Einfluß mehr und mehr schwinden zu sehen. Die Mitglieder der liberalen Parthei, die Urheber der letzten constitutionellen Umwälzung sahen, daß die Sachen sich nach und nach machten, daß die Regierung sich consolidirte, die Finanzverwaltung das Ansehen gewann, zu einer gewissen Ordnung zu gelangen, die Justizverwaltung Besseres vorbereitete, und daß der Einfluß der geheimen Gesellschaften, namentlich der Freimaurerloge, welche nur politischen Zwecken huldigte, mehr und mehr schwinden müsse.

Darin lag in ihrem Sinne die Nothwendigkeit für ihre Selbsterhaltung zu sorgen, und an eine Umgestaltung der Dinge zu denken, bloß um sich und die

Genossen zu heben, und zu bereichern. So wechselten die Partheien die Farben, vorzugsweise durch Costa Cabrals Intriguen; derselbe, der die frühere Revolution als Jacobiner, mit der rothen Mütze auf dem Kopfe, geleitet; derselbe, der bis dahin das Haupt und der Lenker der geheimen Gesellschaften in Lissabon und Oporto gewesen; derselbe, welcher seine Laufbahn als Maulthierhändler begonnen, und dessen Bruder noch heute in untergeordneter Stellung bei der Polizei beschäftigt ist, und der jetzt im vierzigsten Lebensjahre ohne eigentliches Verdienst und entschiedenes Talent, durch Ehrgeiz und Machinationen und Dreistigkeit die höchsten Ehrenstellen und Auszeichnungen erreicht hat. Sein Aeußeres, die stechenden Augen unter den schmalen gewölbten Brauen, die krumme Nase, der scharf geschnittene Mund, und das spitze Kinn, verrathen mehr den Intriganten, als den scharfen Beobachter und den bedeutenden Staatsmann.

Die letzte Umwälzung wird und kann nicht bestehen, denn sie ging nicht vom Volke aus. Das Volk versteht die Idee derselben nicht, ist überhaupt weder reif noch geistig vorbereitet genug, um ein Interesse daran zu nehmen.

Es kann nicht überraschen, daß dieselben Organe, durch welche Costa Cabral jetzt seine eigensüchtigen Zwecke erreicht hat, die Mittel finden werden, ihn selbst, wenn er aufhört, für sie nach Begehr zu sorgen, auch wieder zu stürzen.

Die geheimen Gesellschaften in Lissabon und Oporto, denn außer diesen beiden Städten ist ganz Portugal ohne alle politische Bedeutung, setzen noch jetzt ihre zahlreich besuchten Versammlungen fort. Es befinden sich darin alle Staatsbeamten, alle Offiziere, um auf diese Weise vielleicht eine Carriere zu machen; alle Factionen sind darin vertreten, und Jeder huldigt stets demjenigen Systeme, welches ihm den größten Gewinn verheißt. Hätten die nordischen Höfe hiervon eine so genaue Kenntniß gehabt, so würde die Anerkennung des letzten Wechsels wahrscheinlich nicht so rasch erfolgt sein.

Die Königin könnte regieren, wenn sie wollte; sie könnte die Stimme des Volkes für sich gewinnen, wenn sie es der Mühe werth erachtete, aber im Palast Necessitados will man nicht regieren, wie es scheint, weil die Königin den Einfluß ihrer Umgebungen, dem ihrigen gegenüber, fürchtet; weil der Palast ein Glashaus ist, und man Alles, was drinnen vorgeht, sieht und hört, und weil von des Königs Charakter, Energie und Bedeutung zwar wenig konstirt, wohl aber, daß er selbst regelmäßig in den Abendstunden den Palast verlassen, und sich in die geheimen Klubbs begeben, sich also gewissermaßen mit seiner Person an die Spitze gestellt, und mit seinem politischen Einfluß die Garantie des Hofes und einen Rückhalt für jeglichen Ausgang der Dinge gewährt hat. Das General-Commando über die Armee, was nur auf diese Weise in seine Hände gelangen konnte, und der dadurch gesicherte große Einfluß schien ihm wohl ein hinreichendes Motiv, um Alles im Lande auf den Kopf zu stellen, unbesorgt über den Ausgang, der muthmaßlich eben so jammervoll hätte werden können, wie er schon einmal ihn und den Hof compromittirte, und über die Zukunft, deren Früchte doch zu ihrer Zeit heran reifen werden.

Gerade während meiner Anwesenheit war dem Volke die Feier des Jahrestages der Carta erlaubt worden, und es war Illumination angesagt, und Musikchöre auf den Plätzen und auf den Estraden der städtischen Promenaden, stellten die öffentliche Freude dar. Das Castell St. Georg zeigte Fahnen, Wappen und Transparente, und verpuffte unglaublich viel Pulver an Kanonenschüssen und Feuerwerken. Im Opernhause wurde die Nationalhymne zwar nicht gesungen, aber doch wenigstens vom Orchester gespielt, und in allen Kirchen wurde ein Te deum unter militairischer Assistenz abgehalten.

Ich schloß mich einer Jägerabtheilung an, welche mit voller Janitscharenmusik, bis an die Zähne bewaffnet, gleichsam wie auf Execution in die Hauptkirche St. Georg's marschirte. Die Uniform ist hübsch. Die Farbe ein dunkles Kaffeebraun mit rothen Kragen und Aufschlägen; der Schnitt knapp und leicht, die Schöße ganz kurz. Auf dem graden Czako steht ein Federbusch in Form eines grünen Bäumchens. Rings herum hängen grüne Fangschnüre, von gelben Löwenköpfen gehalten, welche Ringketten über dem Sturmriemen tragen. Vorn am Czako, und hinten an den Schößen befindet sich ein gelbes Jägerhorn. Die Epauletts haben Candillen von dicker schwarzer Wolle mit Messinghalbmonden. Das Lederzeug ist schwarz lackirt; an einem Leibgurt ist vorn eine Tasche zu Patronen, an der Seite steckt das Bajonett als Säbel in einer Scheide, hinten hängt über einer Schulter der schwarze Tornister, länglich rund, in Form einer Tonne. Die Unteroffiziere tragen goldne Tressen um die Aufschläge, und grasgrüne Handschuhe. Die Offiziere braune Collets, roth seidne Schärpen, Messingbeschläge am Bandelier, und einen palaschartigen Säbel mit großem Korbe. Die Epauletts der Hautboisten sind an den Spitzen mit Gold eingefaßt. Trommel und Triangel werden von Mohren gehandhabt, welche roth und grün gezackte Czakos, mit roth und grün gestreiftem Federbusch, und vor der Brust rothe Rabatten tragen. Die Musik wechselt, bald Klappentrompeten und Jägerhörner, bald volle Janitscharen-Musik. Der Kapellmeister geht voran, und bläst auf einem ganz kleinen Trompetchen ein Signal, sobald die Corps beginnen oder aufhören sollen. Die Compagnie zog hinauf zur Kirche, erstieg die Marmortreppe, wurde von mehreren Geistlichen empfangen, und zog nun mit der Introduction aus Robert dem Teufel

„der Wein, der Wein“

bis vor den Hochaltar; laut wurde Gewehr ab und auf commandirt, geschultert, musicirt, gekniet und wieder gerichtet, sodann ein Marsch aus Fra Diavolo, ein Straußwalzer gespielt, und mit dem Jägerchor aus dem Freischütz wieder abmarschirt.

Von Würde und Feierlichkeit war während des kurzen Amtes gar keine Rede. Die Soldaten waren auch unbekümmert über die im Mittelplatz liegenden, ausschließlich für Frauen bestimmten Binsenmatten, die man in allen portugiesischen Kirchen findet, aber sonst nie von Männern betreten sieht, hinwegmarschirt.

Vor dem Schlosse Necessitados sollte später große Parade sein; da dies aber etwa eine und eine halbe Stunde entfernt am andern Ende der Stadt liegt, so bediente ich mich eines mit sechs Maulthieren bespannten Omnibus, der unter der Katzenmusik des Conducteurs in einem sehr mäßigen Trab über das Pflaster fortrumpelte, bis wir in der Nähe des Königlichen Palastes, wo die schlechte Steinbahn ganz aufhörte, auf einem leidlich ausgefahrenen und höchst ländlichen Sommerweg fort gewiegt wurden. Ich setzte mich dann, dem Palast gegenüber, in ein Kaffeehaus, und betrachtete mit Muße die sich sammelnden Truppen, und die zur Cour fahrenden vornehmen Herrschaften.

Die Neugierde hatte wenige Menschen hierhergetrieben; meistens Frauen, die hier alle ein weißes Tuch über den Kopf, und braune, nicht allzulange Mäntel mit Ueberfallkragen tragen, und von der gütigen Natur mit unglaublich großen und breiten, gänseartigen Plattfüßen beschenkt sind.

Einige Offiziere, die wohl vom Dienst dispensirt sein mußten, gingen unbefangen im blauen Interimsrock, blauer Mütze, schwarzen Pantalons, rother Schärpe, Schleppsäbel mit schwarzer Ledertasche, und schwarzen Handschuhen, vor den Fenstern des Palais auf und ab.

Die zur Parade commandirten Garden hatten viel Aehnlichkeit mit den preußischen Uniformen. Blaue Leibröcke mit rothen Aufschlägen, graue Hosen mit rothen Doppelstreifen, Czako mit Stern und Schuppenketten, die Compagnien durch die Farben der dicken wollenen Epauletts unterschieden. Alles war mit vollem Gepäck auf den Beinen, und trug die Kochgeschirre auf den eckig gewundenen Mänteln. Die Offiziere paradirten in glänzenden goldnen Franzen-Epauletts, und schwarzen Unterkleidern mit weiß paßpellirten Rockschößen und goldenen Schärpen. Die Griffe und Evolutionen wurden weder rasch noch sicher ausgeführt.

Der Palast Necessitados ist groß, aber nur zweistöckig, roth mit weißen Fensterumfassungen. Vor der Hauptthüre ist eine Vorhalle — der Platz vor dem Palais ungepflastert, und zum Theil mit schlechten Baracken besetzt. Die Königin selbst, klein, sehr stark und gewöhnlich aussehend, erschien am Balkonfenster, trat aber sogleich zurück, weil in demselben Augenblick die Schildwache unter diesem Fenster ohnmächtig umfiel, die Zuschauer hinzusprangen, und man oben im Schloß über dies Hin- und Herlaufen, dessen Veranlassung man von den Fenstern herab nicht wahrnehmen konnte, um so mehr betroffen zu sein schien, als man in dem ungewohnten Schweigen des sonst mit seinen Jubelexclamationen immer bereiten Volkes vielleicht ein negatives Zeichen des Mißfallens erblickt hatte.

Die Auffahrt war höchst glänzend, die Fürsten, Marquis, Grafen, Minister, Generäle und Bischöfe wetteiferten in prächtigen Equipagen. Der päbstliche Legat fuhr in einer ganz vergoldeten, tief hängenden, mit rothem Sammt ausgeschlagenen Kutsche; die vier Schimmel, die sie zogen, trugen auch rothe Sammtdecken reich mit Gold gestickt, weiße Livree-Bediente saßen auf dem Bock und hingen hinten am Wagen. Die Hofkutschen und die der Minister fuhren mit vier Pferden, fast lauter Rappen, mit reichen Metall beschlagenen und mit Quasten verzierten Geschirren. Dann folgten einfache Kutschen und portugiesische Cabriolets mit zwei Pferden, von denen das Eine in der Gabel zieht, und das Zweite nebenbei läuft und den Kutscher trägt, der mit der Hand das ziehende Roß regiert. Diese Wagen sind so hoch, daß vier bis fünf Tritte hinauf führen, und die Damen, welche stets den rechten Ellenbogen und die Nase aus dem rechten Seitenfenster hinausstecken, beim Hinauf- und Hinabklettern viel Gewandtheit zeigen müssen, um nicht zu fallen, oder die Anhänglichkeit ihrer Roben zu verhindern. Trüge man auch hier schon die vielbeliebten stark gesteiften jupes à la Oudinot und à la duc d'Orléans, so würde den Damen nichts übrig bleiben, als beim Aus- und Einsteigen jedesmal einen Diener mit einer Tapetenwand schützend vortreten zu lassen, wenn sie es nicht vorziehen sollten, in diesen soliden Fallschirmen sich von oben schwebend herab zu senken, und im Vertrauen auf die Elastizität mittelst eines kühnen Trampolinsprunges, einer Heuschrecke ähnlich, sich von unten hinauf zu schnellen.

Bei dieser Gelegenheit habe ich Costa Cabral, Bomfim, Terceira und Bandeira ganz in der Nähe gesehen, und wurde von den glänzenden Uniformen, und den Bändern und Sternen, die sie schmückten, förmlich geblendet.

Man erwartete in diesen Tagen den Prinzen Waldemar von Preußen in Lissabon; und obgleich derselbe im strengsten Incognito als Graf Ravensperg aufzutreten beabsichtigte, so hatte der Minister Terceira doch, um den Eingang recht glänzend erscheinen zu lassen, preußische Flaggen anfertigen, durch das Garde-Musikcorps die preußische Nationalhymne einüben, und an alle Behörden durch das ganze Land Befehle ergehen lassen, den Grafen Ravensperg, in Parenthese

Prinzen Waldemar von Preußen, Königliche Hoheit, ungehindert reisen zu lassen, und ihm jeden möglichen Vorschub zu gewähren.

Für Künste und Wissenschaft scheint noch sehr wenig im Lande geschehen zu sein. Die Universität von Coimbra, im Jahre Eintausend zweihundert ein und neunzig gestiftet, bildet immer noch den matten Glanzpunkt der portugiesischen höheren Lehrstühle; das Volksschulwesen liegt tief im Argen, man hat noch nichts gethan, um die in der Orthographie herrschende wunderbare Verwirrung und Willkühr etwas zu regeln, die Literatur fördert Nichts, und auch die freiem Künste gedeihen sehr spärlich. Musik wird wenig getrieben. Die Kapelle der Oper ist ausgezeichnet, und die Präcision und Discretion im Accompagnement ganz vorzüglich — Haus, Decorationen, Sänger und Sängerinnen sind den Anforderungen an eine Bühne der Residenz entsprechend; die Opern werden mit italienischem Text, und fast nur Compositionen italienischer Meister zur Ausführung gebracht.

Das Ballet, obgleich mit erstaunenswerther Pracht der Kostüme, Maschinerien, einem sehr zahlreichen Corps, und mit Thieren und Menschen reichlich ausgestattet, ist doch Eins der schlechtesten, die mir vorgekommen sind.

Kein einziger, auch nur mittelmäßiger Tänzer oder Tänzerin, und von Gestikulationen und Mimik scheinen die guten Leute ganz und gar keine Vorstellung zu haben, denn sie schnitten unaufhörlich Gesichter, verdrehten die Augen, trabsten auf den Boden, und zerschlugen sich die Brust, zitterten, fochten wie Windmühlen in der Luft herum, und arbeiteten sich ab, daß ihnen der Athem, und den Zuschauern endlich Hören und Sehen verging.

An Standbildern ist Lissabon sehr arm. Die Statue Josephs des Ersten auf dem mit den Bureaux der Douane, der Polizei, der Administration umgebenen Hafenplatz, von wo ab die nächsten Straßen sich alle in rechten Winkeln durchschneiden, ist die Einzige, die ich gesehen habe. Das Monument ist in Bronze, und die Nebenfiguren in Marmor ausgeführt. Reiter und Pferd sind steif und ohne Bewegung und Haltung. Der Helm gleicht einem Stacheligel, das Pferd hat Aehnlichkeit mit einem Kameel, leidet am Spatt, und schreitet durch ein Gehäge von Dornen und Schlangen, die vielmehr Blutegeln gleichen, welche ihre trägen, vollgesogenen Köpfe aus einem Petersilienbosquet zu erheben sich bemühen.

Rechts am Fuß des Piedestals leitet eine kolossale Fama in Marmor ein Roß über einen hingestreckten verwundeten Krieger. Da der Künstler das Gesicht des Kriegers dem Pferde zum Stützpunkt angewiesen hat, so war nicht zu vermeiden, daß ihm die Nase und außerdem einige Finger und die Zehen des rechten Fußes schon abgetreten sind.

Auf der entgegengesetzten Seite führt, der Symmetrie wegen, abermals eine posaunende Muse einen kleinen Elephanten mit aufgehobenem Rüssel, wenn man anders eine, auf vier Besenstielen ruhende Wassertonne mit einem übergestulpten Trichter für einen Elephanten halten kann, über einen sich wälzenden, die Beine kreuzweis verdrehenden, ungeschlachten Mozambique-Afrikaner fort. Der kleine wüthende Elephant würde auch ohne Zweifel der vor ihm langsam herschreitenden großartigen Göttin durch die Beine durchlaufen, wären nicht glücklicherweise die Gewänder derselben so massiv gehalten, daß er davor wie vor einer Festungsmauer zurückprallen muß. Weshalb die Fama so langsam marschirt, habe ich nicht ermitteln können, entweder hat sie nicht rechte Courage, und darauf deutet die abgesetzte Kavallerie-Trompete, oder sie hat vergessen, und besinnt sich, was und wem sie eigentlich vormusiziren soll. Es war mir vergönnt, in Begleitung des eben so zuvorkommenden als höchst gebildeten Consuls P., eines durchaus vorurtheilsfreien, mit den hiesigen Verhältnissen durch seinen vieljährigen Aufenthalt, und persönliche Bekanntschaft mit den Notabilitäten auf's genaueste unterrichteten Mannes, die Lissaboner Gefängnisse zu besehen, wozu er die sonst nicht leicht gewährte Erlaubniß verschafft hatte. — Theils durch ihn, theils durch Personen, mit denen bekannt zu werden ich das Glück hatte, habe ich interessante Aufschlüsse über den sittlichen Zustand des Landes, und die Verfahrungsweise erhalten, mit welcher die Regierung ihn zu heben, oder ihm engegen zu treten scheint. Man nimmt in der Regel an, daß mit der Civilisation und ihrer gleichmäßigen Entwickelung die Sittenverderbniß in ähnlichem Verhältniß sich ausbilde. In Portugal kann die Ueberhandnahme der letztern sich nicht auf die Früchte der Fortschritte der geistigen Ausbildung stützen, denn diese liegen noch in ferner Zukunft, da der Baum der Kultur kaum Blüthen zu treiben die Kraft oder Zeit gehabt hat. Von der steigenden Civilisation Europas überhaupt, und der Nachbarländer insbesondere, scheint nur ein trüber Bodensatz sich hier abgelagert zu haben, den die Rohheit und Leidenschaft des Volkscharakters in sich aufgenommen und verarbeitet hat, wozu ihm die Regierung durch Schwäche, Mangel an Energie und Willenskraft, die Beamten durch Unzuverlässigkeit, Mangel an Integrität, Furcht und Willkühr als unrühmliche Vorbilder mit behülflich gewesen sind. Der Umstand, daß in Portugal mehr Verbrechen gegen Personen als gegen das Eigenthum gerichtet sind, und die Hauptstädte Lissabon und Oporto, wo die Centralbehörden der Regierung vereinigt sind, eine auffallend bedeutende Anzahl von Verbrechen und Verbrechern aufweisen, welche außer Verhältniß mit denjenigen der übrigen Städte und des platten Landes stehen, folgt aus dem oben Gesagten von selbst.

Der Rechtszustand in Portugal ist im höchsten Grade mangelhaft. Nicht des Rechts oder der Sache, sondern lediglich der Kosten wegen, scheint man Gerechtigkeit zu üben; ex officio wird weder instruirt, noch inquirirt; der Kläger muß stets die Kosten allein tragen, drei vereidete Zeugen sind erforderlich, um den Beweis einer Thatsache im Civil- oder Criminalprozeß zu führen.

Gegen Caution wird fast jeder Verbrecher, ohne Unterschied der Person oder des begangenen Verbrechens, auf freien Fuß gestellt, und ihm dadurch Zeit und Mittel gelassen, den Thatbestand zu verdunkeln, Zeugen über Seite zu schaffen, den Richter zu bestechen oder zu bedrohen, und den Kläger seinerseits zu verdächtigen und zu schrecken, oder zur Zurücknahme seiner Klage durch Geschenke zu bewegen, oder sich im schlimmsten Falle auf und davon zu machen.

Es hat zwar in der letzteren Zeit nicht an einzelnen Fällen gefehlt, wo in Lissabon und Oporto die Langmuth der Geschworenen, durch die geschehenen Gräuel und die Furcht vor persönlichen Nachtheilen geängstigt, aufgehört, und dieselben ziemlich energisch und rasch condemnirt haben; allein in den kleinern Städten ist Alles so eingeschüchtert durch die Frechheit und Rachsucht der Verbrecher, daß die Geschwornen selten den Muth haben, zu verurtheilen, und in der Regel den Angeklagten freisprechen.

Besonders thätig und kräftig hat sich in jüngster Zeit der Chef der Polizei, Branca, gezeigt, ein junger Mann aus guter Familie, von Energie und Amtseifer durchdrungen, der einen Theil seines Vermögens geopfert hat, um den überhand nehmenden Räubereien in und um Lissabon ein Ende zu machen. Ihm ist es auch demnächst gelungen, eine Bande von ein und zwanzig Räubern nach und nach einzufangen, und dem Gerichte zu übergeben, so wie durch die sorgfältige Vorbereitung vollständiger Beweismittel, durch seinen persönlichen Einfluß, und die Garantie zukünftiger Sicherheit, die er durch die Verhaftung dieser Verbrecher verheißen, daß einige von ihnen wirklich hingerichtet, die übrigen zur Deportation verurtheilt wurden. Diese Bande hatte zahllose Räubereien und eine unglaubliche Menge von Mordthaten mit tollkühner Frechheit vollführt, und die öffentliche Sicherheit auf eine solche Weise gefährdet, daß Angst und Schrekken sich über die ganze Stadt verbreitete. Diese saubere Gesellschaft war darauf ausgegangen, die Dienstboten reicher Familien mit bedeutenden Summen zu erkaufen, um ihr des Nachts die Häuser derselben zu öffnen. Nachdem sie eingedrungen, hatten sie alles Lebende im Hause ermordet, Geld und Geldeswerth geraubt, und wenige Wochen später auch die ihnen behülflich gewesenen Diener umgebracht, um Alles zu vernichten, was durch Zeugniß ihnen hätte gefährlich werden können.

Die Gefängnißadministration in Portugal war von je her die schlechteste und gewissenloseste in Europa, und das Licht, was in dieser Beziehung seit Decennien von America aus sich über Europa verbreitet, hat die tiefen Schatten, die über Portugal lagern, noch nicht zu erhellen vermocht.

Bis zum Jahre Eintausend achthundert drei und dreißig hatte das Gouvernement diesem wichtigen Theile der Administration so gut als gar keine Aufmerksamkeit gewidmet.

Seitdem hat man die ganze Sache in Entreprise ausgethan, und einer Gesellschaft von drei Kaufleuten jährlich die Summe von vier und zwanzig Contos, etwa vierzig Tausend Thaler, mit der Verpflichtung zur Disposition gestellt, dafür die Pflege und die Unterhaltung sämmtlicher Untersuchungs- und verurtheilten Civil- und Criminal-Gefangenen zu bestreiten. Die portugiesische Justiz verurtheilt nach Maßgabe der verübten Verbrechen entweder zur Detention von sechs Monaten bis auf Lebenszeit, oder zu öffentlicher Strafarbeit in Ketten, oder zur Deportation nach den außereuropäischen Colonien. Die zu letzterer Condemnirten bleiben bis zum Tage der Einschiffung in dem Gefängniß Caden do Limvecho, die zweiten in einigen Depots derjenigen Stadttheile, wo sie zunächst zu öffentlichen Arbeiten verwendet werden, die ersten in dem Gefängniß Caden do Cova de Moura, einem alten weitläuftigen Maurenschlosse mit vielen Sälen, engen Corridoren, anderthalb Fuß breiten, steilen, steinernen Treppen, durch welche man mittelst Fallthüren in die verschiedenen Stockwerke gelangt.

In diesem Gebäude befanden sich bei meinem Besuche, unter dem Schutz von zwei und dreißig Mann Wache, welche nur den äußeren Dienst versehen, sämmtliche Civil- und Criminal-Untersuchungsgefangenen, Schuldgefangenen, Bürgen, unter Observation Stehende, verurtheilte Polizeicontravenienten, und Criminal-Verbrecher, Diebe, Verbrecher, Betrüger, Räuber, Mörder, Giftmischer, Hochverräther, Ehebrecher, Bankrotteurs, Spieler, unfolgsame Kinder, faule Dienstboten und Weiber, nach dem Zeitpunkt ihrer Verhaftung, also gewissermaßen historisch aneinander gereiht, oder bei der Beschränktheit des Raumes vielmehr auf einander gepackt.

Ein wunderbares Gemisch von Physionomieen, Trachten und Beschäftigungen, eben so verschiedenartig, als die Veranlassung und die Dauer des Aufenthalts der Einzelnen.

Eintausend siebenhundert und neunzig Gefangene sollten nach Ausweis der Listen vorhanden sein, davon waren aber über Achthundert gegen Caution entlassen, so daß ich etwa neunhundert Männer, sechs und vierzig Frauen mit ihren Kindern, auf sechs große Säle vertheilt, und außerdem noch einige zwanzig verwahrloste Kinder in einem Käfig, wie in einem Kaninchenstall eingesperrt fand. Einzelngefängnisse waren gar nicht vorhanden.

Das Beamtenpersonal bestand aus einem Ober-, einem Unteraufseher und zwei Schreibern, welche im Interesse der Regierung eine Art Aufsicht führen;

alles Andere bestellt, nach Bedürfniß und eigner Wahl die Commission der Kaufleute, namentlich die Anstellung und Entlassung der Wärter, welche als Privatlohndiener dem Staate durch Nichts verpflichtet und verantwortlich sind — die Wahl der Speisen, die Festsetzung und Aufrechthaltung der Hausordnung, wenn anders eine solche wirklich besteht, und die Zuerkennung und Vollstreckung von Disciplinarstrafen, jedoch diese im Einverständnisse mit jenem Ober-Aufseher, welches übrigens niemals versagt wird.

Wer sich selbst erhalten kann und will, wird in der oberen Etage untergebracht. Für die Bewohner der Belle-Etage thut die Administration nichts, als daß sie dieselben von außen in den Zimmern bewachen läßt. Ob, was, wie viel sie essen, woher sie das Geld dazu nehmen, wer sie besucht, und was diese Besucher treiben und bringen, mit wem sie nach außen entweder durch die offnen, auf die Straße gehenden Fenster, oder durch die sie besuchenden Freunde oder brieflich correspondiren, kümmert Niemanden. Wer sich nicht verpflegen kann oder will, bewohnt die untere Etage, und erhält täglich Mittags ein Quart dicken Reis und Kartoffeln, und dreiviertel Pfund ziemlich schlechtes Weißbrod. Wer davon nicht gesättigt wird, mag hungern, denn etwas Ueberflüssiges ist eben überflüssig, und die obige Portion nach dem Gutachten der, in Folge vielfacher Beschwerden über Qualität und Quantität der Nahrungsmittel, niedergesetzten ärztlichen Commission gerade ausreichend, um den durch keine anstrengende Arbeit oder Bewegung erschöpften Menschen vor dem Verhungern zu schützen. — Hierzu wurde noch bemerkt, daß es wesentlich auf die zufällige wechselnde Güte der Nahrungsmittel oder ihrer Zubereitung nicht ankomme, da der Nahrungsstoff selbst auch in schlechteren Früchten vorhanden wäre, und der Magensaft auch die schlechte Kocherei vollständig ersetze; es auch überhaupt kein Naturgesetz, also keine absolute Nothwendigkeit sei, daß der Mensch gekochte oder gebackene Speisen zu sich nehme, und eine relative Gewohnheit Verbrechern nicht zu Gute zu kommen brauche, die darauf ganz und gar keinen Anspruch machen dürften, da sie keine Rechte mehr hätten, und sie, wenn man ihnen auch nicht gleich ans Leben gegangen, doch für die Zeit der Detention bürgerlich todt wären.

Weder Betten, noch Kleidung, noch Wäsche wird von der Administration, außer in Erkrankungen, verabreicht. Diejenigen, welche nackt eingebracht werden, und vom Hause nichts beschaffen können, erhalten ein grobes Stück Leinwand zu einem Paar kurzer Hosen, und eine schmale Decke, in die sie sich nach Landesart einhüllen können. Wie hier Alles nach den Mitteln, oder vielmehr nach der Armuth rangirt wird, um den Mangel um so bitterer empfinden zu lassen, so hat man auch die von Allem Entblößten noch eine Etage tiefer setzen wollen, damit doch ein System in der Vertheilung und Behandlung der Gefangenen consequent beobachtet werde; da nun aber dies Gefängniß nur zwei Stockwerke hat, so sind die zur dritten Abtheilung Gehörigen in ein großes dunkeles Kellergewölbe verwiesen, in welchem ich zwischen Schmutzhaufen sieben und vierzig Jammergestalten, und zwar sechs und dreißig Männer und eilf Kinder zusammengesperrt fand. Im oberen Stock ist freie Aussicht und frische Luft, im unterem befinden sich Mauern, den Fenstern gegenüber, und eine unreine Luft, im Keller ist es dunkel und dumpf, weshalb wir mit einer Laterne hinabstiegen.

Nun sehe Jeder zu, wie er es anfange, um sich die Mittel zu verschaffen, seine Lage zu verbessern; der Bewohner des Kellerraums, um sich so viel zu erbetteln, damit er der Administration seine Hosen zu Füßen legen, und aus diesen heraus in das Erdgeschoß steigen kann, und Diejenigen, welche es in dem untern Stockwerk vor Gestank, Zänkerei, Prügel und schlechter Kost nicht mehr aushalten können, damit sie unter Verzichtleistung auf die Letztere eine Stiege höher hinauf klettern mögen.

Die größten Säle waren sämmtlich überfüllt, doch vermochte ich nicht zu unterscheiden, welche unter den Anwesenden zu den Gefangenen, welche dagegen zu den Besuchern zu rechnen waren, was man weder aus der Haltung, noch aus den Mienen oder Geberden der Versammlung entnehmen konnte. Es wurde gegessen, getrunken, gespielt, gesungen, getanzt, gezankt und gearbeitet. Die Luft war dick und übelriechend, was in dem geringen Luftzuge, und in den Latrinen, die in einem offenen Alkofen bei jedem Saale angebracht sind, seinen Grund hat. An Möbeln befinden sich zwei Wasserfässer zum Waschen, Sprengen und Trinken in den Zimmern. Durch Bewegung im Freien wird der unzureichende Raum nicht ersetzt, denn die früher bestandene Erlaubniß, wonach die Gefangenen sich täglich während einer Stunde auf dem Hofe aufhalten durften, ist ein für allemal untersagt, weil bei dieser Gelegenheit ein Capital-Verbrecher entsprungen, und lange Zeit ein Gegenstand des Schreckens seiner Richter geworden war, die er unausgesetzt mit seiner Rache verfolgt hatte.

Zum Arbeiten darf Niemand, wenn das Gesetz ihn nicht dazu ausdrücklich als Strafe bestimmter Verbrechen verurtheilt hat, und er dann zu den öffentlichen Kettenarbeiten angehalten wird, gezwungen werden. Wer aus freiem Antriebe sich beschäftigen will, mag es thun, und so fand ich auch Schuhmacher, Schneider und einige Korbflechter in Thätigkeit, um Geld zu verdienen, dadurch ihre Lage zu verbessern, sich Genüsse zu verschaffen, und durch das Einkaufen des Arbeitsmaterials, Bestellungen und Absatz der Arbeiten, Gelegenheit eines häufigen Verkehrs nach außen zu gewinnen.

Die Aufsicht in den einzelnen Sälen führen Gefangene, welche hierzu, so wie der Barbier, der in jedem Zimmer diese Mühe übernimmt, von den Mitgefangenen ausersehen werden.

Die Beaufsichtigung besteht darin, mit Tagesanbruch sich zu erheben, und Alles aufstehen zu lassen, so wie um acht Uhr Abends die Stubengenossen zu vermögen, sich zur Ruhe auf den Fußboden auszustrecken, und im Uebrigen Jedem ungehinderte Freiheit zu gewähren, zu thun und zu lassen, was ihm beliebt. Von Autorität und Respect ist dabei wenig oder gar nicht die Rede.

Bei unserem Eintritt in die verschiedenen Säle umringte man uns, streckte die Hände bettelnd aus, nahm für die Beantwortung unsrer Fragen reichliche Geschenke in Geld fröhlich in Empfang, und bemühte sich dafür zum Dank, unsre Taschen um Einiges leichter zu machen, was ihnen auch bei mir in so fern gelang, als ein seidnes Schnupftuch, ein Paar Handschuhe und ein Plan von Lissabon glücklich ihren Weg in die Hände unsrer freundlichen Cicerones gefunden haben.

Als Strafe der Widersetzlichkeit und für Theilnahme an Complotte werden Fesseln angelegt, Verminderung der ohnedies schmalen Kost angeordnet, oder Einsperrung in einen kleinen dunkeln Keller befohlen; zur Zeit meines Besuchs war Niemand bestraft.

In Erkrankungsfällen kommen die Gefangenen in das Hospital. In drei Sälen, mit eisernen Bettstellen und Betten versehen, werden Männer, in Einem kranke Frauen aufgenommen. Ein Arzt, ein Chirurg, ein Apotheker und mehrere Wärter versehen diese Station, in welcher ich nur einen Patienten traf. Hier schien Ordnung und Reinlichkeit zu walten.

Gottesdienst wird Sonntags und an hohen Festtagen in jedem Saal besonders gehalten, wenn die Mehrzahl der Gefangenen es wünscht.

Die Oratorien, das heißt, die Gemächer, in welchen sich die zur öffentlichen Hinrichtung Verurtheilten drei Tage hindurch mit einem Geistlichen vorbereiten, liegen unterm Dach in einigen, nach außen hin sehr unsicheren Bodenkammern. Die Todesstrafe besteht jetzt ohne Ausnahme im Galgen. Bisher hatte der Adel das Vorrecht, auf einem Stuhle erwürgt zu werden.

Die gefangenen Frauen befinden sich in einem abgesonderten Theile des Gebäudes, unter der Aufsicht einer Ober- und einer Unteraufseherin. Einrichtung des Lokals, der Kost und Controlle, unterscheidet sich in Nichts von der im Männergefängnisse. Auch in Portugal spricht die geringe Zahl weiblicher Gefangenen für den sittlichen Werth der Frauen, im Vergleich zu den Männern.

Ich habe für meinen Besuch ziemlich viel zahlen müssen. Obgleich mit allen möglichen und nöthigen Legitimationen und Ordres versehen, war, im eigentlichen Sinne des Wortes genommen, mindestens eine halbe Crusade der Schlüssel zu jedem einzelnen Schlosse, oder zu jeder Fallthür, die sich über oder unter uns öffnete; dafür habe ich aber auch nirgends ein Gefängniß gesehen, dessen Zustand mich weniger zufrieden gestellt hätte, obgleich man an seiner Einrichtung auch lernen konnte, nämlich wie ein Gefängniß nicht sein müsse.

Aus dem geschilderten Zustande ersieht man, daß der Staat keinerlei Sorge diesem Institut widmet, daß er also Systeme darin weder aufstellen kann noch will, und sich lediglich darauf beschränkt, dem Buchstaben des Gesetzes nach, den Verbrecher für die Dauer der Detention für die bürgerliche Gesellschaft unschädlich zu machen; ob er dadurch für die Zukunft gebessert wird, oder gemeingefährlich bleibt, oder es nach dem Unterricht, den er einstweilen genossen, in erhöhetem Maaße wird, ist eine Sorge, die der Zukunft angehört, und ihre Beseitigung also von derselben erwarten muß.

Der Präsident des obersten Gerichtshofes als solcher, ist mit der Oberaufsicht sämmtlicher Gefängnisse beauftragt; man erinnert sich aber nicht, den jetzigen, seit einer Reihe von Jahren regierenden Chef jemals auch nur in einem einzigen Gefängnisse des Landes gesehen zu haben.

Sollte man nicht in Portugal zu dem Glauben gelangen, daß das Bedürfniß gar nicht vorhanden sei, der Gefängnißpflege besondere Systeme zum Grund zu legen, die Zweifel über den eigentlichen Zweck der Strafe, und die zu seiner Erreichung nothwendigen Mittel, durch kostbare, praktische Versuche zu erörtern, und Theorieen zu verfolgen, deren Verwirklichung dem Staat die Nothwendigkeit auferlegt, mit Sorgfalt das leibliche und geistige Wohl jedes Einzelnen seiner Unterthanen zu überwachen, und zwar derjenigen, welche sich durch eigne Unwürdigkeit derselben eigentlich unwerth gemacht haben, am Gelegentlichsten? Am bequemsten wäre dies allerdings, und ungeheure Kosten würden dadurch gespart, und zugeben muß man nicht minder, daß von allen jenen Systemen, welche mit einem enormen Aufwande zur Ausführung gekommen sind, bisher noch kein Einziges den erwarteten Zweck, die Zahl der Verbrechen und Verbrecher wesentlich zu vermindern, also die Menschen zu besseren, einen friedlicheren, glücklichern bürgerlichen Zustand herbeizuführen — entschieden erreicht hat; denn aller Orten klagt man über das Gegentheil, und über die immer wachsende Zahl der Rückfälligen.

Man läßt sich freilich nur selten auf die gründliche Erörterung der Frage ein, was hierzu hauptsächlich die Veranlassung sei: ob das verfehlte oder mangelhaft angewandte System, oder die Natur des Menschen, und die aus der Entwickelung der Civilisation und dem Wachsen der Bevölkerung überhand nehmende Gefährdung des Eigenthums? ob Uebervölkerung, zu oft getheilter Grundbesitz, oder zu große

Ausdehnung der Maschinen-Fabrikation diese Erscheinung herbeiführt? Jedes Einzelne hiervon mag seinen Beitrag dazu steuern, aber so unerläßlich auch die Pflicht des Staats erscheint, als ein Recht die Sorge für die Förderung des moralischen Werthes der Nation in Anspruch zu nehmen, durch alle ihm zu Gebot stehende Mittel den Gesunkenen und den Verbrecher zur Erkenntniß, zur Reue, Buße und Besserung zu leiten, durch das Auffinden und Bekämpfen der Motive seiner unerlaubten Handlungsweise, den Keim zum Bösen zu ersticken, und durch Besserung der Verbrecher der menschlichen Gesellschaft nützliche Mitglieder einzuverleiben: so darf man sich doch nicht täuschen in den Erfolgen, welche man sich von dieser Sorge und von dem Eindruck, den die angewandten Mittel hervorrufen sollten, verspricht; denn alle psychologischen Beobachtungen und Heilmittel berühren immer nur das einzelne Individuum, und zwar nur so lange, als es in seinem unfreien Zustande, der Einwirkung derselben, die es nicht einmal von der Hand weisen könnte, zugänglich und dafür empfänglich bleibt, ohne die mindeste Garantie zu gewähren, daß es Kraft besitzt, dereinst die guten Vorsätze zu verwirklichen, und sich, trotz aller Anfechtungen, vor Rückfällen zu sichern.

Die Moralität der Menschen im Allgemeinen wird dadurch in geringem Grade, und zwar nur in so fern gefördert, als die Furcht vor Rechtsverletzungen, und vor der Strafe und dem Correctionshause stets wach erhalten, und der entlassene Sträfling, dessen Besserung so vielfache Bemühungen nothwendig erscheinen ließ, trotzdem als gefährlich gemieden wird, was den Letzteren aber eben am schnellsten zu seinen früheren Schicksalsgenossen, und zu seiner früheren Lebensweise zurückführen muß. Ob nun die unverdrossene Mühe und Arbeit in einem Verhältnisse zu den daraus gewonnenen Früchten steht, muß der Zukunft überlassen bleiben; wahrhaft schön ist immer nicht allein die hingebende Sorge der einzelnen Arbeiter, sondern auch die Tendenz, die der Staat hierbei verfolgt, und bleibe auch die gewonnene Erndte weit hinter mäßigen Erwartungen zurück, der moralische Werth der Bestrebungen der Regierung, und das dadurch bestätigte Vertrauen des Volkes zu ihr, werden die Anstrengung und Mühe hinreichend belohnen.

Auf den Excursionen nach dem lieblichen Cintra und in die herrliche wilde Natur von Mafra habe ich den Eindruck zu verwischen gesucht, den Lissabons Gefängnisse auf mich gemacht hatten. —

C. VII Seite 289.

VII.

Das Model prison bei London.

Es ist ein treffliches Ding — ein Dampfschiff. Die Schnelligkeit, die Sicherheit, die Bequemlichkeit, und endlich die Billigkeit der Reise bei guter Bedienung, Kost und Behandlung sind sehr hoch zu schätzen. Es hat aber alles seine Schattenseite auf der Welt, und also auch die Dampfschiffe, und selbst auf dem schönsten Steamer bekommt man auf längeren Reisen die Fahrt bald überdrüssig. Das ewig dauernde gleichmäßige Getöse, und die Erschütterung, die man in der Regel noch mehrere Tage hinterher in Kopf und Beinen empfindet; die Schnelligkeit, die uns bei interessanten Punkten zu rasch vorüberführt, auf offner See aber doch immer noch zu langsam erscheint; die Sicherheit, die uns bei jedem Knacken oder Stillstehn der Maschine, oder plötzlich vorbrechenden weißen Dampfwolken mit Entsetzen erfüllt, daß der Kessel springen, oder die Räder still stehen, uns zwingen könnten, auf offner See sitzen zu bleiben, oder planlos umher zu treiben — die Bequemlichkeit, die bei Regen, Sturm und Wind fast alle Unbequemlichkeiten empfinden läßt, die Segelschiffe den Reisenden gewähren, welche nicht in der Cajüte, sondern auf dem Verdeck zu weilen wünschen; und endlich die süße Täuschung, zu glauben, daß man auf Dampfschiffen nicht seekrank werde, denn dem Uebel widersteht nun doch einmal Niemand, der irgend dazu neigt: Alles dies muß man beim Antritt einer Dampfschiffs-Reise wohl erwägen.

So war ich denn auch herzlich froh, als ich bei der Insel Wight vorbei in das ruhigere Fahrwasser gelangte, und noch mehr, als ich bei Southampton den Fuß an's Land, und mich in der „Sonne" in einem höchst comfortablen Zimmer, dem lustigen Kaminfeuer gegenüber, an den wohl servirten Tisch gesetzt, und eine elegante englische Tafel mit dem saubersten Service, den blanksten Gläsern, dem schwersten Silber und der ausgesuchtesten Küche vor mir sah, lediglich darüber beunruhigt, welche Schüssel ich zuerst von ihrer Glocke befreien, angreifen und vernichten sollte.

Da war frischer Lachs, Steakmutton-Pastete, prächtige Kartoffeln, Blumenkohl, Austern, Hummer, Sardellen, Ale, Stout und Cherry, und es konnte Einem wohl der Mund darnach wässern, besonders wenn man, wie ich, vom zweiten Platz des englischen Dampfschiffes erlöst, wo man halb verhungert und in Unsauberkeit verkommen war. Dies nöthigt mich, eine neue Schattenseite der Dampfschiffe, namentlich der englischen, aufzudecken, deren Ruf sie in mancher Beziehung über die Wahrheit erhebt, und die Schiffe anderer Nationen unter ihren Werth herabsetzt. Richtig ist es, daß man auf den englischen Schiffen, in der Tüchtigkeit des Materials, der Ruhe, Disciplin, Erfahrung und Gewandtheit der Offiziere und Matrosen das Gefühl der Sicherheit hat, wie auf keinem andern, daß man auf dem ersten Platz in jeder Beziehung vortrefflich bedient wird, wie auf keinem andern Schiffe besser, und daß man gleichfalls rascher reist, als auf anderer Nationen Dampfschiffen; aber eben so vorzüglich wie man auf dem ersten Platz, so schlecht wird man auf dem zweiten bedient und behandelt, und es herrscht dort eine Unreinlichkeit, Rohheit, schlechte Verpflegung und Unordnung, wie sie mir auf andern Dampfschiffen, und ich bin auf Schiffen fast aller europäischen Völker gefahren, niemals vorgekommen war. Erklären kann man sich die Sache nur dadurch, daß durch die schlechte Aufnahme auf dem zweiten Platz, das Publikum gezwungen werden soll, sich nur des besseren, aber theueren ersten Platzes zu bedienen; aber dann sollte man auch frei heraus den Reisenden, bevor er das Schiff besteigt, wenn er sein Billet löst, den Zustand des zweiten Platzes, und die Differenz mit dem ersten schildern.

Als ich in Cadix in das Bureau der englischen Compagnie trat, um einen Platz zur Reise nach England zu erstehen, fand ich Alles auf dem ersten Platz besetzt, so daß ein und zwanzig Passagiere desselben schon keine Betten mehr erhalten, und für die Dauer der Reise auf die Sophas, Stühle und den Fußboden angewiesen waren. Dies schien mir bei der Länge der Fahrt, und bei dem stürmischen Wetter, was uns eine höchst unbequeme Reise verhieß, ein übler Umstand, da der Besitz eines eigenen Bettes in beiden Fällen fast unentbehrlich ist. In derselben Lage mit mir befand sich die französische Familie des Herrn v. L., die sich seit einem Jahre Vergnügens halber in Spanien aufgehalten, der spanische Major v. M. aus Murcia, mit seiner liebenswürdigen Gattin und Fräulein Carlotta, einem musikalischen Genie, das im Conservatoire zu Paris gebildet, und jetzt eben in Madrid, Cordova und Cadix reiche Lorbeerkränze geerntet, und die Gattin des Directors der großen Oper von Lissabon, Signora M. . y mit ihrer Tochter, welche einige Jahre in Calcutta gelebt hatte. Diese Personen gehörten sämmtlich der guten Gesellschaft an, sie waren wohlhabend und gebildet, und in Verlegenheit, die Reise antreten, und während acht Tage im muthmaßlich seekranken Zustande ohne Bequemlichkeit und Bett zubringen zu sollen. Der Chef des Bureaus rieth uns, auf den zweiten Platz zu gehen, zwei besondere Cabinen zu wählen, und versicherte wiederholt, daß der ganze Unterschied mit dem ersten Platz nur im Preise, und darin läge, daß dort zwei Schüsseln mehr als auf dem zweiten Platze angerichtet würden. So entschlossen wir uns, in der Noth den zweiten Platz zu nehmen, zahlten dafür vierzehn Pfund und einige Schillinge, also einhundert Thaler pro Person, und haben demnächst auch gemeinschaftlich unser herbes Geschick ertragen.

Der Preis des ersten Platzes beträgt einhundert und vierzig Thaler, ein Verhältniß, wie auf allen übrigen Dampfschiffen.

Wären wir nicht unmittelbar vor der Abfahrt auf dem Deck angekommen, und unsre Effekten nicht schon vorher in den innern Raum gepackt gewesen, so würden wir sämmtlich das Schiff verlassen, und eine passendere Reisegelegenheit abgewartet haben. Die Cajüte war schmutzig zum Exceß, die Schlafkabinette ohne Fenster, dumpfig und übel riechend, die Betten aus Matratze und unsauberer wollenen Decke, ohne alles Leinenzeug bestehend, das Tischtuch schmutzig und zerrissen, Messer und Gabel zerbrochen und ungeputzt, der Mittagstisch aus dem Abhub, Knochen und Brokken des ersten Platzes, die Tischgesellschaft aus den Unterbeamten und Machinisten, welche in Hemdsermeln bei Tisch saßen, und sich stets zuerst bedienten, und den Dienstboten der Herrschaften des ersten Platzes bestehend. Von Aufwartung war gar keine Rede, eben so wenig vom weiblichen Beistand der Damen während des dreitägigen Sturms, und der eben so lang dauernden Seekrankheit derselben; nicht einmal Thee konnten die Unglücklichen während der peinlichen, dunkeln Nächte erhalten, da um zehn Uhr die Lampe ausgelöscht wurde, und dann jeder sich selbst überlassen blieb. Von Aufräumen und Reinigen der Cabinen während der Reise war gar keine Rede, zum Waschen war sogar kein Geschirr vorhanden, als eine alte blecherne Mehlspeiseform, und die Brutalität des Schiffsvolks entsprach der Habgier vollkommen, mit der man das für den Mittagstisch eigentlich bestimmte Wild, Gemüse und Früchte über Seite gebracht, und später bei der Landung damit angehäufte Körbe ausgeschifft und verkauft hat. Zu dem für unsre Tafel bestimmten Geflügel gehörten auch funfzig rothe Rebhühner, die in Oporto an Bord kamen, die aber der Steward in einen Sack und unter das Bett der Madame L. steckte, wo sie nach einigen Tagen einen unerträglichen Geruch verbreiteten, und so lebendig wurden, daß sie, wenn sie sonst gewollt, die Rückreise leicht selbst hätten antreten können; dessenungeachtet mußten wir uns deren Gesellschaft bis nach Falmouth gefallen lassen, wo die Zunge eines englischen Gourmands darnach lechzte, wie die des Ameisenbärs nach seinem Leckerbissen.

Ueberall waren unter Glas und Rahmen in vier Sprachen gedruckte Bekanntmachungen der Direction, Willkox und Anderson unterschrieben, ausgehängt, nach deren Inhalt jedem Einzelnen, welcher denunciren sollte, daß man auf dem Schiffe auch nur die geringste Contrebande mitgeführt, und dadurch die Administration, den Ländern, welche das Schiff berührte, gegenüber, in irgend eine Verlegenheit setzen könne — eine Belohnung von vierzehn Pfund Sterling verheißen, und bemerkt war, daß die Equipage auf's strengste controlliren, und jeden desfallsigen Mißbrauch selbst zur Sprache bringen werde.

Dessenungeachtet hatte aber nicht allein die Equipage ganze Koffer voll Waaren aus Gibraltar und Lissabon eingenommen, die in Falmouth und Southampton unter den Körben mit Lebensmitteln in kleinen Böten undurchsucht an's Land gebracht wurden, sondern sie sah auch mit großem Vergnügen zu, wie spanische nnd portugiesische Kaufleute in Cadix und Lissabon die in Gibraltars Freihafen erstandenen englischen und französischen Waaren an's Land zu schmuggeln wußten. Es befanden sich nämlich auf dem Deck eine Menge spanischer und portugiesischer Galgenvögel und Strauchdiebe höchst verdächtigen, ruppigen Aussehens, im Gefolge einiger Contrebande einschmuggeln wollender Kaufleute, welche unter den Luken und um den Schornstein in ihre Decken gehüllt, regungslos wie die Maulwürfe herum lagen und schliefen. Vor der Landung in Cadix, und eben so vor der in Lissabon, waren diese Menschen lebendig geworden, hatten sich entkleidet, und in langen Reihen auf das Verdeck gelegt. Die Kaufleute öffneten die Kisten, nahmen die verbotenen Waaren heraus, steckten sie in leinene Schnürleiber, und umwickelten damit den ausgestreckten

Männern Arme, Beine, Brust und Leib, so daß die magern Heringe zu Wallfischen aufgeschwollen zu sein schienen. Dann wurden die bewegungslosen Figuren aufgerichtet, ihnen Hemde, Hose und Rock angezogen, der Mantel darüber gehängt, der Hut aufgestülpt, und so folgten sie genirten Ganges ihren Herren durch die Douane, der man die leeren Kisten producirte. Dieser Skandal, abgesehen von der Unanständigkeit, welche man wahrhaftig auf einem zur Beförderung von Reisenden bestimmten Schiffe nicht gut heißen dürfte, wirkte als eine wahre Ironie auf jene goldgerahmte Aufforderung der Direction.

Jedenfalls bringt mich nichts wieder auf den zweiten Platz eines englischen Dampfschiffes, und ich warne jeden Reisenden, sich vorzusehen, um ähnliche Erfahrungen zu vermeiden.

Von Southampton aus ging es auf der Eisenbahn nach London, und obgleich es schon ziemlich dunkel bei unsrer Abfahrt war, so standen doch nirgends Bahnwärter um zu avertiren, und wir jagten die letzte Strecke der etwa zwei und zwanzig Meilen langen Tour in der dichtesten Finsterniß durch Tunnel und Hohlwege dahin. Auf dem Londoner Bahnhofe in Surrey fand sich ein höchst eleganter Omnibus, der uns und alle Koffer auflud, und nach Bull and month, City near new Post office dirigirt wurde, nachdem auf vorhergegangene Erkundigung der höchst mäßige Preis für die Person auf acht Pence angegeben war.

Wir fuhren nun in die neue Welt hinein, erleuchtet und lebendig wie am Tage, ein Rennen und Treiben, das uns in Staunen und Bewundern erhielt.

Abends elf Uhr hielten wir vor unserm Hotel, und obgleich ich aus freiem Antriebe fast das Doppelte des oben erwähnten Preises bezahlen wollte, erklärte der Kutscher doch, gar nichts nehmen zu wollen, wenn ich nicht seine Forderung, die das Dreifache von der Taxe betrug, vollständig befriedigen würde. Es versammelte sich bald eine große Menschenmasse um uns, aus der ein Mann in blauem Frack und rundem Hut, den ich an der weißen Zahl auf seinem Kragen als einen Polizeibeamten erkannte, zwischen uns trat, und sich, nachdem er die Ursache des Streites gehört, meiner als eines Fremden sehr kräftig annahm. Er forderte mich auf, den Kutscher zu befriedigen und nur die Nummer seines Wagens zu merken, und bestellte uns Beide zum folgenden Morgen in das nächste Polizei-Büreau. Gewiß nicht des geringen Verlustes an Geld, oder des unangenehmen Gefühls wegen, gleich bei meinem Eintritt in London geprellt zu sein, sondern weil es mich interessirte, das in solchen Streitsachen beobachtete amtliche Verfahren selbst kennen zu lernen, war Veranlassung, daß ich mich am folgenden Tage pünktlich einfand und den Kutscher und meinen Freund von gestern schon anwesend fand. Ich wurde sehr kalt empfangen und aufgefordert zu klagen; erzählte also, wie ich vor dem Einsteigen nach dem

Preise der Fahrt mich erkundigt, und die Bahnwärter im Beisein des Kutschers zweimal wiederholt hätten, daß die Taxe acht Pence betrage. Der Kutscher gab dies zu, erklärte aber, daß ich nicht ihn selbst gefragt hätte, und er in diesem Falle geantwortet haben würde, daß er mit so vielen Koffern, spät am Abend nicht außerhalb seines sonstigen Courses, der an der Bank schließe, für diesen Preis bis ans Ende der City fahren könne, und mehr haben müsse.

Damit war das Verhör geschlossen, der Kutscher wurde angewiesen das über die Taxe Erhobene zu restituiren, ich erhielt mein Geld, wurde entlassen, und mein Polizist verweigerte jeden klingenden Dank. Die Londoner Polizei ist die ausgezeichneteste Straßenpolizei, die mir jemals vorgekommen. Alle zwei bis vierhundert Schritt geht in den Hauptstraßen bei Tag und Nacht ein solcher Beamte ruhigen Schrittes auf und ab, kenntlich allein an dem Schnitt des Fracks, über den bei Regenwetter ein kurzer Wachstafftkragen gehängt wird, an der Nummer, und dem Gürtel um den linken Arm. Ohne zu sprechen erhält ihre Gegenwart überall Ordnung; mit unermüdlicher Artigkeit orientiren, belehren und warnen sie den Fremden, besonders Abends und Nachts, und der moralische Eindruck ihrer Erscheinung wirkt selbst auf Trunkene und Wüthende augenblicklich, wo bei uns zu Lande Faust und Säbel oft vergeblich die Autorität zu sichern vermag. Dreitausend dieser Beamten sollen in London täglich auf den Straßen sein; alle die ich angetroffen, zeichnete derselbe Anstand, Ernst und Höflichkeit aus.

Eine Beschreibung Londons führt leicht in's Unendliche. Die Größe, die allgemeine Thätigkeit, und der Reichthum, die uns auf jedem Schritt entgegentreten, die grellen Kontraste, die uns erschrecken, der Luxus und die Verschwendung, die Armuth und das Elend, die Tugend und das Laster, die Wahrheit und die Lüge, wir finden sie zwar in allen größeren Städten wieder, wenn auch nicht in so naher Verbindung und in so grellem Lichte — aber das Charakteristische von London liegt in einem Reichthum von häuslicher Tugend, einem erschreckenden Grad von Verderbtheit (der den von Paris hinsichts der öffentlichen Prostitution übertrifft) Unbeschränktheit des Unternehmungsgeistes, kräftigem Wettstreit des Talents, unbegrenzter Ausdehnung der Hülfsquellen und unermüdlicher Betriebsamkeit. Man lese hierüber, und über die Sitten und Gebräuche des öffentlichen Lebens von London einen Wegweiser, den ich in jeder Beziehung als vortrefflich empfehlen kann. Es ist dies ein bei Brockhaus in diesem Jahre erschienenes Büchlein unter dem Titel:

„Wie lebt man billig in London"

mit vieler Sach- und Ortskenntniß geschrieben, und durchaus geeignet, dem Fremden sehr wichtige Winke über Sitten und Gebräuche, und freundlichen Rath hinsichts der Berechnung der Kosten, und was noch wichtiger, in Betreff der zweckmäßigen Eintheilung der Zeit einzuprägen.

Ich übergehe die Merkwürdigkeiten der Stadt, den Tunnel, die Nationalgallerie, die Parlamentshäuser, die Bildsäulen, die Kirchen, Parks, Schlösser, die Theater, in denen ich Macready, als Hamlet und Macbeth gesehen, die italienischen Opern, wo Rubini, Lablache und Miß Remer glänzten, denn dies Alles ist vielfach besprochen und beschrieben worden. Auch der Besuch der Gasthäuser, wo die Gäste durch Männergesang unterhalten werden, der Aufzug des Lord Major, die Morgenkonzerte, Kirchenmusik in St. Paul, die Geschichte der Architektur, die man in Westminster studirt, die Horse gards, das Panorama, das Comfort, die Eleganz und Solidität, welche man in allen Einrichtungen bewundern muß, die Merkwürdigkeiten von Windsor, Greenwich, Eaton, Woolwich sind zu bekannt, um mich in eine detaillirte Beschreibung einlassen zu dürfen; ich erwähne auch nur des erhebenden Eindrucks, den die im ganzen Volke beobachtete ernste Feier des Sonntags auf mich gemacht, des fleißigen Besuchs der Kirchen, in denen der Gottesdienst bis neun Uhr Abends dauerte, zu welchem Zweck dieselben durch Gas beleuchtet und geheizt sind, und gehe sogleich zu den Gefängnissen über; Bridewell (Westminster), Milbank, Fleet, Colbathfield habe ich besucht, und überall die größtmögliche Ordnung, Ruhe und Reinlichkeit angetroffen; die weiblichen Gefangenen sind überall durch Frauen beaufsichtigt, und dürfen nie gezüchtigt werden. Die Beschäftigung der Gefangenen in Treträdern und die Unmöglichkeit, durch Ueberverdienst den Gefangenen die Möglichkeit einer Ersparniß für die zukünftige Entlassung zu sichern, habe ich als entschiedene Mängel erkannt.

Das berühmte Model prison ist aber noch zu neu, um von Andern, als die es haben entstehen sehen, beurtheilt werden zu können.

Zu diesen gehört unser König, der bei seiner Anwesenheit in London, von der Zweckmäßigkeit des Planes des Gebäudes, und der darin zu beobachtenden Behandlung der Gefangenen so durchdrungen war, daß er gleich nach seiner Heimkehr befohlen hat, mehrere Gefängnisse in seinen Staaten nach jenem Vorbilde, unter Leitung eines englischen Architekten, zu erbauen. Die Güte unsers Gesandten, des Herrn Bunsen, welche mich unmittelbar an Withford Russel addressirte, verschaffte mir die höchst interessante Bekanntschaft dieses in seinen Bestrebungen gleich ehrenwerthen und ausgezeichneten, wie in seinem persönlichen Umgange höchst liebenswürdigen und gefälligen Mannes. W. Russel hatte die Freundlichkeit mich persönlich in die Gefängnisse zu begleiten, mir als Führer im Model prison zu dienen, mich mit den kleinsten Details dieser seiner Schöpfung genau bekannt zu machen, mir alle Materialien zur Kenntnißnahme der englischen Gefängnißpflege zur Einsicht zu schaffen, mich mit Crawford und Gepp bekannt zu machen, und mich ihm für immer auf das Dankbarste zu verpflichten.

Sein Name und sein Wirken, das Vertrauen und die Achtung, die ihm die Nation und das Parlament bezeugen, räumen ihm einen ehrenvollen Platz unter den bedeutenden Personen Englands ein, wenngleich er dem Beamtenstande eigentlich jetzt nicht mehr angehört.

In England besteht eine Kommission von Staatsbeamten, welche das Gefängnißwesen im ganzen Lande beaufsichtigt, ohne dabei auf die Beobachtung eines bestimmten gleichmäßigen Systems zu dringen. Es bleibt den einzelnen Provinzen und Städten überlassen, diejenige Einrichtung in ihren Korrektionshäusern einzuführen, welche sie für die angemessenste erachten, und so sieht man oft in Gefängnissen derselben Grafschaften die verschiedenartigsten neueren Prinzipien verfolgt. Die Stadt London hat diese, in ihren verschiedenen Gefängnissen, sämmtlich zur Anwendung gebracht.

Trotz der Aufmerksamkeit und Sorgfalt, welche man diesem Zweige der Administration in England widmet, trotz der Kosten, die man auf die Gebäude und deren Einrichtung verwendet, trotz der großen Menge von Verbrechern, welche alljährlich nach Botany-bay exportirt werden, deren Anzahl man auf fünf Tausend jährlich berechnet, hat man bisher nicht günstige Resultate in Betreff der Verminderung der

Zahl der Verbrechen und der Verbrecher erzielt, weshalb Withford Russels Denken und Streben darauf gerichtet war, in einem, nach seiner Erfindung neu konstruirten Gefangenenhause eine Behandlungsweise der Gefangenen einzuführen, welche mit möglichster Wahrscheinlichkeit die vollständige Besserung des Verbrechers, und nach seiner Entlassung die Gewißheit seiner Unschädlichkeit für sein Vaterland verbürgen könne.

Seine Idee über den Bau eines Model prison legte er dem Parlamente vor, welches sich dafür erklärte, vorläufig eine Summe von achtzig tausend Pfund Sterling zur Ausführung eines Baues als Nationalgefängniß nach seiner Angabe, bewilligte und die Gefängniß-Beaufsichtigungs-Kommission anwies, die Leitung des Baues zu übernehmen, und das von Russel vorgeschlagene System durchzuführen. Hiernach besteht der eigentliche Zweck der Detention in der Besserung des Verbrechers, denn die Bestrafung als Wiedervergeltung für Böses müsse man Gott überlassen, und in dem Bestreben, den wirklich Gebesserten nach seiner Freilassung in diesem Zustande zu erhalten, und ihn dadurch für seine Heimath und die bürgerliche Gesellschaft überhaupt unschädlich zu machen. Um diesen Zweck zu erreichen, werden aus den Gefängnissen Englands im Ganzen fünfhundert Verbrecher, welche eigentlich zur Deportation auf sieben, zehn, vierzehn, zwanzig oder fünf und zwanzig Jahre verurtheilt, und vorläufig in Besserungshäusern detinirt waren, und zwar unter diesen nur solche, deren Charakter und Führung die Hoffnung zur aufrichtigen Besserung erwecken, ausersehen, in das neue Model prison übersiedelt zu werden. Haben die Verbrecher einen Theil der Strafzeit hier abgebüßt, und Reue und Demuth bewiesen, so werden sie, statt nach Botany-bay in die freien Colonien nach Amerika und Australien gesandt, ihnen die Rückkehr in das Vaterland abgeschnitten, und für den Fall der bis zur vollständigen Abbüßung der Strafzeit dauernden guten Führung, die dortige Unterbringung und Beschäftigung gesichert.

Die Besserung im Model prison soll herbeigeführt werden, durch vollständiges Isoliren des Sträflings von andern Verbrechern für die ganze Zeit seiner Detention, durch Arbeit als Belohnung, durch den Umgang mit Geistlichen und christlich gesinnten Mitgliedern von Besserungsvereinen, so wie durch Unterricht und Lektüre von Büchern über Moral und Religion.

Nach dem Gesetze steht der Kommission die Machtvollkommenheit zu, die zur Deportation verurtheilten Individuen nach Umständen noch auf einige Zeit, in den Gefängnissen der Heimath zu detiniren. Ein Parlamentsbeschluß wird extrahirt werden, um die Gefängniß-Verwaltungs-Kommission zu ermächtigen, in besonderen Fällen muthmaßlich gebesserte Verbrecher statt in die Zwangs-Colonien, in die oben erwähnten freien Kolonien zu senden — eine Parlamentsacte wird herbeigeführt werden, um den zur Exportation Verurtheilten den Rücktritt in ihr Vaterland auf ewig zu verbieten. Zur Verwirklichung dieses Systems ist in Islington, etwa sechs englische Meilen von der City auf einer großen fruchtbaren Hochebene, in sehr großartigen und schönen Verhältnissen, und mit vielem Geschmack und Solidität ein mächtiges Gebäude nach des Major Gepp Zeichnung aufgeführt, von hohen soliden Mauern in Form eines Sechseckes umschlossen, dessen Basis jedoch breiter als die übrigen Seiten ist, und deren Winkel durch Thürmchen geschmückt und beherrscht werden. Der von zwei Seiten in der Front befindliche rampenartige Aufgang, welcher gleichfalls durch eine Steinbrüstung geschützt ist, führt zu einem von vier Mauern umgebenen Vorhof. Die mit der Basis des Gefängnißplanes parallel laufende Frontseite hat an den Vorderecken Thürme, und in der Mitte einen vorspringenden Bau, der nach der Front ohne Oeffnung ist, deren aber noch rechts und links und nach innen zu, und zwar durch Fallgitter verschließbare vorhanden sind, damit beim Eingang und Ausgang eine Abschließung vorhanden, und ein Entspringen oder unerlaubtes Eindringen unmöglich wird.

Von diesem Hofe aus führt dem Fronteingang gegenüber eine kleine Treppe in ein zweistöckiges sehr solide gebautes, durch Säulen und Plinten geziertes Haus, in welchem sich die Beamtenwohnungen befinden, geräumige, helle, trockne und freundliche Zimmer. Hier ist auch das Modell zum Gebäude nach Russels Angaben zierlich in Holz gearbeitet, aufgestellt. Daran schließt sich die Kirche, mit geschlossenen Sitzen für zweihundert fünfzig Verbrecher eingerichtet. Die Gefangenen gehen einzeln, in geringer Entfernung hintereinander, die Kappe über's Gesicht herabgezogen aus den Zellen dem Wärter folgend in die Kirche, und dort in die Kirchstühle, in denen je zwölf in einer Reihe sitzen. Sobald sie Platz genommen, schließen sich durch einen am Eingang angebrachten Zug die Plätze zu engen Logen, von denen aus man weder rechts noch links, sondern nur vor sich den Geistlichen und das Chor erblicken kann, wo die Wärter aufgestellt sind, die ihrerseits die einzelnen Anwesenden bemerken können, und sich, falls irgend etwas vorfällt, nur die Nummer zu merken brauchen, die von jedem Gefangenen beim Niedersetzen über seinen Kopf aufgehängt wird.

Von dem abgerundeten Ende des Hauptgebäudes gehen fast in der Form von Windmühlenflügel vier Nebengebäude aus, eins rechts, eins links, in rechten Winkeln vom Hauptgebäude und zwei darüber halbrechts und halblinks, alle in gleicher Entfernung untereinander, deren Stadien sich im Mittelpunkte des Halbkreises vereinigen. Diese Seitengebäude sind in der Mitte hohl, und durch Fenster in den Dächern vollständig erhellt. Jeder Flügel hat drei Stockwerke, in denen sich die Einzelnzellen der Gefangenen befinden. Die Thüren dieser Hallen führen auf eiserne offene Gallerien, welche parallel über- und untereinander an den Wänden fortlaufen, und unter sich durch leichte eiserne Treppen verbunden sind. Der Zweck dieser Einrichtung besteht darin, daß die unten oder auf den Gallerien stehenden Wärter jeden Einzelnen der detinirten Gefangenen von dem Augenblick ab, wo er seine Zelle verläßt, die ganze Zeit hindurch, in welcher er sich innerhalb des Gebäudes aufhält, unausgesetzt im Auge behalten können. Die Zellen sind zwölf Fuß lang und acht Fuß breit und eben so hoch. Durch ein sechs Fuß über dem Fußboden angebrachtes vergittertes nicht praktikables Fenster, dessen Scheiben aus gepreßtem Glase sind, so daß man die Gegenstände außerhalb nicht erkennen kann, sind die Zellen erhellt. Die Thüren haben treffliche Schlösser und Sicherheitsriegel, und sind mit einer beweglichen Klappe versehen, um das Essen durchzureichen. Mitten in dieser Klappe befindet sich ein kleines Fenster von zwei Zoll dickem Glase, nach außen mit Flor überspannt, so daß der Wärter hinein, der Gefangene jedoch nicht herausschauen kann. Eine Klingel gestattet dem Gefangenen den Wärter jederzeit herbeizurufen. Auf den Zug der Klingel öffnet sich nach außen ein eiserner Blechdeckel an der Zellenthür, welcher die Nummer des Gefängnisses angiebt, und den draußen befindlichen Wärtern die Zelle, worin geklingelt ward, bezeichnet.

Das Mobiliar der Zellen besteht in einer Hängematte, welche den Tag über zusammengerollt in eine Ecke gestellt, des Nachts in die zu diesem Behuf in der Wand befestigten Oesen eingehakt wird; sodann in einem Tisch, Stuhl, dem Handwerksgeräth, einem Waschbecken, und einem trichterförmigen, genau zu verschließenden Klosett, welches mittelst eines Wasserzuflusses ausgespült und rein erhalten wird; Das aus dem Waschbecken ab- und überfließende Wasser, findet mit den Kloaken einen Abzug durch den Fußboden in sehr tief gelegene Reservoirs. Luft und Wärme strömt durch Röhren zu; die kalte Luft durch offene über den Thüren befindliche Kanäle hinein, und entweicht durch Abzüge, welche unter den Fenstern angebracht sind. Das Wasser wird aus einem dreihundert siebenzig Fuß tief gebohrten artesischen Brunnen entnommen; da der Wasserstrahl die Oberfläche nicht erreicht, so wird das Wasser durch ein mächtiges Rad, in welchem die Gefangenen abwechselnd arbeiten, gehoben. In den sehr schön gewölbten Souterrains befinden sich auf einer Seite die Räume zur Aufbewahrung des Arbeitsmaterials, und die wirthschaftlichen Einrichtungen, Küche, Wasch- und Backhaus, und auf der andern Seite die dunkeln Strafzellen. Die Speisen werden mittelst einer Winde, aus den Souterrains bis zu den Gallerien der verschiedenen Stockwerke hinauf gehoben, dort von Wärtern in Empfang genommen, auf kleine Wagen gepackt, und die Gallerie entlang an die verschiedenen Zellen gefahren, wo sie durch die Klappe in der Thür durchgereicht werden. In derselben Weise werden nach beendeter Mahlzeit die leeren Eßgeschirre wieder zurückspedirt.

Das Verhältniß der Wärter gestaltet sich hier anders als in den übrigen Gefängnissen Londons.

In Colbathfields bilden die Wärter 19% der Detinirten, in Bridewell 17%, in Milbank 14%, hier im Model prison 10%. Jede Etage kommandirt ein Oberaufseher, diese stehen unter einem Direktor.

Als Strafe wird Entziehung der Kost oder Arbeit, Einsperrung in dunkle einsame Gefängnisse auf zwei bis drei Tage, und Züchtigung mit der Katze zuerkannt.

Die letztere aber nur durch die vom Magistrat hierzu allein erwählte Kommission, welche auch einverstanden sein muß, wenn das dunkele Gefängniß längere Zeit als drei Tage hindurch zur Anwendung kommen soll. Um frische Luft zu schöpfen befinden sich von Mauern umschlossene offene Räume, zwischen den vier oben beschriebenen Flügeln des Hauptgebäudes drei runde, unterhalb der im rechten Winkel auf das Hauptgebäude rechts und links stoßenden Flügel, zwei in lang gezogener, an den Enden abgerundeter Form.

In der Mitte dieser Mauerumfassung befindet sich

ein, respektive zwei durch eine hohle Mauer verbundene Thürmchen, zum Aufenthalt für die Wärter, welche durch Maueröffnungen Alles übersehen können, ohne selbst bemerkt zu werden. Durch parallel gezogene Mauern sind kleine Höfchen in diesen Räumen abgegrenzt, mit besonderen Eingängen von außen versehen, und geeignet, daß die Gefangenen einen Theil des Tages dort zubringen und selbst arbeiten können.

Die Sträflinge werden auf die Höfe wie in die Kirche geführt, indem sie hintereinander aus den Zellen treten und in Zwischenräumen von zwölf Schritt, die Kappen über die Augen gezogen, schweigend, langsam fortgehen.

Die möglichst vollständige Isolirung von Strafgefangenen ist der Hauptzweck des Systems. Niemand erfährt, wer sich mit dem Sträfling und weshalb in demselben Hause befindet, da Niemand einen Mitgefangenen sieht, spricht, hört, oder mit ihm verkehrt. Die Wände und Fußböden sind so stark, daß eine Kommunikation mittelst Zeichen durch dieselben nicht möglich ist. Durch Einsamkeit soll der Verbrecher zum Bewußtsein des begangenen Unrechts und zur Reue gelangen. Das Lesen der Bibel, der Umgang mit christlich gesinnten Menschenfreunden, der Elementarunterricht und die Lehren des Geistlichen sollen gute Vorsätze in ihm erzeugen, und die Gewöhnung an Arbeit ihm die Mittel geben, sein Fortkommen in der Zukunft zu sichern. Am ersten Juli hoffte man die baulichen Einrichtungen so weit beendet zu haben, um die Anstalt mit fünfhundert Gefangenen eröffnen zu können.

Man versprach sich in London glänzende Resultate von dem neuen Systeme; Jeder, der den Bauplan gesehen, wozu man jedoch nur ausnahmsweise die Erlaubniß erlangen konnte, war begeistert von der Idee und der Großartigkeit der Ausführung und man konnte kaum die Zeit erwarten, um dieselbe vollendet zu sehen. Ein absprechendes Urtheil schon jetzt fällen zu wollen, wäre zu voreilig, aber eine Beleuchtung des Princips und der Mittel zu seiner Verwirklichung dürfte schon gestattet sein, und so habe ich dabei nachstehende Bemerkungen und Bedenken aufzustellen.

Erstens. Die Besserung des Verbrechers sieht man als den Zweck der Strafe an; um denselben im Model prison möglichst vollständig zu erreichen, wählt man bei der Besetzung der vakanten Stellen aus den verschiedenen Gefängnissen England solche Gefangene aus, die ihrer Individualität nach die Hoffnung auf Besserung möglichst wahrscheinlich machen.

Man scheint hiernach also die verstockten Verbrecher zur Aufnahme entweder nicht geeignet, oder nicht für würdig zu halten. Kann nun aber ein Princip als angemessen anerkannt werden, welches der gleichmäßigen gerechten Behandlung der Sträflinge in so weit ermangelt, als es in Betreff der

Aufnahme der Partheilichkeit Thür und Thor öffnet; und liegt eine Consequenz darin, daß der Staat, wenn er die Verpflichtung anerkennt, sich der Besserung der Verbrecher nach einem neuen muthmaßlich besonders praktischen Systeme zu unterziehen, er sich derselben nur gegen einzelne Individuen nach seiner Wahl entledigt, während er die Uebrigen davon ausschließt? oder ist es gut zu heißen, daß, wenn je nach der Verschiedenartigkeit der Besserungssysteme, das Eine oder das Andere strenger oder milder auf den Gefangenen wirkt, also ein Unterschied in der Bestrafung gemacht wird, und zwei Individuen, welche wegen desselben Verbrechens von demselben Richter zu derselben Strafe verurtheilt wurden, dieselbe erträglicher oder härter empfinden, weil sie zur Abbüßung der Strafe in verschiedene Gefängnisse, in denen verschiedene Systeme zur Anwendung kommen, gesetzt wurden? — und diese Vertheilung ganz von der Willkühr, also von der Begünstigung oder dem Vorurtheile der Beamten, abhängt? —

Zweitens. Das vollständige Isoliren der Verbrecher hat viele Vorzüge. Diejenigen, welche für Besserung am empfänglichsten sind, tragen häufig selbst darauf an, sie der Gemeinschaft mit anderen Verbrechern zu überheben, weil die Abgeschlossenheit die guten Vorsätze schneller zur Reife kommen läßt, und das menschliche Gemüth zu empfänglich ist, um nicht von Leidensgefährten Erzählungen und Eindrucke in sich aufzunehmen, welche die Vergangenheit, und den Reiz des Verbrechens immer wieder auffrischen, und die Mittel nachweisen, sich dieselben Annehmlichkeiten durch größere Vorsicht und Sicherheit für die Zukunft dauernd zu verschaffen.

Allein es liegt in der jahrelangen vollständigen Abgeschlossenheit doch ein höherer Grad von Strafe als in dem Zustande des gemeinschaftlichen schweigenden Arbeitens, da man hier, wenn auch in dem Verbote wechselseitiger Mittheilung auch eine große Entbehrung liegt, wenigstens Leidensgefährten in ihren Beschäftigungen und verschiedenartigen Umgebungen sieht, und nicht so vollständig auf die vier Wände der Zelle, der Kirche und des kleinen Hofes angewiesen ist.

Es müßte, um die Gleichmäßigkeit der Strafe überhaupt festzuhalten, meiner Ansicht nach, der Zustand der größeren Entbehrungen, also des größeren Leidens, den Verbrechern in Correctionsanstalten, in welchen das System von Philadelphia eingeführt ist, angerechnet, und die Strafzeit für dasselbe Verbrechen, je nachdem sie nach diesem oder dem Auburnschen, oder in einem Gefängnisse, wo nicht einmal das Schweigen der gemeinschaftlich arbeitenden Sträflinge erfordert wird, abgebüßt werden soll, abgekürzt, oder ausgedehnt werden.

Drittens. Liegt es überhaupt in dem Princip der Gerechtigkeit, welche durch das Gesetz repräsentirt wird, Verschärfungen oder Erleichterungen der ursprünglich für bestimmte Verbrechen angedroheten Strafen nach Willkühr eintreten zu lassen?

Als das Gesetzbuch bearbeitet und publicirt, und nach dem Inhalte desselben der erste Diebstahl mit einer Gefängnißstrafe von so und soviel Monaten bestraft wurde, hatte der Gesetzgeber doch gewiß nur die Detention in einem Gefängnisse nach damaliger Einrichtung im Sinne, denn alle Gefängnisse waren zu jener Zeit nach derselben Weise organisirt, und man fühlte kein Bedürfniß zu einer Aenderung derselben. Daß es aber ein Unterschied ist, die Strafe in einem Gefängnisse der damaligen Einrichtung, oder in einem der neueren abzubüßen, ist eben so unzweifelhaft, als daß es eine Willkühr, dem Gesetz gegenüber erscheint, in den Systemen der Anwendung und des Eindrucks der Strafe zu schwanken und zu ändern, und darin immer dasjenige zu wählen, was individuell und relativ zufällig als das angemessenste erscheint.

Wenn es schon gewagt ist, die Hausordnung und die Disciplin in verschiedenen Gefängnissen verschieden zu handhaben, weil Mißbräuche, wie in dem Militairgefängnisse zu Algier, so auch anderwärts hieraus leicht entstehen, so ist mir dem Gesetz gegenüber ein Wechsel in dem Gefängniß-System zum Nachtheil, in Betreff des physischen und psychischen Leidens des Gefangenen, noch viel bedenklicher, weil es gar keine Garantie über die endliche Begränzung gewährt, und zu beiden Extremen führen kann. Wenn in einer bedeutenden Strafanstalt die Beraubung der Freiheit schon als hinreichende Strafe betrachtet, und nun dafür gesorgt wird, die Detinirten für die Entbehrung dieses Gutes auf andre Weise zu entschädigen, und man ihnen aus Rücksichten übel verstandener Humanität, Kegelbahnen — und Billards aufstellt, gesellige Feste gestattet, und die Kost über das Bedürfniß hinaus gewährt, und hierdurch die Lage des Detinirten viel bequemer und angemessener macht, als er sie bis dahin im freien Zustande sich zu bereiten im Stande war, der Aufenthalt im Correctionshause also weniger eine Strafe als eine Belohnung, weniger unangenehm als angenehm zu sein scheint: so kann es auf der andern Seite eben so wenig überraschen, wenn Mißgriffe aus Ansichten unzeitiger Inhumanität geschehen, und man etwa die Detinirten wie in einem französischen Gefängnisse in den schwersten Ketten, oder in Zwangsjacken, oder mit Baumwolle in den Ohren und Binden um den Augen unausgesetzt einhergehen ließe, damit sie stets etwas zu tragen hätten, und ihr Gefühl abgestumpft, und sie durch Blindheit und Taubheit genöthigt würden, sich durch alleinige eigne innere Anschauung zur Besserung würdiger vorzubereiten, — oder wenn man den sämmtlichen Detinirten täglich einige tüchtige Prügelsuppen auftischte, entweder weil die Direction der Ansicht wäre, daß dies das beste Verdauungsmittel sei, oder daß dadurch dem Gefangenen die Erinnerung an die Vergangenheit, und an das damals verübte Unrecht, oder an die unbeschränkte Disciplinargewalt über ihn, welche die Direction in Händen habe, stets in frischem Gedächtniß erhalten werden müsse.

Viertens. Sollte wohl das vollständige Isoliren, welches neben der Besserung des arbeitsscheuen Verbrechers, doch auch dessen Gewöhnung an Arbeit, die er als ein Bedürfniß, und als eine Belohnung betrachten muß, bezweckt, in der letzteren Beziehung eine praktische Vorschule für den zukünftigen Rücktritt in das bürgerliche Leben sein? ich sollte meinen, daß ein vormals arbeitsscheuer Sträfling, welcher jahrelang darauf angewiesen war, sich abgeschlossen, und ungestört mit seinem Handwerk zu beschäftigen, die dazu nöthige Ruhe vermissen wird, wenn er später sich seine Arbeit erst mühsam aufsuchen, und diese nicht mehr ungestört, sondern unter vielen Mitarbeitern, unter Sprechen und Singen, ohne äußeren Zwang als freier Arbeiter verrichten soll.

Fünftens. Kann ihm überhaupt die Arbeit einen so großen Reiz gewähren, da sie nur in einer mechanischen, für ihn unfruchtbaren Beschäftigung besteht, und für ihn nur angeordnet ist, um die Stunden des Tages damit auszufüllen? In den englischen Gefängnissen kommt aus dem Werthe der von den Gefangenen gefertigten Arbeiten, denselben Nichts zu gut; sie verdienen nur für die Anstalt, und treten demnächst, eben so arm, als sie eingeliefert waren, nach abgebüßter Strafe wieder in die Welt hinaus.

Sechstens. Liegt nicht in diesem Umstande eine Hauptklippe für den entlassenen Verbrecher, der, wenn er auch vollständig gebessert in die bürgerliche Gesellschaft zurückkehrt, doch immer seinen Ruf eingebüßt hat, und das gegen ihn bestehende Vorurtheil erst durch seine Führung im freien Zustande bekämpfen und überwinden muß? Hierzu ist ihm ein kleiner Fonds unumgänglich nöthig, um sich in der ersten Zeit selbstständig leiblich vor Noth zu bewahren, und sich in seinen Vorsätzen erhalten zu können, und nicht in die Nothwendigkeit gesetzt zu werden, sich hülflos und verachtet in die Arme derer zu werfen, deren Verführung ihn früher in's Verderben gezogen hatte, und die auch jetzt noch bereit sein werden, ihn wieder als einen der Ihrigen aufzunehmen.

Siebentes. Liegt es in der Absicht des Gesetzes, und hat es sich etwa durch die Erfahrung wohl als praktisch bewährt, Mitgliedern von Vereinen christlich gesinnter Menschenfreunde, denen das Seelenheil der Verbrecher am Herzen liegt, und die sich berufen fühlen, durch aufopfernde Hingebung, durch persönliche Einwirkung den Verbrecher für Religion und Tugend empfänglich zu machen und zu erhalten, den ungehinderten Zutritt zu den Gefangenen zu gestatten, um dadurch den Geistlichen in seinem Berufsgeschäft zu unterstützen?

Schon der Begriff des Gefängnisses deutet auf ein Ausschließen von der Gemeinschaft des äußeren Lebens, verweist den Gefangenen daher für die Zeit der Detention lediglich auf die, das Beamtenpersonale bildenden Personen. Die unzweifelhaft gute und anerkennenswerthe Absicht der Vereinsmitglieder gewährt durchaus keine Bürgschaft, ob ihre Handlungsweise den beabsichtigten Zweck wirklich erreichen wird; ob sie außer ihrem christlichen Sinn auch das Talent des Lehrers, auch Menschenkenntniß besitzen, um den Verbrecher, dessen Leben ihn in Verstellung und Heuchelei geübt hat, richtig zu beurtheilen. Es kann, wenn solche Vereinsmitglieder trotz ihrer ehrenwerthen Bestrebungen ihrer Individualität nach nicht geeignet sind, glückliche Resultate zu erzielen, und sie sich täuschen über den Eindruck, den ihr Zuspruch bei den Sträflingen hervorbringt, und die eigentlichen Zwecke, welche die Gefangenen hinter der demüthigen und reuigen Haltung, mit der sie die Besucher empfangen und anhören, verbergen, ihr Zutritt die nachtheiligsten Folgen herbeiführen, und sind die Besuche solcher Menschenfreunde, wie die Erfahrung gelehrt hat, an vielen Orten zu Complotten, Aufständen, zu Mord und Brandstiftungen gemißbraucht worden.

Die verschmitztesten Verbrecher haben bald genug gemerkt, daß sie ihre Lage durch die Empfänglichkeit und reuige Demuth, und durch die wiederholt ausgesprochenen guten Vorsätze nur verbessern können, und so bildet sich zu leicht ein heuchlerisches lügenhaftes Wesen, was gegenseitige Täuschung zur Folge haben muß.

Entschieden unstatthaft erscheint mir der Zutritt von weiblichen Vereinsmitgliedern zu männlichen Verbrechern. So wie ich die englische Einrichtung, wonach Frauen durch Frauen beaufsichtigt werden, sehr angemessen finde, so dürfte meiner Ansicht nach, wenn Vereinsmitglieder in Gefängnisse zugelassen werden sollen, auch den Frauen nur eine Gemeinschaft mit Frauen erlaubt sein, da sie nicht Menschenkenntniß genug besitzen, und also weniger geeignet sind den größeren Grad von Verstocktheit männlicher Sträflinge richtig zu beurtheilen, und auch die entschiedenste Reinheit, Festigkeit und Haltung christlich gesinnter Frauen nicht für den Eindruck bürgt, den sie selbst auf den Sträfling hervorbringen, der sich dadurch nicht immer imponiren und entwaffnen lassen wird, und eine solche Gemeinschaft überhaupt gegen die Sitte und das Urtheil der Welt streitet.

Der Beruf des Weibes überhaupt weist ihm einen ganz bestimmten Wirkungskreis an, und dieser liegt außer dem Bereich der Theilnahme an der Verwaltung und dem öffentlichen Leben.

Achtens. Soll durch das Gesetz bestimmt werden, daß von den zur Deportation verurtheilten Verbrechern Niemand in sein Vaterland zurückkehren darf, und solche, welche sich muthmaßlich gebessert haben, nicht in die Zwangskolonie nach Australien, sondern in die freien Ansiedelungen nach Amerika übergeführt werden: so läßt sich dagegen nur erinnern, daß die Gefangenen ihre Wärter durch Verstellung zu täuschen bedacht sein werden, um sich diejenige Zukunft vorzubereiten, welche ihrem individuellen Interesse am meisten entspricht. Dagegen halte ich den Uebergang der Verbrecher zu den freien Kolonien für eine sehr glückliche Idee, deren praktische Trefflichkeit sich gewiß entschieden bewähren wird, weil sie durch einen freiern Zustand den Verbrecher allein befähigen kann, sich in der Festigkeit seiner Vorsätze zu prüfen, und Selbstvertrauen und die nöthige Sicherheit zu erwerben, welche ihm zum Rücktritt in die bürgerliche Gesellschaft nothwendig ist, und ihn vor Rückfällen möglichst beschützen wird.

Zum Schluß gedenke ich der Freude, die ich beim Besuch der Gefängnisse Londons, wie überhaupt in England, über den Enthusiasmus und die Verehrung für unsern König empfunden, dessen hochherziger Charakter ihm die Bewunderung der englischen Nation erzwang, dessen leutselige Persönlichkeit ihm die Herzen Aller zuführte. Sein Interesse für die englische Gefängnißadministration hatte sich in einer Weise bethätigt, wie man sie von einem gekrönten Haupte weder erwartet, noch überhaupt bis dahin für möglich gehalten hatte, und die gerade während meiner Anwesenheit in London eingetroffene Nachricht, daß auf seinen Befehl in Preußen mehrere Gefängnisse nach dem Plan des Model prison unter Leitung eines englischen Architekten erbaut werden sollten, wurde von Mund zu Mund getragen, und durch die Zeitung mit ehrenwerther Anerkennung und großer Freude verkündet.

VIII.

La roquette und le prison des jeunes détenus in Paris.

Ich hatte in der Morgue eine Anzahl verstümmelter Leichen gesehen, welche aus der Brandstätte der Versailler Eisenbahn in Sicherheit gebracht, und hier ausgestellt waren, um ihre Namen und Familienverhältnisse zu ermitteln. Ein dichtes Gedränge umstand die großen Glaswände, hinter denen die Unglücklichen nackt ausgestellt waren; einige junge Leute hatten sich berufen gefühlt, den erschütternden Eindruck, den die halbgerösteten Leichen und das gräßliche Ereigniß überhaupt unter der Menge hervorbrachte, durch unanständige Witzeleien zu verscheuchen. Gern eilte ich von dannen, an der Kirche Notre dame vorbei, über den Platz der Juli-Säule in die Straße de la Roquette zur Besichtigung der Gefängnisse.

Eine eigenthümliche Umgebung derselben hielt mich einen Augenblick auf. Zur Linken war ein kleiner mit jungen Bäumchen besetzter Platz, begrenzt durch das prison des jeunes détenus, aus einem sechseckigen Gebäude, mit runden Thürmchen an den Ecken bestehend. Zur Rechten erhob sich der kastellartig durch zwei Vorbaue gesicherte Eingang in das Prison de la Roquette, auch nouveau Bicêtre genannt.

Im Eckhause links an der Straße wurden an hellem Tage mit Gesang und Tanz und Wein Orgien gefeiert, welche nicht zweifelhaft ließen über das Treiben, welches Nachts in dieser Höhle der Sittenlosigkeit herrschte, und der sauberen Gesellschaft den Uebergang oder die Zuflucht in die sicheren Räume der Roquette recht bequem bahnen zu wollen schien.

Die Façade des Eckhauses gegenüber enthielt ein großes Fresco-Gemälde, eine Wöchnerin in einem Lehnstuhle, und neben ihr eine Frau mit einem eben geborenen Kinde darstellend. Unter dem Bilde stand mit ellenlangen Buchstaben

Madame Benoit reçoit en pension des jeunes demoiselles enceintes, pour favoriser l'espérance d'une discrétion parfaite....

Im dritten Eckhause befand sich ein großes Sargmagazin, und im vierten ein ami de la tête. Vor mir war die Straße durch den Eingang zum Kirchhofe père Lachaise begränzt, der bergan steigend, sich über die Mauer erhob, und mit seinen Kreuzen und Grabsteinen hinüber winkte nach seiner stillen Erde, dem Ziele alles weltlichen Strebens und Treibens.

Weshalb die Roquette, welche seit sechs Jahren eingerichtet, und deren Plan und Bau von dem deutschen Architecten Gau entworfen und ausgeführt ist — einen so großen Ruf in Frankreich und selbst im Auslande genießt, ist mir nicht erklärlich, da ich darin, mit Ausschluß der überflüssigen Solidität der Mauern und Wände Nichts bemerkt habe, was ich nicht in den Strafanstalten der meisten größern Städte besser, oder mindestens eben so gut gefunden hätte. Das mit einer hohen Mauer umgebene dreistöckige Hauptgebäude umschließt einen Hof von Einhundertfünfzig Fuß Breite und Einhundertachtzig Fuß Länge. Im westlichen Flügel wohnen die Beamten; der Director, Greffier, der Agent, sechszehn Aufseher und der Brigadier. In dem Erdgeschoß des Quadrats befinden sich die Werkstätten und Arbeitssäle; in den andern Etagen die Schlafzellen und Säle zu den Betten, und die Versammlungszimmer. Die Schlafzimmer sind nicht so eingerichtet, daß die Gefangenen darin von außen beobachtet werden können.

Die Einzelnzellen liegen zu beiden Seiten eines Corridors, sind durch Bretterwände von einander geschieden, und werden Nachts durch die zur Aufsicht bestimmten Mitgefangenen controllirt, so wie durch die Wachen, welche regelmäßige Ronden machen. Vor den Beamtenwohnungen liegt ein Hof, in welchem sich die Wachtmannschaften befinden; hinter dem entgegengesetzten östlichen Flügel befindet sich das Krankenhaus, welches reinlich und zweckmäßig eingerichtet ist, die Gefängnißkapelle, in welcher alle acht Tage Messe gelesen wird, die jeder Gefangene besuchen kann, wenn er will, und ein kleiner abgesonderter Hof. Fünfhundertfünfzig Gefangene befinden sich in der Anstalt, deren Detention von drei Monaten bis auf Lebenszeit dauert. Das hier eingeführte System besteht in gemeinschaftlicher Beschäftigung und in einsamen Schlafen. Die Arbeitskraft der Sträflinge wird von der Direction zu verschiedenen Handwerken für Rechnung der Anstalt benutzt.

Von dem Arbeitsverdienst kommen der Anstalt zwei Drittel, den Gefangenen ein Drittel zu Theil. Die Hälfte hiervon wird ihnen bis zur Entlassung reservirt, die andere Hälfte zur Beschaffung von Lebensmitteln, Taback und Wein bis zu einem Viertel Litre pro Tag den Detinirten ausgezahlt. Der Tag beginnt nach der Hausordnung um einhalbfünf Uhr, und dauert Abends bis sieben und einhalb Uhr. Nur eine Stunde zu Mittag ist der Erholung gewidmet. Die Kost ist gut und ausreichend. Fleisch wird zweimal wöchentlich gegeben. Reinlichkeit auf dem Hofe, in den Werkstätten, Corridoren und Sälen habe ich vermißt. Die Waschanstalt auf dem Hofe war höchst mangelhaft, und die Latrinen im höchsten Grade schmutzig, und die Luft verderbend.

Isolirte dunkle Gefängnisse und Entziehung der

Kost werden als Disciplinarstrafen zuerkannt. Das Aussehen der Gefangenen verrieth Gesundheit, sonst schien ziemlich viel Freiheit in der Anstalt zu herrschen, und von einem besondern Respekt vor den Beamten habe ich nichts gemerkt; die Sterblichkeit ist sehr gering.

Mein Führer sagte mir, daß wer einmal in die Roquette hineingekommen wäre, selten, wenigstens nicht auf lange Zeit, wieder hinauskäme. Die Meisten der Anwesenden, meinte er, wären zum dritten oder vierten oder fünften Male dort, und die Zahl der Rückfälligen betrüge etwa siebenzig pro Cent.

Das prison des jeunes détenus, welches sich als Musteranstalt einen europäischen Ruf erworben, bildet ein Sechseck, von dessen Winkeln Seitengebäude in ein Centralhaus convergiren, und auf diese Weise sechs Höfe einschließen.

Der Plan des Hauses ist vom Architecten Herrn Dubas entworfen, und dasselbe auf fünfhundertfünfzig Köpfe berechnet.

Die Anstalt ist zur Aufnahme verwahrloster Knaben in dem Alter von zehn bis neunzehn Jahren bestimmt, welche wegen Verbrechen oder wegen Vagabondirens verurtheilt, oder auf Instanz ihrer Eltern wegen Unfolgsamkeit und Widerspenstigkeit eingesperrt wurden. Die letzteren können, wenn sie arm sind, nur auf einen Monat, wenn sie Pension zahlen, bis auf sechs Monate festgehalten werden. Die Pension beträgt monatlich fünf bis achtzig Francs. Die innere Einrichtung ist auf vollständige Abgeschlossenheit in Einzelnzellen berechnet, deren Thüren in einen Corridor, die Fenster in die inneren Höfe führen. Die Höfe sind mit Bäumchen und mit einer Fontaine besetzt. Die Gebäude zählen drei Stockwerke, enthalten im Erdgeschosse Werkstätten, Speise- und Schulzimmer, und in den beiden anderen Etagen die Einzelnzellen für die Gefangenen. Die Corridore und Stuben sind hell und geräumig. Im Mittelgebäude ist die Küche, darüber das Sprechzimmer, und über diesem der Betsaal, in welchem Messe gelesen wird.

Es waren vierhundertfünfzig Knaben und junge Leute detinirt. Das Aufsichtspersonale bestand aus einem Director, einem Greffier, einem Sous-Greffier, einem Agenten des traveaux, einem Brigadier, einem Sous-Brigadier, einem Pharmaceuten, einem Arzte, zwei Geistlichen, einem Lehrer und dreißig Aufsehern. Von außen wird das Gefängniß durch Militair bewacht, welches auch im Innern Nachts Patrouillen macht.

Die Arbeitskraft der Detinirten ist, wie dies in Frankreich meistentheils der Fall ist, pro Kopf an Fabrikanten vermiethet, welche Werkmeister in die Anstalt senden, um den Gefangenen Anleitung zu geben. Das Miethgeld für die Arbeit kommt der Direction zu Gut. Ist ein Gefangener besonders fleißig, so werden ihm Belohnungspoints zu Gut geschrieben. Vierzig dieser Points betragen acht Francs. Von diesem Gelde werden den fleißigen Arbeitern Bücher und Bilder gekauft, oder das Geld wird ihnen zurückgelegt, und bei der Entlassung aus der Anstalt ihm im Ganzen ausgezahlt. Außerdem erhalten die Fleißigen zur Aufmunterung zwei Schüsseln, Fleisch, Weißbrod und Wein.

Da die Detinirten vollständig isolirt bleiben sollen, so wohnen, schlafen, arbeiten, essen und trinken sie in ihren Zellen allein, nnd dürfen auch nur eine halbe Stunde die Luft genießen, und zu diesem Zweck den Hof, jedoch nur allein, besuchen. Die Zeit des Tages wird in halbe Stunden getheilt und täglich verloost, so daß auf jedem der sechs Höfe, von sechs Uhr Morgens bis sechs Uhr Abends halbestundenweise die Knaben ganz allein sich ergehen, bis sie durch den Glockenruf abgelöst werden, und der nächste Glockenschlag den der Reihe nach folgenden Spatziergänger herbeiruft.

Die Erlaubniß für Eltern, ihre Kinder zu besuchen und mit Genehmigung des Directors zu sprechen, kann alle vierzehn Tage nachgesucht werden, erstreckt sich aber jedesmal auf die Zeit einer halben Stunde. In dem Sprachzimmer befindet sich ein Holzgebäude, ähnlich dem Plane des Gefangnenhauses selbst. In der Mitte ist ein rundes Katheder, auf welches man mittelst einer Treppe von zwölf Stufen gelangt. Von hieraus blickt der Wärter in sechs Logen, welche das Katheder strahlenförmig umgeben, in denen sechs junge Sträflinge ihre Angehörigen erwarten, welche durch einen besonderen Gang hereintreten, und sich entweder ganz frei, oder durch ein Drathgitter mit ihnen unterhalten. Nach einer halben Stunde ertönt die Glocke. Die Besucher ziehen sich zurück, die Sträflinge werden durch andere abgelöst, deren Freunde treten heran, und auf das nächste Zeichen der Glocke entfernt sich Alles, und für diesen Tag ist die Sprechstunde vorüber.

Eine ähnliche Einrichtung findet beim Religionsunterricht statt, wo der Lehrer in der Mitte auf der Erhöhung sitzt, und je vier und zwanzig jungen Leuten Unterricht ertheilt, welche untereinander abgesondert, nur den Lehrer sehen können, während er sie sämmtlich im Auge behält.

Der übrige Unterricht wird durch den Lehrer vom Corridor aus gegeben. In jedem Flügel befinden sich in jeder Etage drei und zwanzig Einzelnzellen. Der Lehrer stellt sich in die Mitte des Ganges, wenn er diesen, oder an die Ecke, wenn er je sechs und vierzig Sträflingen etwas vortragen will. In jeder Gefängnißthür befindet sich eine Klappe, diese wird geöffnet, so daß der Schall leicht eindringen kann. Liest der Lehrer mit lauter Stimme vor, so wird er von Allen verstanden, welche, Jeder in seinem Buche, nachlesen, und auf die Anweisung des Lehrers einzeln oder alle zusammen fortfahren, wo der Lehrer es verlangt. Wird diktirt, so schreibt Jeder nach, und liest das Geschriebene auf Verlangen laut vor. Den Lehrer selbst erblickt der Gefangene nur im Religions- und Zeichnenunterricht, welcher letztere Sonntags Abtheilungsweise in derselben Art ertheilt wird, daß Ein Sträfling den Andern nicht sehen und sprechen kann. Die Sträflinge sind nach ihrem Wissen in Klassen eingetheilt. Es bestehen fünf Klassen und hiernach sind auch die neben einander befindlichen Zellen besetzt, da es sonst nicht möglich wäre, Viele gleichzeitig zu unterrichten; und es ohnedies unbegreiflich ist, wie ein einzelner Lehrer, eine so bedeutende Anzahl, ihrer Vorbildung und Anlagen nach sehr verschiedenartiger junger Leute, mit so günstigem Erfolge, in mehreren Gegenständen zu unterweisen im Stande ist. Keiner der Sträflinge wird bei seinem Namen, sondern Jeder bei der ihm ertheilten an der Thür befindlichen Nummer aufgerufen. Der Tag beginnt in der Anstalt um fünf Uhr Morgens. Um neun Uhr Abends muß Jeder zu Bett sein. Außer den Arbeits- und Unterrichtsstunden sind drei Stunden des Tages den Mahlzeiten, der Lektüre, oder der Beschäftigung nach eigner Wahl gewidmet.

Sonntags wird in der Kapelle Messe gelesen, in welcher keine Wärter anwesend sind, sondern der Geistliche mit den Gefangenen allein bleibt.

Die Kleidung der Sträflinge ist einfach, gleichförmig und gut unterhalten. Auf Reinlichkeit des

Körpers wird streng gehalten. Die Kost ist gut und ausreichend und wird zu dreien Malen des Tages verabreicht. Fleisch erhalten die Sträflinge dreimal in der Woche.

Die Beschaffenheit der Latrinen ist mangelhaft und bleibt es auffallend, daß die Aerzte der französischen Gefängnisse so wenig auf die Nothwendigkeit frischer Luft Bedacht nehmen, die doch der Gesundheit unumgänglich nöthig ist, besonders aber in Anstalten, wo wie hier, die Sträflinge ausreichender Bewegung im Freien entbehren. Die Sterblichkeit soll bedeutend sein; ich konnte genaue Angaben darüber nicht erfahren.

Der Fleiß und die Leistungen der Gefangenen sind anerkennenswerth, und es ist zu bewundern, in wie kurzer Zeit dieselben sich mechanische Fertigkeit in denjenigen Handwerken, worin sie unterwiesen werden, erwerben, und mit welcher Zierlichkeit und Accuratesse die meisten Arbeiten ausgeführt werden.

Das Aussehen der sämmtlichen Gefangenen ist dagegen verkümmert, bleich, welk, matt, körperlich und geistig gedrückt, ohne Leben und Frische, wie man es von der Jugend sonst erwartet. Liegt das Gefühl der Einsamkeit und des Verlassenseins, was die Jugend vorzüglich schmerzlich empfindet, dem zum Grunde, oder übermäßige Anstrengung der Arbeit, oder die ungesunde gebückte Stellung sitzender Beschäftigungen, oder die der Gesundheit nachtheilige

Ausdünstung manches Arbeitsmaterials, oder der Mangel an Bewegung, oder durch mangelhafte Beaufsichtigung eingeschlichene jugendliche Sünden, was mir am wahrscheinlichsten schien, — kurz der Eindruck, den ich mit mir nahm, war meinen Erwartungen nicht entsprechend, überhaupt nicht befriedigend, und ich will auch hier kurz zusammengefaßt aussprechen, was ich in den beiden beschriebenen Muster-Gefängnissen vermißt habe.

Was zuvörderst die Roquette anbetrifft, so glaubt man in dem dort befolgten Systeme die Besserung der Gefangenen durch Gewöhnung an Arbeit, durch Einsamkeit des Nachts und die Unmöglichkeit, unbeobachtet mit den Mitgefangenen zu communiciren, erreichen zu können. Daß das Resultat dieser Voraussetzung nicht entspricht, geht aus der großen Zahl der Rückfälligen genügend hervor, es müssen also entweder die Mittel zur Erreichung des beabsichtigten Zweckes unrichtig gewählt, oder unrichtig und mangelhaft angewandt sein. Ich glaube, daß im vorliegenden Fall Beides stattfindet.

Ist man überzeugt, daß der ungehinderte Verkehr der Gefangenen untereinander verderblich wirkt, weil die Annäherung verschiedenartiger Menschen, welche sich aus verschiedenen Gegenden, verschiedener Vergehen wegen an einem und demselben Orte zusammenfinden, wie die Erfahrung lehrt, damit beginnt, die Schicksale, die man erfahren, die Handlungen, die man begangen, die Vorgänge und näheren Umstände der demnächst bestraften Vergehen gegenseitig auszutauschen, woraus dann Complotte, Verbindungen angeknüpft, und die im Schlechten Geübtern ihre Meisterschaft erwerben, die Neulinge angelernt und ausgebildet werden — so muß man auch Vorkehrungen treffen, um diesen Verkehr von vorn herein unmöglich zu machen. —

Dies ist nur durch Isoliren in hinreichend durch starke Wände, Thüren und Fußboden gesicherte Einzelnzellen möglich. Durch anbefohlenes Schweigen bei gemeinschaftlicher Arbeit kann der Verkehr und das Einverständniß unter den Sträflingen nie vollständig, durch bloße Beobachtung der in Gemeinschaft arbeitenden, zur Unterhaltung über gleichgültige Dinge befugten Gefangenen, aber ganz und gar nicht verhindert werden. Alles Verbotene reizt zu einem Versuche, das Verbot zu übertreten. Mittheilung ist den Menschen ein Hauptbedürfniß, besonders wenn sie für längere Zeit von dem Verkehr mit der Außenwelt abgeschnitten, der Freiheit ganz beraubt, und auf das einförmige Gefängnißleben und den Umgang mit Leidensgefährten angewiesen sind

In der Roquette will man diese Mittheilung, in sofern sie nachtheilig oder gefährlich wirken könnte, dadurch verhindern, daß die Detinirten in einsamen Zellen schlafen und ihnen verboten wird, zu Communicationen mit ihren Genossen Versuche zu machen.

In dem Prison des jeunes détenus mißbillige ich das, mit solcher Konsequenz durchgeführte System der völligen Einsamkeit. Die Mehrzahl der Gefangenen besteht aus Kindern. Die Jugend ist aber weder so erfahren, noch so überlegt, noch so verstockt in ihren Handlungen des Unrechts als das vorgerückte Alter, sie ist empfänglicher für Religion, Belehrung und das gute Beispiel, das Gefühl weicher und das Gewissen zarter, der Kampf zwischen dem Guten und Bösen hat noch nicht begonnen, da Mangel an Ueberlegung und Leichtsinn die Motive der Vergehungen sind, und ihnen leichter zu begegnen ist, als dem Laster, und dem durchdachten Verbrechen.

Der alte Bösewicht wird in der ungewohnten Einsamkeit zum Nachdenken, zur Prüfung seiner Vergangenheit, zur Beurtheilung seiner Handlungsweise, und dann zur Reue geführt, der Knabe bedarf der Einsamkeit nicht zum Bewußtsein seines Unrechts, was in der Regel in einzelnen Thatsachen und ihm gewiß immer mahnend vor Augen und Gewissen steht; er wird sich nach außen sehnen, und seine Phantasie mit Bildern erfüllen, die ihn auf Abwege führen. Auf jugendliche Verbrecher wirkt eine gewisse Gemeinschaft, das Beispiel des Guten, des Fleißes, die Anwesenheit des Lehrers, sein Ton, sein Blick — Alles dies gewiß schneller und sicherer als Jahre dauerndes Alleinsein, und Unterricht eines Lehrers, den man nicht sieht, sondern nur aus der Ferne hört.

Aber ein zweites Hauptbedenken habe ich in der Wirkung lange dauernder Einsamkeit jugendlicher Verbrecher auf ihre Entwickelung und praktische Befähigung zum selbstständigen Uebertritt in's bürgerliche Leben. Ein Knabe, der Jahre hindurch in solcher Anstalt weder Menschenkenntniß noch Charakterfestigkeit erworben, der in seiner geistigen Entwickelung dadurch entschieden zurück geblieben, der alles Selbstvertrauen verloren haben wird, soll plötzlich hinaustreten in die Welt mit ihren Verführungen, ohne Halt, ohne Erfahrung, ohne Schutz, aber den Makel seines Aufenthalts in der Detentionsanstalt mit sich bringend, und schon dadurch geächtet und angewiesen, den hellen Tag zu meiden, und sich im Zwielicht mit seiner Schaam und Furcht nach Leidensgefährten umzuthun, die er auch bald finden wird, und die ihm im Dunkeln schon zuflüstern werden, was das Leben sei, und daß jeder Mensch die Freiheit und das Recht habe, es zu genießen, wie er wolle. Darf man den wohl allzu strenge richten, der des Weges unkundig, ohne Führer im Dunkeln herumtappt und strauchelt und fällt?

Ueber die Zahl der Rückfälligen aus dieser Anstalt konnte ich Nichts erfahren, angeblich, weil Listen darüber nicht vorhanden waren; ich vermuthe aber deshalb, weil die desfallsigen Nachweisungen wenig Erfreuliches geboten hätten. Den Mangel an gesunder Luft und Reinlichkeit, und die unzureichende Bewegung, die durch weitere und öftere Spaziergänge und gymnastische Uebung ersetzt werden müßte, habe ich schon oben erwähnt.

Spiele im Freien und ein Theil des Unterrichts müßten meiner Ansicht nach, jedenfalls, vielleicht nach Klassen gesondert, gemeinschaftlich getrieben werden.

IX.

Die Armen- und Zwangs-Kolonien in Holland.

Die holländischen und belgischen Zwangs- und Armen-Kolonien sind vielfach besprochen, belobt, getadelt, überschätzt und verkannt worden. Durch Selbstanschauung wollte ich mir um so lieber ein eigenes Urtheil darüber begründen, als ich mich seit längerer Zeit, gestützt auf die daraus hervorgegangenen äußerst günstigen Resultate, vorzugsweise für diese Idee und Schöpfung des General v. d. Bosch interessirte.

Daß die belgischen Haupt-Armenkolonien bankerott geworden, und sich aufgelöst hatten, war mir bekannt, nicht minder, daß nach der zweiten Ernennung des General v. d. Bosch zum Gouverneur von Java die holländischen Armen-Kolonien gesunken waren, sich aber bald nach seiner Heimkehr, und nachdem er die Leitung der Verwaltung wieder selbst übernommen, so plötzlich gehoben hatten, daß die Relation des Herrn v. Sagra über den Zustand der Ansiedelungen im Jahre Eintausend achthundert und sechs und dreißig, dieselben in dem allergünstigsten Lichte darstellte, und von Neuem die allgemeine Aufmerksamkeit auf sie zog.

Dies Institut hatte aber in Holland selbst so viele und so heftige Widersacher, daß es mir nicht gelingen wollte, aus amtlichen Quellen schon vor meiner Reise die gewünschte Auskunft zu erhalten. Auch ein Mann, dessen Verdienste um die Gefängnißkunde mit Recht anerkannt sind, dessen Worte hierin mit Recht als Autorität gelten, der im vergangenen Jahre im Auftrage unsers Königs nach London gesandt war, um die dort zur Anwendung gebrachten verschiedenen Besserungssysteme nochmals an Ort und Stelle zu prüfen und zu vergleichen, und der auf seiner Rückreise aus England jene Kolonien, mit den erforderlichen amtlichen Materialien ausgerüstet, in höherem Auftrage in Augenschein genommen hatte, — Herr Dr. Julius, äußerte sich gegen mich darüber auf eine wenig günstige Art; obgleich er die dabei zum Grund liegende Idee früher in seinen Schriften als zweckdienlich empfohlen hatte. Er war besonders des Kostenpunktes, und der derangirten Lage der Kolonien wegen, gegen die Anstellung ähnlicher Versuche in Preußen; Er gestattete mir die Einsicht seiner gesammelten offiziellen Materialien und Notizen zwar nicht, aber äußerte sich im Allgemeinen über das Unbefriedigende seines Befundes, indem ein großer Theil der Kolonistenwohnungen leer ständen, die Aecker theilweise unbestellt geblieben wären, viele Familien sich zerstreut hätten, die Fabriken wegen Mangel an Absatz unbeschäftigt wären, und der für den Fall, daß die Generalstaaten die aufgelaufene Schuldenlast nicht übernehmen sollten, unvermeidliche Bankerott muthmaßlich die Auflösung der Kolonien zur Folge haben werde.

So kam ich denn auch von Steenwyk, in der Provinz Drenthe, aus, nach Frederiks-Ort, Ommerschanz und Veenhuyzen mit sehr geringen Erwartungen, was mir durch die Reise des Königs durch die Provinz Oberyssel und Drenthe in so weit erschwert wurde, als es mir nur nach langem Warten möglich ward in der Konikluken Paarden posteru (Königlichen Pferde-Posthalterei,) Postpferde zu erhalten. Das was ich in den Kolonien gesehen, hat mich um so mehr gefreut, als es mich angenehm und unerwartet überraschte. Es befinden sich in den Kolonien zwei, oder eigentlich drei Klassen von Bewohnern, und zwar

I. in Ommerschanz,

a. solche die entweder gebettelt hatten, und wegen dieses Vergehens verurtheilt wurden, das Erstemal mit einer dreiwöchentlichen, und später mit einer Detention auf unbestimmte Zeit;

b. solche die gebettelt haben, vor Gericht gezogen sind, aber auf eine gerichtliche Entscheidung Verzicht geleistet und sich freiwillig auf unbestimmte Zeit zur Aufnahme gemeldet haben;

c. solche, denen in der Heimath die nöthigen Subsistenzmittel fehlten, und die sich deshalb aus freiem Antriebe um die Aufnahme beworben haben.

II. In Veenhuyzen befinden sich Waisen, Findlinge und verwahrloste Kinder, welche dort bis zu ihrem zwanzigsten Jahre detinirt, erzogen, und zu Handwerkern oder Dienstboten ausgebildet werden.

III. In Frederiksort wohnen freie Leute, Ansiedler, Pächter und Dienstleute mit ihren Familien, welche sich durch den Ackerbau erhalten, und Winterszeit in den Fabriken Beschäftignng finden.

Die Totalsumme der in sämmtlichen Kolonien befindlichen Personen beträgt Elftausend vierhundert und achtzig. Ommerschanz ist ein altes Fort, mitten in einer Heide gelegen, von welcher ein bedeutender Theil urbar gemacht ist, und durch welche mittelst eines Kanals die Verbindung mit Steenwyk unterhalten wird. Das Gebäude und ein ansehnlicher Landstrich dazu wurden im Jahre Eintausend achthundert und achtzehn durch die Gesellschaft, die sich zur Gründung der Zwangskolonien gebildet hatte, Maatschappij van Weldadigheid, vom Fiscus erstanden. Ich fand etwa Zweitausend Menschen in der Zwangskolonie anwesend, und unter diesen zweihundert Frauen und vierzig bis fünfzig Kinder und Säuglinge. Das große Viereck, welches den Hof bildet, ist durch Zwischengebäude und Gitter in Abtheilungen gesondert, um die Geschlechter, die Altersklassen und die Disciplinaire von denen zu trennen, deren Führung und Fleiß zu

Klagen keine Veranlassung gegeben hat. Es war etwa fünf Uhr Morgens, als ich einen Umgang durch die Säle machte, und mich freute, daß Alles schon auf den Beinen und gereinigt, die Hangematten an die Stubenbalken hinaufgezogen, die Zimmer ausgefegt, und Alles beim Frühstück beschäftigt war, das aus Kaffee und Brod bestand. Das Aussehen der Detinirten verrieth Wohlsein und Zufriedenheit; und waren allerdings die Säle, das Inventarium, die Kleidung der Gefangenen nicht in einer an Eleganz gränzenden Verfassung, wie man dies in den englischen Gefängnissen zu sehen gewohnt ist, so muß man doch zugestehen, daß hier alles dem Bedürfniß entsprechend war, da die Kolonien das Werk eines von dem Wechsel der freiwilligen Beiträge abhängenden Privatvereins sind, und der Aufenthalt daselbst nicht den Charakter eines für schwerere Verbrecher bestimmten Gefängnisses haben soll. Die Bewachung der Detinirten geschieht durch dreißig Aufseher und ein und zwanzig Invaliden, welche mit Seitengewehr bewaffnet sind, aber ihrem Aeußern nach eher einen friedlichen als einen kriegerischen Eindruck machen.

Gottesdienst wird Sonntags im Schulsaale gehalten.

Den Sommer hindurch sind die kräftigen Hände mit Ackerbau beschäftigt, im Winter in der Fabrik. Den Verdienst eines Arbeiters berechnet man auf anderthalb Gulden wöchentlich, den einer Frau auf zweidrittel und den eines Kindes auf eindrittel jenes Betrages. Hieraus werden die Unterhaltungs- und Bekleidungskosten bestritten, ein Beitrag für etwaige Erkrankungen und ärztliche Behandlung zurückgelegt, und der Ueberrest als ein Zehrpfennig für den Fall der Entlassung oder zu einem kleinen Kapitale gespart, um den Uebertritt in die freien Kolonien dadurch erkaufen zu können. Die Summe von fünf und zwanzig Gulden ist erforderlich, um einen Anspruch auf diese Uebersiedelung zu erwerben, aber bei allem möglichen Fleiß ein Zeitraum von einem Jahre nothwendig, um die Ersparniß des Arbeitsverdienstes auf diese Summe zu bringen.

Bei Rückfälligen ist ein zweijähriger anstrengender Fleiß, bei nochmaligen Rückfälligen eine dreijährige musterhafte Führung nothwendig, um in die freien Kolonien treten zu können.

Faule und Widerspenstige werden durch Entziehung der Kost, einsames Gefängniß und Stockschläge bestraft.

Der Zweck dieses Instituts besteht darin, das Land von Bettlern, Müßiggängern und Vagabonden zu reinigen, die Aufgenommenen an Arbeit zu gewöhnen, und ihnen dadurch die Mittel zu gewähren, um den Unterhalt für die Zukunft erwerben und sichern zu können.

Die Kolonien in Frederiksort bestehen aus freien armen Leuten, welche freiwillig oder durch Vermittelung der Vereinsmitglieder dem Nothstande entzogen und hier angesiedelt werden, um durch fleißige Bestellung des Bodens und Arbeit in den Fabriken, nicht allein das Land urbar zu machen und den nöthigen Lebensunterhalt zu verdienen, sondern auch nach und nach so viel zu erwerben, um als Pächter oder Eigenthümer der ihnen überwiesenen Etablissements aufzutreten, und durch ihre Niederlassung hierselbst, ihre eigentliche Heimath vollständig aufzugeben. In den sechs Kolonien waren ursprünglich je Einhundert Familien angesiedelt. Seitdem hat sich die Zahl derselben außerordentlich vermehrt. Von den vierhundert größeren Wohnungen fand ich nur vier unbesetzt. Die Zahl der Familien, die sich alljährlich entfernen, weil ihnen die angestrengte Arbeit, die Disciplin und die eingeführte Ordnung unbequem war, und sie versuchen wollen ihre Existenz anderwärts angenehmer zu begründen, beschränkt sich, wie mir der Director unter Vorlegung seiner Bücher nachwies, auf vier bis fünf alljährlich, und hierin sind solche Fälle mit inbegriffen, wo bemittelte Verwandte sich erboten hatten, hier untergebrachte arme Familien zu sich zu nehmen. Die Bestellung der Felder, von denen ich nicht den kleinsten Fleck wüst liegen fand, ließ nichts zu wünschen übrig, die Fabriken finden für ihre Fabrikate hinreichenden Absatz, die Baulichkeit der Häuser, das Innere der Wohnungen, die Schule, die Wege, die Anlagen, die Verwaltung des Ganzen, Alles verrieth den Zustand fortschreitender Entwickelung, aber nicht der beginnenden Auflösung.

Richtig ist es allerdings, daß der Viehstand für die Cultur des Landes nicht vollständig ausreicht, daß die Mehrzahl der Kolonisten aus Tagelöhnerfamilien besteht, welchen die fleißige Bestellung des Bodens nichts von den Erzeugnissen desselben sichert, sondern die nur auf nothdürftiges Deputat und Tagelohn angewiesen sind, das man ihnen auch nicht entziehen könnte, wenn sie ihre Arbeit mit weniger Sorgfalt und Gründlichkeit verrichteten, denen also auch eine besondere Liebe für den Boden, auf dem sie leben und arbeiten, nicht beiwohnen kann, da er in ihren Augen als fremdes Material zu betrachten, dessen Bearbeitung für Tagelohn ihnen übertragen ist. Richtig ist es ferner, daß der traurige Zustand der Finanzen einen Bankerott und die Auflösung der Kolonien zur Folge haben muß, wenn nicht die Generalstaaten durch Uebernahme der Schulden vermittelnd dazwischen treten sollten; aber dies sind Mängel, Fehler und Unglücksfälle, die, so nachtheilig sie auch im concreten Falle wirken, doch nicht als aus der Sache nothwendig hervorgehend, angesehen werden, und deshalb zu der Behauptung führen müßten, als ob das ganze System an unüberwindlichen Mängeln laborire.

Die Motive weshalb der gegenwärtige Zustand der holländischen Armen- und Zwangs-Kolonien sich nicht erhalten kann, liegen deutlich genug vor Augen, und dürften weniger geeignet sein, vor ähnlichen Versuchen abzuschrecken, als dazu recht eigentlich aufzufordern, und ausgerüstet mit den in Holland gemachten Erfahrungen von vorn herein die Sache zweckmäßiger anzufassen, und die hier sich gebildeten Klippen zu umschiffen, statt daß man in Holland mit aller Consequenz und Gewalt darauf lossteuert, und dabei übersieht, daß wahrscheinlicher das Schiff an den Klippen zerschellen, als diese durch jenes vernichtet werden werden. Hierauf will ich weiter unten nochmals zurückkommen, einstweilen noch einige Notizen über die Einrichtung der freien Kolonien, und die Resultate der Kolonisationen auf die Vermehrung oder Verminderung der Verbrechen und Verbrecher geben. Familien, welche hierher übersiedelt werden sollten, wurden durch Mitglieder des Vereins oder Actionaire, welche entweder alljährlich eine fortlaufende Pension von zweihundertfünfzig Gulden zu zahlen sich verpflichteten, oder den Werth eines Etablissements, aus einem Häuschen und dreizehn Morgen Land bestehend bezahlten, und dafür das Besetzungsrecht erkauften, überwiesen. Man gewährt ihnen auf sechszehn Jahre alle Bedürfnisse, in der Erwartung, daß sie durch fleißige Bestellung in dieser Zeit die Ertragsfähigkeit des Bodens in so weit gehoben haben werden, um das Grundstück, welches sie bisher nur als Tagelöhner der Maatschappij bestellten, ohne die Früchte selbst erndten zu können, gegen eine Summe von fünfzig Gulden jährlich in Pacht zu nehmen.

Die Administration vergütigt einer Familie von sechs Köpfen wöchentlich in baarem Gelde sechs Gulden, für ihren Unterhalt und als eine Entschädigung für die geleistete Arbeit.

Diese Summa berechnet sich wie folgt:

1)	pro Kopf drei Pfund Brod à 6 Cent.	18 Cents.
2)	18 Kop Kartoffeln à 1 Cent.	18 "
3)	zu Kleidung ꝛc.	24 "
4)	Winkelgeld um Salz, Butter, Bier und sonstige kleine Bedürfnisse zu kaufen	30 "
	Summa:	100 Cents.

oder einen Gulden — mithin für die ganze Familie sechs Gulden. In Krankheitsfällen werden pro Kopf von dem Winkelgelde zwanzig Cents. abgezogen, um die Kur- und Verpflegungs-Kosten daraus zu bestreiten. Das was hieran fehlt, oder die zur Erhaltung der Familien während der Krankheit einiger Mitglieder erforderliche Unterstützung, wird von der Administration zugeschossen.

Die Beschäftigung in der Fabrik beschränkt sich für den Augenblick auf Kattunweberei und die Anfertigung von Kaffeesäcken. Für Schule und Religionsunterricht ist hinreichend gesorgt, und der Eindruck, den die große Zahl der Familien, welche sich hier eine neue Heimath geschaffen haben, ihr Fleiß und die herrschende Sitte und Ordnung hervorbringen, ist durchaus wohlthuend.

Die günstigen Folgen dieser Anlagen sind nicht ausgeblieben. Nirgends in Holland, weder in den Städten noch auf dem platten Lande, bin ich von Bettlern, Krüppeln und Kindern angesprochen worden, oder habe ich auch nur zerlumpte Jammergestalten, wie man sie überall, vorzugsweise aber in den größeren, den See- und Residenzstädten, zu ganzen Schaaren antrifft, auf den Straßen erblickt. Aller Orten wo ich durchkam, erwartete man den König oder war er so eben auf seiner Bereisung der östlichen Provinzen gewesen. Die Orangewimpel und dreifarbigen Fahnen und Ehrenpforten, die Musikchöre und weißgekleideten Jungfrauen, Blumengewinde und Transparents und das Festkleid, welches das Volk angelegt, Jubel und Frohsinn, die allerorts herrschten, hatten überall zahlreiche Neugierige herbeigerufen; es wäre also wohl eine gute Erndtezeit für Hülfsbedürftige und Bittende gewesen, die man bei der allgemeinen Freude schwerlich mit der sonst üblichen Strenge entfernt und unschädlich gemacht haben würde, aber ich wiederhole es nochmals, daß ich nirgends Bettler bemerkt habe.

Die Urbarmachung der bedeutenden bisher wüsten Landstrecken, ist ein Vortheil für die Bodenkultur, den wachsenden Nationalreichthum und die steigende

Bevölkerung. — Die Zahl der Verbrechen und der alljährlich in Holland bestraften Verbrecher vermindert sich nach Lage der mir zugänglich gewesenen Materialien, wenngleich nicht im bedeutenden Grade, so doch überhaupt, und da dies eine Erscheinung ist, welche sich in sämmtlichen Ländern Europas so wenig als in Amerika wiederfindet, so dürfte sie wichtig genug sein, um auf die muthmaßliche Ursache zurückzugehen, und diese in dem Unschädlichmachen so vieler Verarmten, Bettler und Vagabonden zu finden. Es liegt auch in der Natur der Dinge, daß die meisten Verbrechen nicht durch lauter Erzbösewichter verübt werden, sondern daß nur eine geringe Anzahl von Menschen wirklich schlecht und als Verbrecher von Fach zu betrachten sind, während die augenblickliche Noth, Mangel an Beschäftigung, Müßiggang und böses Beispiel in den meisten Fällen Veranlassung Unrecht zu begehen sein werden. Daß es hierdurch von bedeutendem Einfluß auf die Sicherheit des Eigenthums sein muß, mehr als zehn Tausend Individuen, bei denen man sich der That versehen könnte, durch ihre Entfernung aus den heimathlichen, für sie gefährlichen Umgebungen herauszureißen und sie zu isoliren, zu beschäftigen und unter genauer Controlle zu erhalten, liegt zu nahe, als daß es eines Beweises für diese Ansicht noch bedürfen sollte.

Gegen die Idee der Colonisation läßt sich im Allgemeinen nichts erinnern, da die nützliche Beschäftigung vieler kräftigen aber müßigen Hände, und die Kultur bedeutender wüst gelegener Landstrecken als entschiedene Vortheile und Vorzüge zu betrachten sind. Auch die Art der Ausführung dieser Idee leidet mit Ausschluß der zu großartigen Anlagen, und der zu verwickelten Rechnung, an keinen wesentlichen Mängeln, da der frühere unausreichende Schulunterricht jetzt dem Bedürfniß entspricht, seit einiger Zeit für Anstellung von besonderen Geistlichen gesorgt ist, der für die Kultur des Bodens zu geringe Viehstand sich in den letzten Jahren sehr vermehrt hat, und die Familien so gestellt sind, daß sie bei ihrem Einkommen bestehen können.

Dagegen sind aber zwei Momente vorhanden, welche dem Unternehmen keine Dauer sichern können, wenn man nicht recht bald Bedacht nimmt für eine Abänderung und feste Sicherstellung der Verwaltung und für die dazu erforderlichen Mittel sorgt.

Zuvörderst nämlich kann der Staat nicht zugeben, daß die Verwaltung der Angelegenheiten einer Menschenmenge von Eilftausend Seelen, die selbstständige Beschließung über deren Behandlung, Leitung, Unterricht und Zukunft, also über ihr Wohl und Wehe, dem unbeschränkten Befinden eines Vereins überlassen bleibe, dessen Vorstand aus etwa zehn ehrenwerthen Männern, aber doch aus Privatleuten besteht, welche sich einer Controlle der Behörden unter keiner Bedingung unterwerfen wollen, obgleich ihnen die ausreichenden Mittel zur Erhaltung der Kolonisten, zur Ablösung der übernommenen Verpflichtungen, und die unumgänglich nöthige Gewalt zur selbstständigen Aufrechthaltung der Ordnung fehlt.

Im Jahre Eintausend achthundert und achtzehn hatte General v. d. Bosch mit Unterstützung seiner Freunde begonnen, die Kolonisation der Bettler und Armen zu versuchen. Die Sache fand bald allgemeinen Anklang, und erregte die Aufmerksamkeit der städtischen Communen und der Regierung.

Da die Maatschappij für die Aufnahme jeder armen Familie von acht Köpfen in den freien Kolonien auf sechszehn Jahre Zweihundert und fünfzig Gulden jährlich, und für jeden Landstreicher und Bettler in den Zwangskolonien auf eben so lange fünf und dreißig Gulden, und für jedes Findelkind auf die gleiche Dauer fünf und vierzig Gulden jährlich beanspruchte, und nach Ablauf dieser Zeit auf fernere Detentionskosten verzichten zu können glaubte, indem sie der Meinung war, daß die Aufgenommenen sich sodann selbst erhalten würden, so beeilten sich die Communen, ihre verarmten Familien dorthin zu senden, so wie die Regierung erfreut war, unter so billigen Bedingungen ihre Landstreicher und Findelkinder los werden zu können. Es wurden also gegenseitige Rechte und Verpflichtungen übernommen, und die Kolonisation mit allen Kräften ins Leben gerufen.

Bedeutende freiwillige Beiträge sicherten in den ersten Jahren das Bestehen und die Verzinsung der aufgenommenen ansehnlichen Ankaufs- und Einrichtungs-Kapitalien, das ganze Land schloß sich gewissermaßen dem Unternehmen an; die Beiträge wurden in Art einer Steuer von Bürgern und Beamten erhoben, und der Staat verpflichtete sich gleichzeitig, eine Anzahl ausgedienter Militairinvaliden den Kolonien gegen Zahlung obiger Sätze zu überweisen. Später änderten sich die Sachen; nach dem ersten Enthusiasmus verminderten sich die freiwilligen Beiträge; einige verarmte Familien protestirten ausdrücklich gegen die Entfernung aus ihrer Heimath und Uebersendung in die Kolonien; Kolonisten, denen die Arbeit zu schwer, die polizeiliche Beaufsichtigung zu streng, die Lebensweise zu einfach, das Klima zu feucht war, liefen davon und erfüllten die Heimath mit Klagen und Uebertreibungen; die Aecker producirten bei dem zu geringen Viehstande zu wenig, für Schulunterricht und geistlichen Zuspruch war fast gar nicht gesorgt, und mehrere Communen nahmen ihr früheres Versprechen der Uebersendung von Bettlern, Vagabonden und verwahrlosten Kindern zurück; die Regierung überwies eine Anzahl alter, dem Trunk ergebener, oder arbeitsunfähiger Invaliden, die, ohne etwas erwerben zu können, der Verwaltung und Kasse allein zur Last fielen. Als gegen die Annahme solcher Individuen protestirt ward, hörte die Zahlung der früher von der Regierung verheißenen Subsidien auf; bald nachher erfolgte die Holland stark erschütternde Losreißung Belgiens, und unmittelbar darauf die Versetzung des Generals v. d. Bosch nach Java, so daß nach und nach die Kolonien mehr verfallen, und die Schuldenlast sich auf eine unerfreuliche Höhe vermehren mußte.

Ist auch seit der Rückkehr des Herrn v. d. Bosch der blühende Zustand der Kolonien wiedergekehrt und bedeutend gehoben, so ist doch die Schuldenlast immer höher gestiegen, das einzige Mittel aber, um die Kolonien zu erhalten, die Uebernahme der Schulden durch die Generalstaaten, von der Bedingung abhängig gemacht, die Leitung der Verwaltung den Händen der Regierung anzuvertrauen, womit sich die Direction der Maatschappij aus dem ihr unangenehmen Gefühl, ihre wichtige Selbstständigkeit aufgeben zu sollen, bisher durchaus nicht hat einverstanden erklären wollen.

Im Auftrage der Generalstaaten hat vor Kurzem eine Kommission, bestehend aus den Herren Bruce, van Akerlaken und Advocat Millmann, eine genaue Prüfung des Zustandes der Kolonien, der Verwaltung und des Rechnungswesens an Ort und Stelle unternommen. Das Resumé war für das Institut eben so günstig, als für die Direction anerkennend und ehrenvoll, und haben sich die Kommissarien einstimmig aufs Entschiedenste für die Erhaltung der Kolonien ausgesprochen.

Das Letzte, was über die numerischen Verhältnisse der Kolonien amtlich publicirt wurde, befindet sich in der Broschüre:

Verslag nopens den Staat van det Armwezen. S'Gravenhage: ter algemene Lands Drukerei 1841. —

Das Büchelchen ist schwer zu bekommen, und ich verdankte es der gefälligen Vermittelung des Herrn Nathan, Besitzer eines Buch- und Papierwinkels in Utrecht. —

Es befindet sich darin sub No. 14. eine tabellarische Uebersicht,

Kolonien, gevestigt door de Maatschappij van Weldadigheid,

worin die Bevölkerung und finanziellen Verhältnisse derselben amtlich constatirt sind, und aus denen ich nachfolgende Zahlen hier übertrage.

In den fünf freien, zwei Bettler-, zwei Waisen-, der Musterkolonie zu Watern, und der einen Strafkolonie befinden sich auf einem Flächenraum von 1985 vollständig in Cultur gesetzten bunders Acker Elftausendvierhundert Seelen, sechs Kirchen, sechs Schulen, fünfzehn Fabrikgebäude, dreihundert sieben und achtzig kleine, einhundert sechs und zwanzig mittlere, zwei und vierzig große Gehöfte, ein Viehstand von ein und neunzig Pferden, ein Tausend einhundert fünfzig Stück Rindvieh, zweitausend und neunzig

Schaafen. Der Verein zählte zehntausend sechshundert sechs und sechzig zahlende Mitglieder.

Die Ausgaben betrugen in jenem Jahre:

1) Zinsen des Anlage-Capitals . .	200,137 Fl.
2) Einrichtungskosten vertheilt pro Jahr auf	29,696 „
3) Für Administration.	2,734,552 „
4) Sparkassengelder	11,772 „
5) Für Rechnung des Gouvernements	28,839 „
6) Verschiedenes	33,405 „
7) Ins gemein	33,698 „
8) wozu der Werth des Grund und Bodens	557,700 „

Leider haben die oben geschilderten ungünstigen Verhältnisse eine Schuldenlast von mehr als Fünfmalhundert Tausend Gulden aufgehäuft. Das vorhandene Deficit muß bei der Lage der Sache von Jahr zu Jahr bedeutend wachsen, und da schon die Mittel des Vereins der Sache und den Gläubigern kaum sichere Bürgschaft, die Zinsen des Kapitals zahlen zu können gewähren, so liegt in ihnen noch weniger die Garantie, welche das Wohl einer Bevölkerung von Elftausend Seelen erheischt, die sich allein zu erhalten außer Stande ist, und eines kräftigen Schutzes zu ihrer Subsistenz nothwendig bedarf. Die Maatschappij besitzt weder die Mittel, diese Menschenmasse für den Fall eintretender Unglücksfälle oder eines außergewöhnlichen Nothstandes vor dem Untergange zu sichern, noch die Macht sie vor Gefahr, oder für den Fall, daß Bewegungen die Ruhe des Landes stören, zu schützen, noch die Kraft und erlaubte Gewalt die innere Ordnung selbstständig, ohne Unterstützung der Behörden aufrecht zu erhalten. Da ein Privatverein also für so ausgedehnte Zwecke überhaupt, weder dem Staate noch dem Lande die Bürgschaft zu leisten vermag, so erscheint es mir eben so wichtig als nothwendig, der Regierung die Leitung der Kolonien anzuvertrauen, um dadurch das in vielfacher Hinsicht wünschenswerthe Bestehen derselben zu sichern.

X.

Erklärung der Beilagen.

Titelblatt.

Ein arabischer Kiosk. In der Mitte ein maurisches Conzert in Algier. Musik löst alle Dissonanzen — so auch hier, wiewohl erst spät, denn die brennende Ampel deutet den Abend an. Rechts schaut Marschall Valee herab; unter ihm steht ein dienstfertiger Zuave — noch tiefer ein übermüthiger Chasseur d'Afrique. Sein Säbel ruht in der Scheide; vielleicht ist die blutige Klinge eingerostet; damit seine Hände wenigstens rein bleiben, hat er die Stulphandschuhe von Elend anbehalten.

Den Franzosen gegenüber herrscht oben Abd-el-Kader. Er salutirt nicht, denn der General hat den Hut auf dem Kopf, und brummt ihn an. Unter ihm stehen ein Türke und ein Kabyle, das ancien régime und das freie Kind der Wüste.

Während sich links Palmen schlank und üppig wölben, windet sich rechts der Lorbeer mühsam durch stachlichen Kaktus in die Höhe. Es scheint künstlicher Lorbeer aus Frankreich herüber gebracht zu sein, denn in Afrika gedeiht leider dieser unentbehrliche Baum des Ruhmes nicht, da ihn der Kaktus erstickt, und die hohe schattenlose Palme ihn nicht vorm Verdorren schützt, darum verbraucht die Armee seine Blätter meist getrocknet in den Suppen.

Ganz unten befindet sich eine Allegorie. Rechts das Kreuz, der Alles besiegende Glaube, das Christenthum, das der französische Adler den Heiden verkünden will, wenn seine Zunge gelöst sein wird. Ob er's im scharfen Schnabel, oder in der spitzen Kralle festgehalten, oder auf seinen Schwingen geschaukelt, kann man nicht erkennen, da die sichtbaren Spuren der Gewalt fehlen. Links der abnehmende Mond, und der sich zur Wehre setzende König der Wüste, ein edles Thier, aber überflügelt und geblendet durch den siegreichen Aar. In der Mitte eine Fontaine mit spielendem Wasser, nach welchem in dem heißen Lande Alles durstet. Das Wasser ist die Wahrheit, die sich rein und klar immer wieder erhebt, die Bewegung bedeutet den ewigen Wechsel des Lebens und der Schicksale der Menschen und Völker.

Zweites Blatt.

Erinnerungen an Spanien. Das Bild ist begrenzt durch zwei massive Thürme, als sichtbare Endpunkte der freien Ansicht und Aussicht; das Wappen des Landes. In üppiger Fruchtbarkeit wuchern Unkraut, Dornen und Pilze um die Fundamente. In ihren sumpfigen Umgebungen gedeiht die Reispflanze, deren welke Blätter (Esparto) von den Spaniern zu Stroh-Sandalen verarbeitet, gewissermaßen mit Füßen getreten werden. Kreuz und Krone, Kirche und Thron, Glaube und Macht schweben an schwankenden Fäden in freier Luft, getragen auf den Lanzen der Guerillas und der Parteien der Bürgerkriege. Die bemoosten Häupter der Thürme treiben eine neue Vegetation, Orangen, Korkeichen, Cedern und Cypressen, für heitere und trauernde Herzen Laub genug zu Sieges- und Todtenkränzen.

Die Diligence mit ihrer ausländischen Civilisation fährt mit Eseln, glücklicherweise sind es nur Maulesel. Infanteristen, welche scharf geladen, sind oben aufgeladen, Lanciers als schützende Begleitung folgen mit großer Mühe, denn die Diligence macht eine treffliche Carriere. Im Centro Tanz, Gesang und Spiel, ein herrliches Schlaraffenleben. Der Matador ist Sieger. Zum lauten Jubel des Volkes trifft er im lustigen Mummenschanz den gereizten spanischen Stier mit der Toledo-Klinge sicher und gut. Unten ein Gewölbe der Alhambra, das goldne Zeitalter Granada's. Das Gold ist fort, die alte Zeit vorüber, und die Gegenwart ist unterdessen alt und baufällig geworden. Die Pfeiler sind versunken durch ihre Schwere, denn der Boden ist aufgeweicht, nachgiebig und schlammig geworden. In der Mitte steht ein andalusischer Grand, an der stolzen Haltung, dem martialischen Blick, und dem noblen Faltenwurf des Mantels leicht als Vollblut zu erkennen; den Dolch trägt er versteckt. Der armen Geistlichkeit ist nichts geblieben als Haß, Verachtung und Elend, dem Landbauer Trägheit und Müßiggang, dem Bürger Thränen über die gehemmte Entwickelung der Gewerbethätigkeit, und das beklagenswerthe Schicksal des Vaterlandes. Die alte Poesie, die sonst im Lande herrschte, die Tapferkeit des Cid, die herrliche Pracht der Flotte sind verschwunden, denn man gewahrt Nichts von ihnen. Was für Wesen rechts und links hinter den Vorhängen hausen, auf denen man die Grundrisse der Gefängnisse zu Valencia und Barcelona abgebildet sieht, weiß man eben so wenig als ob sie das Sonnenlicht scheuen, und nur Nachts herauskommen, oder ob sie sich auch bei Tage im Dunkeln recht wohl befinden, oder ob es nicht überhaupt am Besten ist, ihre Bekanntschaft gar nicht zu machen.

– –

Drittes Blatt.

Mitten in einem schönen Fruchtbaume, der seine Aeste zur Form eines (Leiden?-)Kelches verschränkt, ruht eine Gesetz-Tafel, auf der man statt wohlgeordneter Gesetz-Titel die Ansicht eines Gefängnisses erblickt, durch welches vielleicht die Folgen eines gesetzlosen Zustandes angedeutet werden sollen. Den unteren Theil der Tafel hat man künstlich zu einer Gallerie durchbrochen, entweder um Jedem, der sie aufrecht halten will, auf die Finger sehen zu können, oder um in der begonnenen Zerstörung der Tafel fortzufahren, wo sich denn der Mangel als natürlich und nothwendig rechtfertigen ließe.

Unten baumelt der Teufel der Zwietracht am Galgen der Geschichte, die ihn gerichtet; oben dehnt und streckt sich das portugiesische Kreuz, weil es Nichts zu tragen hat; es schwebt frei in der Luft, denn es hat keinen Fuß, um zu stehen, und keine Diener, um es zu stützen. Ganz oben möchte die Sonne aufgehen, aber entweder ist es noch zu früh, oder zu spät, und sie schämt sich des langen Schlafes, oder die Schmarotzerpflanzen spreitzen und blähen sich so nachdrücklich, daß weder Licht noch Wärme durch- oder darüber fortdringt.

Rechts sieht man das Portrait Costa Cabral's. Die Mütze hat er abgenommen, und scheint über die vorletzte, oder die letzte, oder doch mindestens über die zunächst eintretende Reaktion nachzudenken. Ihm gegenüber das Bild des gelangweilten Volkes.

Von den Vignetten gehören zwei der Profangeschichte an; Scenen aus dem höchst graziösen Ballet, und aus der italienischen Oper zu Lissabon, treu nach dem Leben gezeichnet. In den oberen Arabesken hält eine nichts weniger als bequeme Residenz-Kalesche, und portugiesisches Militair in beruhigender Verfassung. Der Lehrstand macht sich nicht bemerklich, und von Klöstern, Mönchen und Nonnen ist eben so wenig zu sehen, als von den eingezogenen ungeheueren Klostergütern.

Viertes Blatt.

Grundrisse von Gefängnissen. Oben Milbank und Westminster-Bridewell, in der Mitte das Model-prison in London, unten le nouveau Bicêtre und das Prison des jeunes détenus in Paris.

Den Zustand der Gefangenschaft bezeichnet die Kette, den der Seelen- und Körperleiden in derselben — die Dornenbahn. Beide drücken je länger je gewichtiger den Bewohner der Zellen, der darin Buße thun, Reue und Vorsätze der Besserung fassen soll. Die Sehnsucht nach außen, in die freie Luft, die freie Welt, sie spannt das Herz des Bösewichts, sie hebt die Brust des Gebesserten. Aller Gedanken streben hinaus, die des Bösen, um schlechte Absichten zu verfolgen, die des Besseren, um die gefaßten guten Vorsätze zu verwirklichen. Fleiß und Folgsamkeit, Demuth, Ergebung, Schlauheit, Heuchelei und Gewalt, Alles wird benutzt als Mittel zum Zweck; das bedeuten die Anstrengungen der Sträflinge, um auf jede mögliche Weise des Schlüssels habhaft zu werden, der das Schloß des Zwanges öffnen möchte. Da schrecken nicht Strafen und nicht der Tod; da trägt der Duldende sein Kreuz, der Hoffende den Anker, der Gläubige das Herz; aber Alle wollen hinaus, damit das Kreuz in der schönen freien Natur aufgerichtet, der Anker der Hoffnung in das bewegte bürgerliche Leben geworfen, und das Herz durch Menschenherzen erwärmt werde, und neue Liebe und Vertrauen der Menschen es stärke im Glauben und der Anbetung des Herrn.

Gedruckt bei den Gebr. Unger.

Druckfehler.

Seite 96 Zeile 2 statt Hylstraße lies Hauptstraße.
„ 114 „ 3 „ zeigten „ zeugten.
„ 115 „ 14 „ Trampelin „ Trampolin.
„ 137 „ 25 „ und weiße „ weite.
„ 143 „ 23 „ Rivesactes „ Rivesaltes.
„ 165 „ 6 „ Stunden „ Ständen.
„ 172 „ 24 „ Brettschemeln lies Betschemeln.
„ 179 „ 1 „ grauem „ grünem.
„ 185 „ 3 „ physisches „ psychisches.
„ 193 „ 18 „ Objectivträger „ Objectenträger.
„ 207 „ 14 „ oucha „ ancha.
„ 210 „ 21 „ graulich „ grämlich.
„ 217 „ 14 „ Dampfkuchen „ Dampfküchen.
„ 236 „ 9 „ Verwogenheit „ Verwegenheit.
„ 286 „ 9 „ gelegentlichsten „ angelegentlichsten.
„ 290 „ 21 „ Steakmutton-Pastete lies Steak, Mutton, Pastete.
„ 306 „ 25 „ Stadien lies Radien.
„ 311 „ 20 „ England „ Englands.

FSC
www.fsc.org
MIX
Papier | Fördert gute Waldnutzung
FSC® C083411

Kolibri 360 GmbH
Ferdinand-Jühlke-Straße 7
99095 Erfurt, Deutschland
produktsicherheit@kolibri360.de